스토리
세계사

2

고대편 · II

■ 일러두기

– 본문에 나오는 인명과 지명 등의 표기는 원칙적으로 국립국어원이 정한 외래어 표기법을 따랐으나, 저자의 요청이 있거나 관례로 굳어진 몇몇 경우는 예외로 했습니다.

– 고대편과 중세편은 각 장의 미주를 책 마지막 부분에 장별로 구분하여 함께 실었습니다. 근대편과 현대편은 미주를 따로 싣지 않고 책의 뒤쪽에 참고자료로 정리했습니다.

– 책 이름은 『 』, 잡지나 신문명은 《 》, 개별 작품은 「 」으로, 영화나 연극, 미술작품 등의 제목은 〈 〉로 감싸서 표기했으며, 미주에서는 각 장별로 처음 나오는 책은 저자 등의 서지 정보를 다 수록했으며, 이후부터는 책 이름 이외의 서지 정보를 생략했습니다.

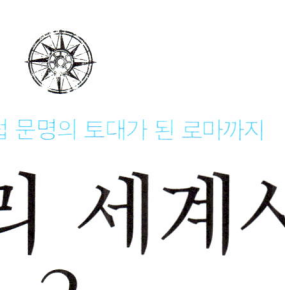

그리스부터 유럽 문명의 토대가 된 로마까지

스토리 세계사
2

고대편 · II

임영태 지음

21세기북스

역사의 삭은 과일에서 희망의 술을 뜨자

이어령

역사의 수레바퀴는 뒤로 돌리지 못한다. 그러나 역사의 녹화 테이프는 뒤로 돌릴 수 있다. 미래를 준비하기 위해 역사를 되돌아보는 일은 필수불가결한 일이다. 요즘 사람들은 과거의 일을 쳐다볼 겨를이 없다. 앞만 보고 달려가기에도 바쁜 탓이라 말한다.

그러나 역사를 되돌아보지 않고 앞만 보고 달려나가다 보면 사달이 나게 마련이다. '세월호' 사건이 그렇고 인사 난맥이 그렇고 우리의 경제가 그렇다. 과거에 이미 해답이 다 있는데도 불구하고 그 해답을 굳이 찾아보지 않은 채 앞으로 내달리기만 하기 때문에 큰일이 벌어지는 것이다.

앞만 보고 달리는 일을 잠시 멈추고 숨을 고르는 시간이 필요하다. 역사책을 읽는다는 것은 그런 의미에서 큰 가치가 있다. 그러나 요즘은 역사책마저도 요약본이 대세다. 몇 년도에 어떤 일이 있었고 누구누구는 몇 년도에 태어나서 몇 년도에 세상을 떠났다는 것만 아는 것은 역사를 제대로 이해한 것이 아니다.

역사에는 원인과 결과가 있다. 역사는 누구에게 어떻게 영향을 미쳤는지 분석하고 판단하는 총체적인 과정을 거쳐야 비로소 우리에게 필요한 길잡이가 되는 것이다. 역사를 아는 사람과 모르는 사람은 아주 큰 차이가 있다. 역사에 세상살이의 이치가 녹아있기 때문이다.

따라서 이번에 출간되는 『스토리 세계사』는 가뭄 끝의 단비와 같다. 역사를 겉핥기식이 아니라 속속들이 깨물어 먹게끔 해주기 때문이다. 처음부터 편안하게 읽어나가기만 하면 재미와 함께 세계사의 장면 장면들이 오롯이 떠오르기 때문이다. 또한 행간마다 녹아있는 저자 특유의 분석력은 각 사건이면 사건, 인물이면 인물들의 인과관계를 일목요연하게 보여주면서 역사의 인과관계를 조감도로 그려낸다.

기존의 역사책들, 우리가 교과서를 통해 배우고 책을 통해 알던 역사는 그리스에서 시작된 서양식 역사관에 의해 만들어진 것이다. 예를 들어 동양과 서양이 전쟁을 벌인 장면도 서양식으로 쓴 역사는 '동양의 누가 서양의 아무개 나라를 침입했다'는 식의 설명이 고작이다. 전쟁의 원인을 제공한 것이 서양 쪽의 '아무개'라면 더더욱 그렇다.

『스토리 세계사』는 이제까지 서양인의 시각으로 본 세계의 역사를 동양인, 그것도 극동아시아의 작은 나라인 한국 역사학자의 시각으로 쓴 것이다. 그렇다고 해서 이 책이 국수주의적으로 쓰인 것은 아니다.

다만 세계 역사 속에서 한국인이 서야 할 정당한 자리를 차지하고, 보다 중립적인 시각으로 보편적인 인류의 삶을 이야기하고자 하는 것이다.

『스토리 세계사』는 인류 역사의 시작인 오스트랄로피테쿠스부터 2011년 12월 말 미국 오바마 행정부가 이라크 주둔 미군을 철수하고 아프가니스탄에 증파했던 일에 이르기까지 방대한 역사를 다루고 있다. 이것은 기존에 우리가 익히 알고 있던 반 룬이나 곰브리치의 역사서와 확연히 다른 점이다. 인류가 과거 천 년 동안 생산해낸 정보가 근래의 십 년 동안 생산해낸 것보다 적다고 한다. 시간은 빛의 속도로 흘러가는데 우리는 근 백 년쯤 전에 나온, 그것도 서양인의 시각으로 본 세계사의 늪에 빠져있었던 것이다.

『스토리 세계사』는 이밖에도 또 하나의 미덕을 갖추고 있다. 세계사 자체의 기술을 사건, 혁명, 인물, 테마 등으로 잘게 분류하여 하나의 사건이라도 입체적으로 바라볼 수 있게 도와준다는 것이다. 시간의 흐름에 따라 평면적으로 서술된 것이 아니라, 어떤 사건이나 특정한 인물이 어떤 경위로 역사에 등장하게 되었고, 어떤 영향을 끼쳤는지를 균형 잡힌 시각으로 보여준다. 따라서 인류의 과거와 현재를 바로 볼 수 있고, 앞으로 우리 삶이 어떻게 흘러갈 것인지에 대한 안목을 기를 수 있다.

역사, 그것은 나와 같으면서도 다른 사람들이 동시대를 살아가는 수평적인 기록들을 수직적으로 바라본 작업의 결과물이다. 씨줄과 날줄로 엮여있는 삶의 궤적들을 엄정한 눈으로 잘라내고 그 의미를 찾아내려고 노력한 『스토리 세계사』가 여러분에게도 많은 통찰을 안겨줄 수 있었으면 한다.

역사가 내포하고 있는 역설은, 행동으로 역사를 만들어가는데 그것을 말로 기술한다는 데에 있다. 저자는 비록 글로써 『스토리 세계사』를 서술했지만 그의 삶 자체가 양심과 함께 부단한 실천으로 일관된 것이었기에 이 책이 더욱 믿음을 준다는 점을 강조하고자 한다.

이제 우리는 『스토리 세계사』를 통해 역사의 삭은 과일에서 희망의 술을 떠야 할 시간이다.

|목차|

3권 | 고대편 · Ⅲ

주석

고대편 참고 자료

1. 고대 그리스의 민주정치

근대 서구 민주주의의 뿌리가 만들어지다

고대 그리스 문명의 탄생

그리스Greece인은 인류 역사에서 보기 드문 문명을 이뤘다. 그리스 문명은 서양 문명의 출발점이 되었다. 그리스인이 창조한 문명은 고대와 중세뿐만 아니라 현대까지 연결되었다. 인류 역사에서 수많은 문명이 탄생하고 사라졌지만, 그리스 문명만큼 인류에 커다란 영향을 미친 문명은 드물었다. 그리스 문명의 정신과 본질은 유럽과 서양이라는 경계를 넘어서 오늘날 전 세계인의 것이 되었다. 그리스인이 창조한 많은 문명과 문화 중에서도 오늘날까지 세계적인 보편성을 획득하고 있는 것은 그들의 인문 정신이다. 그들이 토대를 닦은 인간 중심의 휴머니즘은 히브리 문명의 유일신 사상과 더불어 서양 문명의 2대 원류가 되었다.

그리스인의 인간 중심 사고는 정치와 종교, 문학과 예술에 그대로 투영되었다. 특히 그들은 정치에서 그때까지 일반적이던 왕정체제와는 전혀 다른 새로운 체제, 즉 민주주의제도를 만들어냈다. 민주주의

제도는 역사적으로 숱한 우여곡절을 겪지만 근대 시민 혁명과 정치적 변혁을 통해 오늘날 가장 일반적이며 보편적인 정치체제로 정착했다. 고대 아테네의 민주주의는 근대 민주주의체제와 분명한 차이점이 있지만 정치의 주체를 다수 대중의 참여에 두고 있다는 점에서는 근본 정신이 일치한다. 오늘날 우리가 누리는 민주주의의 시원을 고대 그리스인들에게서 찾는 것은 결코 과장된 것이 아니다. 민주주의라는 정치제도의 실험은 고대 그리스인들이 인류에게 준 가장 큰 선물 중 하나다.

그리스인은 휴머니즘에 바탕을 둔 신화와 문화를 창조하고 예술과 문학을 창조했다. 그것은 서양 문화의 뿌리가 되었고, 오늘날에는 전 세계인의 문화유산이 되었다. 그러나 인류에게 영원히 전승될 문명과 문화를 창조한 그들도 처음에는 원시인이었다. 원시인이 문명 국가를 창조하는 일은 그리 간단하지 않았다. 오늘날까지도 세계에 영향을 미치는 문명을 창조하기까지는 시간이 필요했고, 숱한 땀과 노력이 소요되었다. 그들은 하루아침에 찬란한 문명과 문화를 창조한 것이 아니다. 차근차근 하나씩 하나씩 노력하다 보니까 결국 이러한 결과를 낳은 것이다.

그리스인들은 지금의 그리스 땅에 언제 자리를 잡았을까? 그건 인도유럽어족의 대이동 과정에서 일어난 일이다. 지금의 인도와 이란, 유럽 등지에 살고 있는 사람들의 애초의 뿌리는 같은 곳에서 시작된다. 기원전 3000년경 지금의 남부 러시아 우크라이나 평원 지역에 살고 있던 인도유럽어족이 이동을 시작했고, 그 중 일부는 이란 고원지대로 갔다가 인도와 이란으로 이동했으며, 나머지는 이동을 계속해 유럽 전역에 퍼졌다. 기원전 2000년경, 도나우 평원을 차지한 무리들에서 떨어져 나온 그리스인들은 동지중해 근처로 남하하게 된다. 이 중 어떤 무리는 소아시아 쪽으로 길을 잡았고, 어떤 무리는 에게해의 섬으로 갔으며, 또 다른 무리는 오늘날 그리스 반도로 내려가 자리를 잡았다. 그들은 에게해를 중심으로 좌우의 땅들을 차지했으며, 오른쪽 소아시아로 간 그리스인들은 훨씬 더 빨리 문명을 꽃피웠다.[1]

그리스인은 이곳에 정착하면서 이미 이 지역을 차지하고 있던 민족으로부터 농사짓는 법을 배웠다. 그리스인은 유목민이었기 때문에 농사 기술을 갖고 있지 못했다. 이 지역에 일찍부터 자리를 잡고 있던 사람들 가운데 크레타^{Creta}인들이 있다. 그들은 크레타섬을 중심으로 에게^{Aegae} 문명을 건설했다. 그들은 글자도 갖고 있었고, 왕정체제를 가진 국가 형태도 갖추고 있었다. 그들은 화려한 크노소스 궁전 벽화를 남겼으며, 상당히 높은 수준의 문명을 가졌음을 보여주는 수많은 증거들을 남겼다. 크레타인들은 평화를 사랑했다. 그들은 성벽을 쌓지 않았고 바다를 향해 열린 자세를 보여주었다.

기원전 2000년에서 1500년 사이에 에게해로 밀려든 그리스인들은 처음에는 에게해 사람들의 지배를 받았다. 그들은 크레타인들에게 조공을 바치기도 하고 새로운 문화를 배웠다. 그러다가 기원전 1400년경에 반란을 일으켜 미노소스 궁전을 불태우며 크레타 문명을 파괴했다. 그리스인은 크레타인을 힘으로 제압하고 크레타인의 신과 신화, 기술 등을 받아들여 자신의 새로운 역사를 시작한다. 그러나 그리스인은 크레타인의 예술은 제대로 계승하지 않았다. 언어도 받아들이지 않았다. 그리스인들이 에게해 사람들로부터 받아들인 가장 중요한 것은 농사와 뱃일이었다. 농부이면서 한편으로는 어부였던 그리스인의 특성은 크레타인에게서 받아들인 것이었다.[2] 이러한 과정을 거쳐 최초의 그리스인들이 창조한 것이 바로 미케네Mycenae 문명이다.

그리스인의 휴머니즘적 사고 방식

크레타인과는 달리 그리스인은 전쟁을 좋아했다. 아마도 그들이 본래 유목민이었기 때문에 그랬을 것이다. 그리스인들은 크노소스 궁전을 몽땅 불태우고는 문명의 중심을 펠로폰네소스Peloponnesos로 옮겼다. 그리스의 펠로폰네소스 반도에 자리한 왕들은 미케네와 티린스Tiryns 같은 거대한 성벽을 세우고 성벽 안에서 살았다. 미케네 문명이 시작된 것이다. 그러나 그들의 문명 수준은 크레타인들과는 비교할 수 없을 정도로 형편없었다. 그리스인들이 주로 할 수 있는 것은 약탈이었다. 그들의 궁전과 묘실에는 약탈해온 금들이 가득 넘쳐났다. 그들은 에게해 연안을 돌며 도적질을 일삼았다. 그리스인들에게 바다는 교역의 장이 아니라 범죄의 거점이었다.[3]

그리스인들의 약탈 행위가 가장 절정에 이른 사건이 바로 트로이Troy 전쟁이다. 이제는 트로이 전쟁이 신화가 아니라 실제 사건이었다는 사실을 누구나 알고 있다. 독일 출신의 고고발굴자 슐레이만의 발굴 덕분이다. 일리온Ilion이라고 불리는 이 도시는 같은 그리스 민족이 세운 도시로 흑해 입구에서 통행세를 챙겨 부유해졌다. 흑해로 들어가는 긴 해협은 물살이 매우 빨라서 배가 통과하기 어려웠다. 상인들은 배에서 내려 물건을 지고 육로를 이용해야 했고, 그것은 트로이인들의 약탈대상이 되었다. 대략 기원전 1180년경 펠로폰네소스의 그리스인 들은 트로이를 공격했다. 이 역사적 사건은 호메로스의 『일리아드』로 후세 사람들에게 전해져 결국 트로이 전쟁의 실체를 확인할 수 있는 단서가 되었다.

트로이 전쟁은 같은 그리스 민족 사이의 전쟁이었다. 미케네의 그 리스인들이 소아시아 지역 트로이의 그리스인을 공격하고 그들의 도 시를 파괴한 사건이었다. 그리스인들끼리의 전쟁은 그것으로 끝나지 않았다. 기원전 1100년경 마지막 그리스인이었던 도리아Doria인들이 그리스 반도를 타고 내려와 아카이아인들을 공격했다. 아카이아인들 은 크레타 문명의 영향을 받아 미케네 문명을 건설했지만, 도리아인은 원시인에 불과했다. 다만 그들은 철제 무기로 무장하고 있어서 전쟁 능력이 뛰어났을 뿐이었다. 도리아인들은 철제 무기를 가지고 청동기 무기를 사용하던 아카이아인들을 공격하고 미케네 문명을 철저히 파 괴했다. 그렇게 해서 크레타 문명과 그 영향을 받았던 미케네 문명은 완전히 역사 속으로 사라졌다. 이제 그리스 반도는 오롯이 그리스인의 것이 되었다. 이때부터 진정한 의미의 그리스 역사가 시작된 것이다.

그러나 그리스는 한동안 어둠이었다. 기원전 1100년경부터 기원전 800년경까지는 그리스의 '암흑 시대'라고 불리는 시간이다. 그때 우연 히 보존된 것을 제외하고는 모든 기록이 사라졌다. 문화는 과거 수 세 기 동안보다 훨씬 더 단순한 형태로 되돌아갔다. 한참의 시간이 지나 고서야 그리스 문명이 그 모습을 드러내기 시작한다. 암흑 시대가 끝 날 무렵 몇몇 장식 도자기와 숙련된 솜씨의 금속 제품들이 에게해의 여러 섬에서 나타나기 시작했다. 그럼에도 그 시대는 여전히 본질적으로 어둠의 시간들이었다. 이 시대 말기에 발전된 문자가 가장 중요한 지적 업적이었다. 이와 함께 이 마을 저 마을로 떠돌아다니던 방랑 시인들이 노래 부르던 서사시가 편집되어 시집으로 묶여지기 시작했다. 이 서사시집 가운데 오늘까지 전해지는 가장 중요한 것은 호메로스 Homeros의 『일리아드』와 『오디세이』다. 호메로스는 어떤 뛰어난 방랑시인일 수도 있지만 여러 명의 시인을 대표하는 인물일 수도 있다.[4]

그렇다면 암흑 시대 그리스의 정치제도는 어땠을까? 그리스에는 무수한 산들이 있었다. 3천 미터를 넘지 않는 산들이 지천에 깔려 있었는데 그리스인들은 산과 산을 경계로 저마다 작은 주에 모여 살았다. 게다가 주들은 대부분 바다와 접해 있어서 도시와 촌락이 형성되기에 유리한 지형이었다. 도시와 촌락들은 외부의 지배를 받지 않고 독립을 유지했으나 국가라고 하기에는 권력이 너무 빈약했다. 작은 공동체와 도시에는 귀족회의와 전사 회의가 있었으나 정부 권력으로서의 지위를 확고히 갖지 못했다. 사회 · 경제생활도 단순했다. 귀족이 있고 노예가 있었지만 그 구분이 아주 엄격했던 것은 아니다. 마차 제조공, 칼 대장장이, 금세공, 도공 등의 몇몇 숙련 수공업자를 제외하면 노동의 전문화는 이뤄지지 않았다. 대개 각종 도구는 직접 만들어 썼고, 의복도 손수 지었으며 식량도 자급자족했다. 이 시기 그리스는 상업과는 너무나 거리가 멀었기 때문에 물물교환이 거래의 유일한 방법이었다.[5]

그러나 그리스인들은 이 시기에 이미 보편적인 세계 정신으로 발전하게 될 인문주의 정신을 배태시키고 있었다. 그들의 신화 속에 등장하는 신들은 매우 인간적이다. 그들은 종교가 자신들의 죄를 구해주거나 영적 축복을 내려줄 것이라고 기대하지 않았다. 그들은 종교를 자연계의 두렵고 불가사의한 요소를 제거하고 사람들에게 자연에 대한 친밀감을 주기 위한 것으로 생각했다. 그들의 종교에 나타난 신들은 지극히 인간적인 모습이었다. 신들은 인간을 확대한 존재에 불과했다. 그리스인들은 위대한 능력을 지닌 신이 아니라 인간과 대등한 조건으로 교류할 수 있는 신을 원했다.

그리스인들은 신들에게 인간의 육체, 인간적 연약함과 결함 등 인간이 가진 것과 유사한 속성을 부여했다. 그리스의 신들은 자기들끼리 다투고 질투하며, 인간과도 자유롭게 교저하고 심지어 인간과의 사이에 자식을 낳기도 하는 존재로 여겼다. 그리스의 신들이 인간과 다른 점이 있다면 그것은 영원히 살게 해주는 신효神肴, ambrosia*와 신주神酒, nectar를 먹고 마시며 산다는 사실뿐이었다. 그 신들은 하늘이나 별에 살지 않았다. 그들은 북부 그리스에 있는 해발 3천여 미터^{정확히는 2919미터}의 올림포스^{Olympos}산 정상에서 살고 있었다. 그 신들은 한 명이 아니었다. 하늘의 신이며 번개의 신이면서 신들과 인간의 아버지로 전해지는 제우스^{Zeus}를 비롯해 바다의 신 포세이돈^{Poseidon}, 사랑의 여신 아프로디테^{Aphrodite}, 전쟁과 지혜의 여신 아테나^{Athena}를 비롯하여 헤라, 데메테르, 아레스, 헤르메스, 헤파이스토스, 아폴론, 아르테미스, 헤스티아 등의 12신이 대표적이다.

＊   그리스 신화에서 신들이 먹는 음식, 또는 음료를 말하며, 그것을 먹는 사람은 누구든지 늙지 않는 불멸의 능력을 가질 수 있게 된다. 호메로스의 『오디세이』에서는 올림포스 산에서 비둘기가 신에게 이것을 가져다주는데, 이것은 바로 대지의 신성한 증기라고도 생각했다.

초기 그리스인들은 사후 세계에 대해 거의 관심을 보이지 않았다. 그러나 그들은 죽은 자의 영혼이 간다고 믿었던 지하의 음침한 세계, 즉 하데스Hades를 생각했다. 그곳은 낙원도 지옥도 아니었다. 그들은 또한 종교와 도덕성을 직접적으로 연관시키지 않았다. 신들은 대체로 정의의 편이었지만, 악과의 싸움에서 정의가 승리하도록 만드는 것이 신의 의무라고는 생각하지 않았다. 그리스인들은 낙관주의자였다. 그들은, 인생은 그 자체로 살 만한 가치가 있다고 생각했다. 그들은 자아의 완성을 위해 노력하며 자기중심적인 인간이었다. 그들은 육체적 고행과 삶의 좌절을 의미하는 모든 형태의 절제를 거부했다. 그들은 내세나 장엄함보다는 유한하고 자연적인 것을 숭배한 휴머니스트였다.[6] 그리스 문명은 철저히 인간과 세계의 교감을 통해서 완성되었다.

그리스 문명은 인간을 출발점으로 삼는다. 인간의 필요를 충족하기 위해 문명이 발달했다. 하지만 문명의 발달은 거꾸로 인간을 변화시킨다. 인간이 세계를 변화시키면 세계가 다시 인간을 변화시키는 것이다. 그런 의미에서 인간과 세계는 서로 거울처럼 마주 보고 있다. 인간은 세계를 바꾸고 세계는 다시 인간을 바꾼다. 이것이 바로 그리스 문명의 본질이다. 인간과 세계의 접촉, 인간과 세계의 융합을 지향한다. 인간과 세계는 대립하는 당사자로서 서로 싸우고 투쟁한다. 그러는 가운데 조화를 이루어나갔다. 문명을 완성하는 것이다.[7]

그리스 도시 국가의 발전

기원전 800년경에는 씨족 집단이나 부족 집단에 기반을 둔 촌락공동체들이 더 큰 정치적 단위로 바뀌기 시작했다. 교역이 늘어나면서 방위의 필요성이 증대했고, 시장과 정부가 위치한 도시를 중심으로 방어 요새가 구축되었다. 이 시기에 이러한 변화를 가져온 바탕에는 두 가지 요인이 자리 잡고 있었다. 그것은 인구의 급증과 선진 오리엔트 문명과의 접촉 재개였다. 인구가 급증한 것은 암흑기 후반의 사회적 안정과 '농업 기술의 혁신'*에 따른 생산량 증가 때문이었다.

인구가 늘어나면서 토지가 부족하게 되었고, 그에 따라 이웃 촌락들의 토지를 강점하기 위한 전쟁이 증대했다. 이러한 과정에서 촌락공동체가 발전한 도시들은 군사적 성격의 도시 공동체로 변화했다. 그러나 도시 국가로 전환한 것은 주로 에게해 연안 지역들, 그러니까 에게해상의 섬들과 소아시아 서안, 발칸 반도 동남해안이었다. 반면, 발칸 반도의 북부와 북서부처럼 에게해에서 멀리 떨어진 지역들은 여전히 '촌락들의 느슨한 연합' 상태에 머물러 있었다.

에게해 연안 지역의 도시 국가들은 오리엔트 문명과 다시 교류하게 되는데, 이것들은 주로 상업적인 활동이었다. 특히 이 무렵 그리스인들은 시리아 해안의 알 미나Al Mina에 교역거점을 확보할 만큼 무역에 적극적이었다. 그들의 주요 상대자는 당시 메소포타미아 지역의 신흥 세력인 아시리아의 간섭 아래 동지중해의 해상권을 주도하고 있던

---

*   특히 쇠를 입힌 쟁기날의 도입이 결정적이었다.

페니키아의 상인들이었다. 그리스에서 페니키아인들은 이미 암흑기 말부터 상인의 대명사였다. 그리스인에게 알파벳을 처음 전파해준 것도 페니키아인이었다. 페니키아와의 교류를 통해 상품경제가 발전할 수 있었고, 이는 다시 내부의 생산력 발전에도 자극제가 되었다. 아마도 페니키아의 도시 국가 모형은 또한 그리스의 도시 국가Police 형성에 자극제가 되었을 것이다. 그리스의 도시 국가는 일차적으로 요새를 중심으로 하는 군사적 공동체였다. 그러다 점차 상인과 수공업자 등의 비농업 주민들의 거주지가 되면서 시장으로서의 기능이 확대되었다.[8]

그러나 도시 국가가 도시적인 기능과 도시의 중심만으로 이루어진 것은 아니었다. 도시 국가는 정치적으로뿐만 아니라 경제적으로도 자립적인 단위였다. 아리스토텔레스는 그의 저서 『정치학』에서 도시 국가의 당위적이며 가능한 목표로 자급자족을 강조했다. 그 때문에 상업의 중심인 시장과 정부기관이 소재한 도심뿐만 아니라 농업생산의 기반이 되는 농촌 지역이 필수적이었다. 대개의 경우, 도시 국가의 귀족들만 도시 중심으로 이동하고 농민들은 그대로 촌락에 머물렀다. 농민들도 도시 국가의 시민이었다. 작은 도시 국가의 경우에는 도시 중심이 농민들의 거주지였다. 도시 국가에서는 일정한 토지를 소유한 자만이 시민 자격을 가질 수 있었다.[9]

그러나 농촌 지역에 남아 있던 대부분의 시민들은 군사적 공동체인 도시 국가의 방위에 적극적으로 참가하지 못했고, 완전한 참정권을 누리지도 못했다. 도시 국가의 공동업무를 결정하고 운영하는 것은 당연히 귀족들에 의해 독점되었다. 그들은 말과 중무장을 자비로 갖추고서

도시 국가의 방위를 전담하고 있었다. 귀족들은 농촌 지역의 농민들과 강한 유대를 갖고 도시 중심에서 벌어지는 권력 투쟁에 참가했다. 그러니까 그리스에서 도시 국가가 형성되기 시작할 즈음 귀족 가문들은 그들의 세력기반을 위해 지역 주민들을 하나의 동족집단으로 조직하는 일에 착수했다는 이야기가 된다.

이렇게 해서 그리스 전역에서 도시 국가들이 성장했다. 대표적으로 그리스 본토에는 아테네Athens, 테베Thebes, 메가라Megara가 있었고, 펠로폰네소스 반도에는 스파르타Sparta와 코린트Corinth가, 소아시아 해안에는 밀레토스Miletus가, 에게해의 섬 지방에는 미틸레네Mitilene와 사모스 등이 있었다. 도시 국가들은 크기와 인구면에서 매우 다양했다. 스파르타는 3천 평방마일이 넘었고, 아테네는 1천 6백 평방마일로서 도시 국가들 중에서 가장 큰 편이었다. 다른 도시 국가들은 대체로 1백 평방마일 이내였다. 전성기의 아테네와 스파르타의 인구는 약 40만 명 정도였는데, 인근의 도시 국가들에 비해 3배 정도로 많았다.

그리스 도시 국가들의 문화 발전은 다양했다. 상고 시대로 불리는 기원전 800년에서 기원전 500년까지는 펠로폰네소스 반도의 코린트와 아르고스Argos가 문학과 예술의 발전을 주도했다. 7세기에는 스파르타가 다른 도시들보다 앞서 발전했다. 특히 소아시아 해안과 에게해의 섬들에 위치한 그리스어 사용 도시들이 발전된 모습을 보였는데, 그 중 선두주자였던 밀레토스에서는 6세기에 철학과 과학이 활짝 꽃피었다. 아테네는 그보다 적어도 1백 년가량 뒤떨어졌다.

그리스의 팽창과 정치 변화

그리스 도시 국가들은 일부 예외는 있지만 대부분 비슷한 정치 발전 경로를 걸었다. 도시 국가는 처음에 왕정체제로 출발했다. 그러나 기원전 8세기를 거치는 동안 왕정은 소수 귀족들이 지배하는 과두정으로 변화했다. 그리고 100년이 지난 뒤 대부분의 과두정은 '참주僭主, tyrannos'에 의해 전복되었다. 그리스어로 참주란 억압적이든 그렇지 않든 간에 합법적인 권리 없이 지배권을 장악한 권력 찬탈자를 의미한다. 마지막으로 기원전 6세기에서 기원전 5세기에는 민주정이 수립되거나 일부에서는 '금권정치tymocray'가 행해졌다. 여기서 금권정치란 재산을 가진 정도에 따라 정치적 권리를 행사하는 권한이 정해지는 것을 의미한다.[10]

최초의 정치변화는 토지 재산이 집중되면서 일어났다. 대토지 소유 귀족들은 토지의 집중으로 경제력이 강화되자 왕으로부터 정치권력을 빼앗아 그 권한을 귀족회의에 넘겼다. 왕정은 완전히 폐지되었다. 그러나 이러한 귀족정은 오래가지 못했다. 그 뒤에 급격한 경제변화와 정치적 혼란이 뒤따랐다.

귀족정이 무너진 일차적인 이유는 인구증가였다. 인구가 증가하면서 토지가 모자라자 토지를 둘러싸고 심각한 갈등이 일어날 수밖에 없었다. 시민권의 기본 요건이 토지소유였기 때문이다. 도시 국가는 원칙적으로 늘어나는 인구에게 나누어줄 만큼의 충분한 토지를 확보해야 했다. 이를 위해서는 이웃 지역을 정복하든지 아니면 인구를 방출해야 했다. 스파르타처럼 이웃 국가를 정복하는 경우도 있었지만 대부분은 인구를 방출하는 길을 택했다. 그렇게 해서 기원전 8세기 중반부터 한 세기 이상 조직적인 해외 식민지 진출이 진행되었다.

　　그러나 6세기 중반에 이르면 이 방벽도 한계에 이른다. 결국 도시 국가 내부에서 심각한 사회 문제가 발생하기 시작했다. 일차적으로 소농민들이 타격을 입었다. 그들은 자손에게 자신의 할당지를 다시 여럿으로 쪼개서 물려줄 수밖에 없었으므로 시간이 흐르면서 빈궁화되는 것은 불가피했다. 기원전 7세기 초 헤시오도스Hesiodos가 쓴 『일과 날』이란 작품에는 "일손을 늘리기 위해서는 자식을 더 낳아야 하지만, 한편으로는 가산을 보존하기 위해서는 자식을 적게 낳아야 한다."는 이율배반적인 고민을 하는 농민들의 모습이 잘 묘사되고 있다.[11]

　　기원전 7~6세기 해상 무역의 눈부신 성장과 해외로의 팽창은 그리스 도시 국가의 농촌 위기를 더욱 심화시켰다. 해외 식민지 확장과 무역의 성장은 그리스 본토에 경제적 붐을 조성했다. 그러한 과정에서 리디아Lydia에서는 기원전 7세기에 화폐제도가 도입되었다. 화폐는 그리스인들 내부의 계급 투쟁에 기름을 붓는 역할을 했다. 또한 해외 팽창에 따라 해외 그리스인들의 포도주, 올리브 기름에 대한 수요가 급증했다. 이에 자극받은 본토의 지주귀족들은 곡물재배 대신에 환금작물 재배로 옮겨갔다. 그러자 많은 도시 국가들에서 해외곡물 확보가 국가의 사활적인 문제가 되었다. 아테네의 경우가 대표적이었다. 그러한 경제적 상황과 사회 분위기는 소농 토지의 겸병과 함께 대토지 경영을 촉진시켰다. 소농들은 토지를 담보로 곡물과 화폐를 빌려 썼다가 채무를 갚지 못해 토지를 잃어버리거나 심한 경우 채무노예로 전락하는 일이 빈번하게 일어났다.

동전을 쓰게 되면 여러 가지 이점이 있지만, 누구한테 가장 이로울까? 바로 귀족들이다. 귀족들은 영원히 썩어 없어지지 않는 동전으로 부를 저장했다. …… 흉년이 들어, 자영농들조차 먹을 게 없을 때 귀족들은 먹을 것을 조금씩 나누어주어, 어떤 시인의 표현대로 '가난뱅이들의 성 곽'을 쌓았다. 그렇게 서로 돕고 사는 게 자연경제의 법칙이었다. 하지만 화폐가 등장하면서 세상이 달라졌다. 무엇보다 남은 부를 화폐로 바꿀 수 있게 되었다. …… 전에는 나눠주던 것을 이제는 빌려준다. 그러면서 고액의 이자를 요구한다. …… 불리한 조건으로 돈을 빌린 자영농들은 서서히 노예로 전락했다. 부자들이 돈을 빌려주면서 담보를 면제해줄리 없다. 그래서 처음에는 땅을 담보로 잡혔고, 그 다음에는 노동력을 담보 로 잡혔다. 만약 빌려간 돈을 못 갚게 되면, 자영농들은 땅을 빼앗기고 소작농이나 농노로 전락한다. …… 그렇게 근근이 목숨을 이어가다가 더 내놓을 게 없으면, 노예시장에 몸을 내놓는다. 먼저 아내와 자식을 내놓고, 그 다음에 자기 자신을 내놓는다. 몸이란 마지막에 파는 물건에 지나지 않았던 것이다.[12]

마치 2천 년 뒤 마르크스의 자본론을 읽는 기분이 든다. 그러나 정 작 귀족정을 붕괴시킨 요인은 전쟁 전술의 변화였다. 도시 국가가 성 립할 당시 귀족들이 정치적 우위를 점할 수 있었던 요인의 하나는 그 들이 방위를 전담한다는 사실이었다. 그 무렵 이들의 전투는 호메로스 의 작품 『일리아드』에도 나타나듯이 중무장한 보병이 말을 타고 싸우 는 방식이었다. 귀족전사들은 기원전 8세기경부터 중무장한 무구武具 들을 오리엔트에서 도입해서 사용하고 있었다. 따라서 귀족들만이 전사였으므로 병력은 소규모였다. 당연히 전술이나 대형隊形이란 것도 별 게 없었다. 오직 전사 개인의 무용武勇이 요구되었을 뿐이다.

그런데 기원전 6세기 초가 되면 도시 국가들은 경쟁적으로 중무장 보병Hoplites의 밀집대형Phalanx을 기본으로 하는 새로운 전술을 채택하기 시작했다. 그것은 두 가지 이유로 가능했다. 하나는 병력의 증가였다. 수공업이 발전하면서 무구의 가격이 저렴해지고 그에 따라 평민들, 그러니까 중소농민들과 해외 무역의 호황 속에서 성장한 상공업자들도 자비로 무장이 가능하게 되었던 것이다. 이로써 군사적 기능을 독점함으로써 정치권력을 독점했던 귀족들이 타격을 입게 되었다.

또 하나는 전술의 변화와 더불어 규율이 형성되었다는 점이다. 이제는 귀족과 평민이 전쟁에서 하나의 대형을 이루어야 했고, 생사를 같이하는 처지가 되었다. 그에 따라 전술적으로 개인의 탁월한 용기보다는 전투대열 속에서 자기 위치를 지키는 것이 중요하게 되었다. 이렇게 해서 평민들 사이에 공동체 속에서 자신의 자리를 지키는 것이 애국심이라는 의식이 싹텄으며, 더불어 기존의 신분 질서에 대한 회의 또한 팽배하게 되었다.[13]

도시 국가들의 정치 발전

상인과 수공업자들은 소외된 농민들과 손을 잡고 귀족정을 공격하기 시작했다. 격렬한 계급 갈등이 일어났고 혼란 상태가 초래되었다. 그러한 격렬한 대립 끝에 대부분의 도시 국가들에서 귀족정이 무너지고 참주정이 수립되었다. 혼란의 시기를 틈타 소외된 귀족이나 신흥부유층 가운데 선동능력이 뛰어난 인물이 귀족정치를 비판하면서 권력을 무력으로 장악한 것이다.

야심적인 정치 선동가들은 대중의 불만에 편승하여 귀족정을 타도한 다음, 헌정과 법률을 무시한 채 권력을 장악했다. 일부 도시 국가에서는 이 같은 폭력적인 방법 대신에 입법을 통해 귀족들의 전횡을 완화하거나 기존 체제를 점진적으로 개편하는 평화적 해결 방법을 모색하기도 했다.

그러나 참주정은 결국 다시 평민의 경제력과 정치의식이 향상됨에 따라 민주정으로 이행되지 않을 수 없었다. 중소농민층으로 대표되는 평민층도 방위업무를 지게 되었고 정치권력도 나누어 갖게 되었다. 도시 국가들은 중소농민들이 중무장보병이 되어 전투에 참여하고 이를 바탕으로 정치적 발언권을 갖는 능동적 시민이 됨으로써 고대 그리스의 민주정치를 발전시킬 수 있었다.

도시 국가의 정치 발전은 각각의 폴리스가 처한 고유한 역사적 조건에 의해 조금씩 모습을 달리했다. 그동안 고전기의 도시 국가들은 대체로 아테네형과 스파르타형으로 구분될 수 있다는 생각이 상식처럼 통용되어왔다. 그러나 실제로 그렇게 믿을 만한 확실한 근거는 없다. 그러한 통념은 엄밀히 말해 폴리스의 성격을 파악하기에 충분한 양의 역사 자료가 아테네와 스파르타에서만 발견됐기 때문에 생긴 것이다. 아테네나 스파르타는 그리스 도시 국가들의 전형이라기보다는 오히려 예외적인 성격이 더 강한 편이다. 스파르타는 정복 과정을 통해 탄생했고 무력을 통한 영토 확장에 성공한 폴리스였으며, 아테네 또한 제국적 성격을 띠게 되는 기원전 5세기 전반 이후에는 다른 폴리스들에 존재하지 않는 특수한 조건에서 발전했기 때문이다. 그렇지만 고전기 도시 국가의 정치 발전 과정에서 아테네는 그리스 폴리스들 중 하나의 전형이 되는 것은 사실이다.

아테네의 정치 발전에서 일차적으로 가장 중요한 의미를 지니는 것은 솔론Solon의 개혁이다. 솔론은 귀족 출신으로 그의 가문은 아테네의 마지막 왕을 배출했지만 기원전 7서기 중반 갑자기 몰락한다. 솔론은 상인이 되어 해외 무역을 통해 부를 축적한 뒤 아테네로 돌아왔다. 그가 해외에서 돌아왔을 당시 아테네는 심각한 계급 갈등과 빈부격차로 몸살을 앓고 있었다. 수많은 자영농민들이 파산당해 토지를 잃었을 뿐만 아니라 노예상태로 전락했다. 가난한 농민과 농노들은 연대해서 귀족에 대항하려고 했다. 만일 적절한 처방이 나오지 않으면 아테네는 심각한 내부의 계급 전쟁에 돌입할 수밖에 없었다. 이런 상황에서 솔론이 등장했다.

기원전 594년 솔론은 전권을 행사하는 집정관에 취임했다. 그는 곧바로 충격적인 개혁 조치를 단행했다. 그가 가장 먼저 시행한 것은 인신을 담보로 한 채무관행을 금지시킨 일이었다. 이 조치로 농민들이 채무노예로 전락하는 일을 막을 수 있게 되었다. 그 밖에도 여러 개혁 조치가 단행되었다. 주로 귀족들의 권한을 축소하는 방향으로 추진했는데, 그 가운데 가장 중요한 것은 상속법 개정이었다. 귀족이 죽으면 종래와는 달리 자손들끼리 재산을 균분 상속하도록 한 것이다. 가문의 재산을 잘게 쪼개어서 귀족들의 권한이 막강해지는 것을 막고자 했다. 자손이 없는 경우에는 유언에 따라 상속자를 지정할 수 있었다. 같은 가문에 손하지 않은 사람에게도 재산을 상속받을 수 있도록 길을 열었다. 또한 평민들에게도 귀족의 전유물이었던 토지를 살 수 있는 권한을 주었다. 이렇게 해서 토지의 소유권자가 늘어나고 분배가 확대되었다.[14]

솔론의 개혁 가운데 부권을 제한하는 조치도 중요한 의미가 있었다. 그는 중간계급에 대한 배려도 잊지 않았다. 그는 대외 무역에서 아테네에 유리하게 새로운 화폐제도를 도입했고, 게으른 자에게는 무거운 형벌을 가했다. 또한 그는 모든 사람이 자식들에게 상거래를 가르치도록 했다. 아테네에서 영구적으로 거주하고자 하는 외국의 수공업자들에게는 시민권을 부여하는 조치도 취했다. 솔론의 개혁은 중대한 의미가 있었지만 모든 사람들의 불평불만을 잠재울 수는 없었다. 중간계급과 하층계급은 여전히 행정관직에서 배제되었으며, 아레오파고스Areopagus* 회의가 종전의 권력을 여전히 유지하는 것에도 불만이 있었다.

아테네는 다시 혼란이 일었고, 그를 틈타 기원전 560년 아테네에 최초의 참주인 페이시스트라토스Peisistratos가 등장했다. 빈농층의 지지를 바탕으로 정권을 장악한 그는 기본적으로는 솔론의 개혁을 계승하는 한편, 중소농민층의 육성과 시민공동체 의식을 강화하는 데 주력했다. 아테네가 고전기 말까지 소농 국가로 남아 있을 수 있었던 터전은 이때 마련되었다. 그는 전제군주였지만 자애로웠고, 귀족의 권한을 축

---

* 아테네 귀족회의를 말한다. 아테네의 아크로폴리스 북서쪽에 있는 낮은 언덕 아레오파고스에서 개최되었다고 해서 붙여진 이름이다. 처음 왕의 자문기관으로 시작되었으나 솔론의 개혁 이전까지 막강한 권한을 행사했다.

소했으며 아테네 시민의 생활수준을 향상시켰다. 하지만 그를 계승한 아들 히피아스Hippias는 무자비하고 무능한 압제자였다.

고대 그리스 민주주의의 완성

기원전 510년 히피아스의 참주정은 스파르타의 지원을 받는 귀족들에 의해 전복되었다. 2년간의 혼란을 거쳐 클레이스테네스Cleisthenes가 민중의 지지를 얻어 권력을 장악했다. 그는 아테네의 민주주의를 한 단계 발전시키는 업적을 이루었다. 클레이스테네스가 이룬 주요한 개혁을 정리하면 다음과 같다.

첫째, 당시 아테네에 거주하던 모든 자유민에게 완전한 시민권을 부여함으로써 시민의 수를 대폭 늘렸다. 둘째, 500인회를 신설하여 정부의 주요 기구로 삼고, 민회에 법안 제출권과 행정에 대한 최고 통제권을 부여했다. 500인회의 구성원은 추첨으로 선발되었으며, 30세 이상의 모든 남자 시민에게는 피선거권이 부여되었다. 셋째, 민회의 권한을 확대하여 500인회에서 상정한 법안에 대한 심의와 채택 권한을 부여했으며, 전쟁 선포권과 예산 편성권, 퇴임 행정관에 대한 회계 감사권을 부여했다. 넷째, 기원전 487년 아테네인은 도편추방제도陶片追放制度, ostracism를 제정하여, 국가의 위험스러운 인물을 10년 동안 명예롭게 추방할 수 있게 했다. 이 제도는 참주가 될 야심을 가진 사람들을 미리 제거하기 위한 것이었으나 종종 유능한 인물들을 제거하는 데 이용되는 부작용도 낳았다.[15]

아테네 민주주의는 페리클레스Pericles, 기원전 495~429년 시대에 완성되었다. 페리클레스는 아테네의 지휘자이면서 지도자였다. 어떤 의미에서 그는 '독재자'였다. 실제로 아테네 시민들 가운데는 그를 군주라고 부르는 사람들도 있었다. 당대의 역사가 투키디데스Thukydides는 그를 '아테네의 제1시민'이라고 불렀다. 그는 그리스-페르시아 전쟁과 펠로폰네소스 전쟁 사이에 아테네의 황금시대를 연 인물로 평가된다. 그는 기원전 460년부터 기원전 429년까지 한두 해를 빼고 30년 이상 당시 최고의 권력기관이었던 10인 군사위원회 장군이었다.

이 시기 민회는 500인회에 제출할 법안에 대한 비준권과 더불어 법안 발의권도 가졌다. 또한 10인 군사위원회는 오늘날 의원내각제의 내각에 비견할 만한 지위를 확보했다. 군사위원회 장군들의 임기는 1년이었고, 민회에서 선출되었는데 무제한으로 재선이 가능했다. 그런 기관에서 30년 이상 있을 수 있었다는 것은 그가 얼마나 대단한 인물인지 짐작하게 한다. 위원회의 장군들은 단순한 군대 사령관이 아니었다. 그들은 국가 최고의 입법 및 행정관이었다. 그들의 권한은 막강했으나 참주가 될 수는 없었다. 그들의 정책은 민회의 감독을 받아야 했고, 1년 임기가 끝나면 쉽사리 소환될 수 있었으며, 부정행위가 있을 때는 언제든지 고발당할 수 있었다.

재판제도 또한 페리클레스 시대에 완성되었다. 행정관의 결정에 대한 상소를 심리하는 최고 법정은 더 이상 존재하지 않았다. 그 대신 모든 종류의 소송을 다루는 시민법정이 설치되었다. 매년 초 6천 명의 시민이 아테네의 여러 지역에서 추첨을 통해 배심원으로 선출되었다. 최소 201명에서 최대 1천 1명에 이르는 다양한 규모의 배심원단이 구성되어 특정한 재판을 맡았다. 각 배심원단은 하나의 법정을 구성했고, 소송과 관련된 모든 문제를 다수결로 결정했다. 행정관 한 명이 재판을 주재했으나 그에게는 판결권이 없었다. 배심원이 재판관이었고, 판결이 내려지면 상소는 불가능했다. 널리 알려진 소크라테스Socrates, 기원전 470~399년의 재판에서는 501명의 배심원단이 구성되었다. 이 재판에서 소크라테스는 221: 280으로 유죄 평결을 받았다.[16]

고대 그리스의 아테네인들은 민주주의를 발전시킴으로써 인류에게 가장 큰 선물을 남겼다. 물론 아테네의 민주주의와 근대 이후의 민주주의는 여러 면에서 차이점이 있다. 무엇보다도 아테네 민주주의는 시민계급의 남자에게만 주어진 것이었다. 노예와 여성은 전적으로 배제되었다. 클레이테네스 시대에는 아테네 거주 외국인에게도 참정권을 부여해 시민의 수가 주민의 다수를 차지했지만 페리클레스 시대에는 시민의 수가 전체 주민 가운데 소수에 불과했다.

당시 아테네 인구는 총 40만 명 정도였는데, 그 가운데 시민계급은 고작 3만 명에 불과했다.[17] 그렇게 보면 지극히 제한적인 사람에게만 민주주의가 시행되었다고 말할 수 있다. 또한 아테네는 이러한 황금시기를 통해 민주주의를 발전시키고 내부의 힘을 길렀음에도 주변 도시 국가들을 힘으로 억누르는 제국주의로 발전함으로써 그리스 전체의 통일을 이끌지 못했다. 이러한 문제점은 결국 펠로폰네소스 전쟁을 비롯한 그리스 도시 국가들 사이의 전쟁을 가져오게 했고, 마침내는 몰락으로 가는 한 원인이 되었다.

그러나 이러한 한계에도 불구하고 그리스 민주주의는 그 후 인류의 민주주의 발전에 획기적인 기준점을 마련했다. 제한된 범위 안에서는 근대 민주주의보다 더욱 철저한 민주주의를 시행했다는 점도 잊지 말아야 할 것이다. 10인 군사위원을 제외한 모든 행정관을 추첨으로 선발했고, 모든 공직의 임기를 1년으로 제한했으며, 재판까지도 다수결의 원칙을 철저히 고수했다. 아테네의 민주주의는 직접 민주주의였다는 점에서 오늘날 대의제 민주주의, 간접 민주주의와는 다르다. 아테네인들은 유능한 소수에 의한 지배에 관심이 없었다. 그들은 모든 공공 문제에 대해 시민 전체의 발언권을 보장하는 데 관심을 가졌다. 오늘날은 그런 방식의 민주주의가 원천적으로 불가능하다.

2. 페르시아 전쟁과 펠로폰네소스 전쟁

서로 다른 세계의 충돌이 낳은 두 개의 전쟁

인간 세상에 무익한 전쟁의 광기

이 세상에 전쟁을 좋아할 사람이 있을까? 가끔 사람들은 어떤 인물이나 민족에 대해 '호전好戰적'이라고 말한다. 이것은 매우 나쁜 의미로 쓰이는 경우가 대부분이다. 그것은 곧 침략적이고 공격적이며 파괴적이라는 말과 거의 동일한 의미로 쓰인다. 개인이든 민족이든 이런 말을 듣고 싶어 하지는 않을 것이다. 그럼에도 역사에서는 호전적인 인물이나 민족으로 지목되는 경우가 종종 나타난다. 전쟁 영웅으로 불리는 대부분의 사람들이 그런 부류에 속한다. 알렉산드로스, 칭기즈칸, 나폴레옹이 세계 역사에서 가장 최고의 정복자, 또는 정복 전쟁을 즐긴 인물로 평가되고 있다. 히틀러는 이들보다 이미지가 훨씬 더 나쁘다. 그는 현대 세계를 대표하는 전쟁광이자 파괴자, 전쟁 범죄자로 묘사된다.

그러나 그들은 정말 전쟁을 좋아했을까? 과연 그들은 전쟁 그 자체를 좋아했을까? 아니면 다른 목적, 즉 영토 확장이나 자신의 권력 욕망 때문에 전쟁이라는 것을 계속 벌였던 것일까? 그 어느 쪽도 단언할 수는 없다는 것이 내 생각이다. 이런 인물들의 내면을 들여다보는 것은 쉽지가 않기 때문이다. 그들의 내면 세계는 보통 인간들과는 다른 특별함과 특이함으로 가득차 있다. 그들은 흔히 말하는 '영웅주의'나 '과대망상'에 사로잡힌 인물들이다. 그러면서도 그들은 전쟁의 전략과 전술, 권력 투쟁에서는 보통사람과 구별되는 비범함과 천재성을 가진 인물들이다.

인간 세계에서는 천재와 광인의 경계가 모호한 부분이 종종 있다. 특히 예술적 천재성은 예술적 광기와 연결되는 경우가 드물지 않다. 예술가뿐만 아니라 스포츠, 과학과 같은 분야의 천재들도 보통 사람과 다른 면모, 즉 초인적 모습을 갖고 있어서 비이성적이거나 비정상적으로 보이는 경우가 종종 있다. 문화나 예술적 광기는 천재성과 연결되어도 큰 문제가 되지 않는다. 그러나 정치나 전쟁은 다르다. 인간 개인의 생명과 한 사회, 국가, 나아가 인류 전체의 운명을 결정짓는 정치나 전쟁에서는 그걸 지도하는 지도자의 광기와 천재성이 결합되면 심각한 상황이 벌어질 수 있다. 천재적 정복자, 천재적 호전광은 인류의 엄청난 불행을 초래하는 존재들이다. 그러나 천재 예술가, 천재 스포츠맨은 다르다. 천재 과학자의 광기도 경계 대상이다. 그들이 인류의 파멸을 낳을 수 있는 과학 기술의 발전에 기여한다면 말이다.

우리는 이번에 그리스인의 전쟁을 보게 될 것이다. 그러나 그리스인의 전쟁은 그와 같은 호전광들의 이야기는 아니다. 그리스어문학자인 앙드리 보나르는 『그리스인 이야기』에서 "그리스인과 에게인의 중요한 차이점이 있는데, 그리스인은 전쟁을 좋아한다는 점이었다."라고 말했다.[1] 과연 이 말이 사실일까? 그는 그 근거로 크레타섬의 크레타 문명을 파괴한 펠로폰네소스 반도에 살고 있던 미케네인의 행위를 들고 있다. 또한 그는 트로이 전쟁을 일으켜 같은 그리스인이 만든 도시를 파괴한 것도 그 증거로 제시하고 있다.

그가 그리스인이 호전적이었다는 증거로 들지는 않았지만 그리스인들은 인류 역사에서 길이 기억될 두 개의 커다란 전쟁을 치렀다. 페르시아 전쟁Greco-Persian War과 펠로폰네소스 전쟁Peloponnesian War이다. 이 두 전쟁은 전혀 성격이 달랐고, 고대 그리스에 미친 영향도 판이했다. 하지만 서로 다른 두 세계의 충돌이라는 공통점도 갖고 있었다는 것을 알아야 할 것이다.

다른 두 세계의 충돌, 전혀 다른 결과

페르시아 전쟁은 그리스와 페르시아가 맞붙은 전쟁으로 그리스가 먼저 전쟁을 시작한 것은 아니었다. 당시 압도적인 힘의 우위에 있던 페르시아가 그리스 도시 국가들을 제국의 휘하에 복속시키기 위해 벌인 전쟁이다. 이 전쟁은 흔히들 동서양 세력이 최초로 맞붙은 전쟁으로 평가된다. 서구의 시각은 대체로 야만의 동방 세력이 문명의 서양을 공격했고, 거기에 대항하여 유럽의 선진 세계는 승리를 거두었다고 평가한다. 이 전쟁에서 그리스 세계가 승리함으로써 야만적이며 전제적인 동방의 지배를 받지 않을 수 있었으며, 자유로운 유럽, 그리스의 민주주의가 가능했다고 파악한다. 다음의 글을 보면 서구인들이 페르시아 전쟁을 어떻게 바라보는지 분명하게 이해할 수 있을 것이다.

페르시아가 그리스 본토를 침공하여 정복하려 한 과정은, 크세르크세스가 잡동사니 테러국이라 칭한 나라들의 독립을 넘어서는 중요한 의미를 지니고 있었다. 아테네인들은 어쩌면 외국인 왕의 백성이 되어 아테네 고유의 민주주의 문화를 발전시킬 기회를 영영 갖지 못했을 수도 있었다. 그리스 문명의 특징이 된 여러 가지 요소들도 생겨나지 못했을 것이다. 그리스로부터 물려받아 로마가 현대 유럽에 전수해준 유산도 피폐함을 면치 못했을 것이다. 하마터면 서구는 독립과 생존을 위해 싸운 최초의 전쟁에서 패하는 것에 그치지 않고 '서구the West'라는 실체 자체를 탄생시키지 못했을지도 모른다.

그런 점에서 페르시아 전쟁이 유럽 문명의 근원 신화가 되는 것은 지극히 당연했다. 페르시아 전쟁은 자유가 예종을 눌러 이기고, 강건한 시민적 덕목이 무기력한 전제주의를 눌러 이긴 승리의 전형이 되었다. 실제로 종교개혁의 여파로 '기독교 세계'라는 용어의 영향력이 퇴색하자, 많은 이상주의자들은 십자군 대신 마라톤 전투와 살라미스 해전의 영웅성에서 서구적 덕목의 예를 찾기 시작했다. 침략이 아닌 방어, 광신성이 아닌 자유를 위한 투쟁에 더 큰 의미를 부여한 것이다.[2]

이러한 주장의 바탕에는 서구 중심적 시각이 자리 잡고 있다. 나로서는 약간 너무하다는 생각을 지울 수 없지만, 어쨌든 이 전쟁이 당시 동서양을 대표하는 두 세력의 결전이었던 것은 틀림없는 사실이다. 그리스는 페르시아와의 전쟁에서 많은 피해를 입었지만 금방 그 피해를 회복하고 더욱 활기찬 도시 국가, 발전된 그리스 문명을 만들어낼 수 있었다. 아테네의 민주주의는 전쟁을 거치면서 더욱 굳건해졌다. 아테네는 페르시아 전쟁 이후 그리스 도시 국가 사이에서 확실한 지도력을 갖게 되었고, 내부적으로도 황금기를 구가하며 찬란한 문명을 꽃피우게 된다.

페르시아 전쟁이 그리스라는 유럽 세계와 페르시아라는 오리엔트 동양 세계가 맞붙은 전쟁이라면 펠로폰네소스 전쟁은 그리스 도시 국가를 대표하는 아테네와 스파르타가 맞붙은 전쟁이다. 지금으로 치면 일종의 동족상잔이었지만, 그 당시는 지금과 같은 민족의식이나 민족 개념이 없었기 때문에 그렇게 말하는 것은 아무래도 무리가 있다. 하지만 공동의 그리스어를 사용하는 그리스 도시 국가들은 자신과 동방의 오리엔트를 구별 짓는 의식이 존재했다는 사실을 감안할 때, 그들 내부의 전쟁이라는 점은 부인할 수 없고 당사자들도 그러한 인식을 갖고 있었다.

펠로폰네소스 전쟁의 원인은 그리스 도시 국가 사이의 패권 다툼이었다. 아테네와 스파르타는 그리스 도시 국가 가운데 가장 크고 강력했으며 그에 따라서 도시 국가들 사이의 지도권과 패권을 둘러싼 경쟁의식도 강했다. 그런데 이민족인 페르시아의 침공에 대항하기 위해 맺은 '델로스 동맹Delian League'에서 아테네가 패권 국가로 행동하기 시작하면서 문제가 발생했다. 아테네는 도시 국가들 사이의 호혜적이고 평등한 결속의 장이 아니라 자신의 패권을 관철하는 방향에서 동맹을 이용했다. 아테네가 제국주의적 패권을 휘두르기 시작하면서 도시 국가들 사이에 이에 대한 불만이 높아졌다. 결국 스파르타가 아테네의 패권에 도전장을 내밀면서 전쟁이 벌어졌다. 전쟁은 스파르타의 승리로 끝났지만 진정한 의미의 승자는 없었다. 모두가 패자일 뿐이었다. 전쟁은 참혹한 결과를 낳았다. 도시 국가들은 파괴되었고 이전의 활기찬 문화적 기운도 경제적 발전 동력도 상실했다.

전쟁에 패한 아테네는 심각한 물질적 파괴와 더불어 패전의 후유증에 시달려야 했다. 전쟁의 패배로 아테네 사회는 심각한 공포와 불안감에 휩싸였다. 시민들 사이에 불신감도 팽배했다. 그러한 와중에서 소크라테스가 사회를 불안하게 만들고 청소년들을 불순한 사고에 물들게 했다고 해서 그에게 사형을 선고하는 사건도 일어났다. 소크라테스의 죽음은 사회적 불안감을 속죄양을 통해 해소하려는 아테네인의 비이성적 행위의 결과였다. 이후 아테네는 사회적 활력을 잃었고, 더 이상 과거와 같은 찬란한 문화와 예술도 창조하지 못했다.

전쟁에서 승리한 스파르타도 실질적으로 얻은 것은 별로 없었다. 아테네와의 전쟁에서 승리했다는 기쁨과 자부심은 잠깐이었고, 전쟁 뒤 심각한 경제적 후유증에 시달려야 했다. 시민들은 오랜 전쟁으로 지쳤고 심리적으로도 피폐해졌다. 결국 스파르타는 다시 테베에게 패함으로써 도시 국가 내에서의 패권마저 상실하고 만다. 테베가 스파르타를 물리쳤다고 테베가 크게 발전한 것은 아니었다.[3] 이미 그리스 도시 국가 전체가 생기를 잃어가고 있었고, 그리스 반도 북쪽에서부터 새로운 기운이 뻗쳐 나오고 있었다. 마케도니아Macedonia의 알렉산드로스Alexandros* 왕이 엄청난 기세로 그리스 전체를 휩쓸었고, 나아가

※   알렉산드로스, 알렉산더, 알렉산더 대왕 등으로 불린다. 그동안 우리나라에서는 영어식 표

대외 정복 전쟁에 나서게 되었기 때문이다. 알렉산드로스의 등장과 함께 고대 그리스의 세계는 종말을 고한다.

알렉산드로스는 왕위에 오른 뒤 죽을 때까지 13년이라는 짧은 기간 동안 왕위에 있으면서 그 대부분의 시간을 정복 전쟁으로 보냈다. 그는 엄청난 영토를 점령했으나 갑작스레 사망하는 바람에 제국의 틀을 제대로 세우지 못했다. 그 때문에 그의 사후 제국은 분열되었고, 결국은 공중분해되었다. 그러나 그의 정복 전쟁은 그리스 문명을 동양에 전파하는 역할을 했고, 그 결과 동서양 문명의 만남을 통해 헬레니즘이라는 새로운 문명을 창조해냈다.

페르시아의 침공, 그리고 마라톤 전투의 승리

페르시아 전쟁의 일차적인 출발점은 아케메네스 왕조의 엄청난 팽창에 있었다. 페르시아는 기원전 540년경 소아시아의 리디아를 멸망시켰다. 리디아의 멸망으로 그리스의 도시 국가들이 페르시아와 직접 대면하는 상황이 되었다. 뒤이어 메소포타미아 지역의 신바빌로니아를 정복했고, 동부 해안의 그리스 도시들을 점령했다. 페르시아는 유럽 지역 공략에도 나서 서부 해안의 도시들을 점령했다. 북쪽으로 스키타이를 공략하고 다뉴브강까지 나아갔으나 실패하고 돌아왔다. 동쪽으로는 인도, 남쪽으로는 이집트와 리비아까지 수중에 넣었다.

기인 '알렉산더'로 많이 표기했으나, 최근에는 원어 발음에 가까운 '알렉산드로스'로 많이 표기하고 있다.

그런데 기원전 499년 다리우스Darius 1세 시절 동부 해안의 이오니아Ionia 지방*에서 그리스 도시 국가들이 반란을 일으켜 페르시아의 지배에서 이탈하려고 했다. 그리스 본국의 도시들은 이오니아 지방의 반란을 지원하기로 결정했다. 아테네와 에레트리아Eretria는 함대를 이오니아에 보냈다. 그리스인들은 리디아의 수도였으며 페르시아 총독부가 있던 사르디스Sardis를 불태우며 페르시아를 자극했다. 그러나 기원전 493년 페르시아의 무력 앞에 이오니아의 반란은 곧 진압당하고 만다. 반란의 주역이었던 밀레토스는 페르시아군에 의해 폐허로 변했다. 이오니아 지역의 반란을 진압한 페르시아는 내친 김에 그리스 본토 원정에도 나서기로 마음먹었다. 이번 기회에 그리스 북부를 수중에 넣고 아테네를 공략하겠다는 것이었다.

기원전 491년 다리우스 1세는 그리스 본토 원정에 나섰다. 페르시아군은 낙소스섬을 점령하고 다음으로 에레트리아 공략에 들어갔다. 포위 7일 만에 성문이 열리면서 에레트리아는 페르시아군에 점령되었다. 에레트리아는 과거 이오니아 지역의 반란을 도운 전력 때문에 페르시아로부터 가혹한 처분을 받았다. 도시와 신전은 화염에 휩싸였고, 주민 대부분은 노예가 되었다. 다음으로 페르시아군이 향한 곳은 아티카Attika 해안이었다. 아티카 동쪽 해안에 위치한 마라톤Marathon 해안은 페르시아군이 정박하기 좋은 곳이었다. 마라톤 평원은 풍부한 물과 초원이 있어서 대규모 페르시아군을 수용하기에 충분했고, 강력한 기병을 바탕으로 한 군사작전을 펼치기에 좋았다.[4]

---

* 고대 아나톨리아(소아시아, 현재의 터키 지역) 서부 해안 지역을 말한다. 북으로 아이올리스, 남으로 카리아와 접경하고 있었으며 인접한 섬들을 포함했다.

그러나 이곳에 복병이 기다리고 있었다. 아테네의 장군들은 에레트리아의 함락을 교훈 삼아 페르시아군이 아테네로 진격하여 포위할 때까지 기다리지 않고 페르시아군이 평원에 발을 디디자마자 공격을 감행하기로 결정했다. 아테네군은 중무장보병을 중심으로 한 9천 명의 군대를 편성했다. 아티카 북서쪽에 위치한 작은 도시 플라타이아이Plataiai도 아테네와의 동맹에 따라 6백 명의 병사를 지원했다. 아테네는 마라톤으로 출발하기 전 스파르타에 지원을 요청하는 사절을 보냈다. 그러나 스파르타군은 마라톤 전투가 끝난 다음에야 이곳에 도착하게 된다. 헤로도토스Herodotos*에 따르면, 처음 최고 지도부를 구성한 10인의 장군들은 선제공격을 할 것인지 기다릴 것인지를 놓고 한동안 격론을 벌였다고 한다. 이 논쟁의 종지부를 찍은 것은 명예직인 아테네의 군사장관 칼리마코스Callimachus였다. 그도 또한 10인의 장군처럼 투표권이 있었는데, 밀티아데스Miltiades의 설득에 따라 공격 의견에 표를 던짐으로써 결정이 나고 말았다.[5]

평원에서 마주친 양측 군대는 1마일가량 거리를 두고 있었다. 아테네군은 페르시아군을 공격하기 위해 거활지를 가로질러 나가야 했다. 아테네군은 걷는 속도로 접근하다가 활, 투창, 투석 등의 공격에 의한 피해를 줄이기 위해 마지막 2백 미터 지점에서부터는 전속력으로 달려가기 시작했다. 아테네군의 갑작스러운 돌격에 페르시아군은 당황했다. 그러나 곧 페르시아군은 투사무기를 동원해 아테네군을 공격하기 시작했다. 아테네군은 최대한 신속하게 거리를 좁혀갔고, 마침내

---

* 그리스의 역사가. 세계 최초의 역사서라 할 수 있는 『역사』의 저자로 유명하다.

양군은 격돌하게 되었다. 전선 중앙에서는 페르시아군이 아테네군을 밀어붙여서 밀렸다.

그러나 페르시아군의 약점은 전선의 양 날개쪽에 있었다. 아테네군과 플라타이아군은 페르시아군의 전선 양 날개쪽을 최대한 공략해 전열을 무너뜨리는 데 성공했다. 드디어 페르시아군의 중앙도 무너지기 시작했다. 한번 무너지기 시작한 페르시아군 부대는 더 이상 전열을 정비하지 못하고 패주하고 말았다. 패배한 페르시아군은 배를 타고 바다로 도망갔다. 페르시아군은 궤멸당하지는 않았으나 적지 않은 손실을 입었다. 페르시아군 전사자는 6천 4백 명에 달했다. 반면 아테네군은 고작 192명을 잃었을 뿐이다. 마라톤 전투의 승리로 아테네는 밀레

토스와 에레트리아가 맞은 끔찍한 운명을 피해갈 수 있었다.[6]

그러나 바다로 나간 페르시아군이 바로 물러난 것은 아니었다. 그들은 아테네로 가고 있었다. 이를 알아차린 아테네 병사들은 경악했다. 42킬로미터 밖에 그들의 가족과 가정이 완전히 무방비 상태로 놓여 있었던 것이다. 그들은 피와 땀이 범벅이 된 파김치 상태였지만 사력을 다해 아테네로 돌아가야 했다. 오전 10시경에 마라톤을 출발한 그들은 놀라운 의지와 인내력으로 오후 늦게 아테네에 도착했다. 여기서 영감을 받은 프랑스의 언어학자 미셸 브레알Michel A. bréal은 당시 아테네 병사들이 달렸던 것과 똑같은 노정, 즉 마라톤 전장에서 아테네까지의 거리를 뛰게 하는 '마라톤 경기'를 1896년 근대 올림픽 경기에 포함시킬 것을 제안했다.* 그들이 도착하자 아슬아슬하게 페르시아 함대가 팔레론만에 진입했다. 페르시아 함대는 한동안 항만 입구 건너편에 가만히 정지해 있었다. 그리고 태양이 모습을 감추자 닻을 올려 어둠 속으로 사라졌다. 마침내 페르시아군이 물러간 것이다.[7]

테르모필레 전투와 살라미스 해전

마라톤에서 승리했다고 전쟁이 끝난 것은 아니었다. 헤로도토스에 따르면 다리우스 1세는 아테네군에 당한 패배에 대한 복수를 맹세했다고 한다. 그는 페르시아 전역에서 가장 뛰어난 병사들을 모아 원정

---

* 병사 필리피데스(페이디피데스)가 가쁜 숨을 몰아쉬며 42.195킬로미터를 달려와서 아테네 시민들에게 "우리가 이겼다!"고 외치고 숨졌다는 전설은 그럴 듯하지만 사실이 아니다.

군을 준비하라고 지시했다.[8] 하지만 그의 원정 준비가 반드시 그리스를 공격하기 위한 것만은 아니었을 것이다. 당시 페르시아는 대제국이었고, 속주들에서 계속 반란이 일어났다. 특히 다리우스 1세는 기원전 486년 페르시아 제국의 속주 가운데 가장 골칫거리였던 이집트의 반란을 진압해야 했다. 다리우스 1세는 이집트의 반란을 진압하기 위해 준비를 하던 중 병을 얻어 숨을 거두고 말았다.

다리우스 1세의 뒤를 이어 왕위에 오른 것은 크세르크세스Xerxes 1세였다. 그는 왕위에 오르자마자 바로 이집트 원정에 나섰고, 기원전 484년 이집트는 다시 페르시아의 지배 아래 놓이게 되었다. 기원전 481년 바빌로니아에서 반란이 일어나자 이를 진압한 크세르크세스는 그리스를 향해 페르시아군을 움직일 준비를 마쳤다. 크세르크세스는 이 원정을 직접 이끌기로 결정했다. 또한 그는 이번 원정을 위해 페르시아 전역으로부터 엄청난 병력을 동원했다. 이러한 조치들은 결국 그가 그리스 원정을 매우 중요하게 보고 있다는 증거였다.

기원전 481년 봄 크세르크세스는 페르시아를 떠나 리디아 왕국의 옛 수도이자 아나톨리아 서부 지역을 통치 관할하던 행정 중심지 사르디스로 향했다. 그는 사르디스에 대규모 군대를 집결시킨 뒤, 헬레스폰토스Hellespontos 해협을 향해 북서쪽으로 진군했고, 초여름 아비도스와 세스토스 사이의 해협을 건넜다. 그 뒤 그는 군대를 헤브로스강 하구에 위치한 도리스코스로 이동시켰으며, 그곳에서 육상 전력과 함대 전력을 점검했다.

。 에게해와 마르마라해를 잇는 터키의 해협으로 현재는 '다르다넬스 해협'으로 불리고 있다. 보스포루스 해협과 함께 아시아와 유럽을 지리적으로 나누고 있다.

헤로도토스의『역사』에 따르면, 페르시아군은 이란 출신 보병과 기병, 페르시아인, 메디아인 그리고 사카족, 박트리아인, 바빌로니아인, 카파도키아인을 비롯한 다양한 아시아 지역 출신들로 부대를 구성했다. 아라비아와 이집트, 에티오피아에서 온 사람들, 페니키아인도 있었고, 이오니아 출신 그리스인도 있었다고 한다.[9]

헤로도토스는 동원된 병력에 대해서도 언급하고 있는데 육상 부대의 총 인원이 70만 명에 이르렀다고 한다. 그는 또한 함대는 3단노선 1207척과 수송선 및 보급선 3천 척으로 구성되었다고 했다.[10] 그러나 이 같은 숫자는 과장되었음에 틀림없다. 일부 학자는 5만 명 이하였을 것이라고 주장하기도 하고, 또 어떤 사람은 10~15만 명을 주장하기도 한다. 20만 명에서 30만 명 이상이라고 보는 등 다양한 주장이 제기되고 있다.[11]

숫자를 정확히 알 수는 없지만 대규모 병력이 동원된 것은 분명하다. 그럼에도 헤로도토스의 주장은 매우 심하게 과장된 것이 확실하다. 그는 당시 페르시아를 물리친 그리스의 위업을 극대화하기 위해 관례상 적군의 숫자를 부풀린 것이 분명하다. 원정군의 규모는 알 수 없지만 크세르크세스는 이번 원정에서 확실한 승리를 원했고, 그걸 위해서는 바다와 육지에서 압도적인 수적 우위를 확보하는 것이 최선의 방법이라고 생각했던 것은 분명하다. 대규모 병력을 동원한 크세르크세스의 원정은 초기 파죽지세로 그리스 본토를 제압한다.

기원전 480년 초여름 크세르크세스가 이끄는 페르시아군은 헬레스폰토스 해협을 건너 북쪽의 테살리아와 마케도니아를 간단히 점령했다. 그리스 동맹군은 내부 논란 끝에 그리스 중부에 위치한 산맥과 바다 사이에 형성된 좁은 통로인 테르모필레Thermopylae에서 방어선을 구축하기로 결정했다. 이곳 테르모필레에서 그리스군은 페르시아군에 맞서 진입로를 3일 동안이나 지켰다. 이곳에서 스파르타의 레오니다스Leonidas 왕이 이끄는 3백 명의 결사대는 처절한 사투를 벌이며 페르시아군의 진격을 저지하며 영웅적인 기록을 남겼다.* 이 전투에서 레오니다스와 휘하 병사들은 크세르크세스에게 2만 명의 병력 손실을 입혔다는 이야기도 있지만[12] 이는 아무래도 과장되었을 것이다. 그러나 어쨌든 이 전투에서 레오니다스의 결사대가 영웅적인 투쟁을 벌였고, 페르시아군의 진격에 적지 않은 타격을 주었던 것은 분명하다.

그리스군 해군은 초기의 승리와 행운 덕분에 해전에 대해 상당한 자신감을 얻었다. 그러나 압도적인 병력을 바탕으로 거세게 밀어붙이는 페르시아군의 공격에 그리스 해군도 적지 않은 타격을 입었다. 테르모필레가 무너지면서 더 이상 버틸 수 없게 된 그리스 함대는 뱃머리를 돌려 아테네 근처의 살라미스Salamis섬으로 향했다. 아테네 시민들은 페르시아군으로부터 목숨을 구하기 위해 도시를 비우고 펠레폰네소스 해안 동쪽 트로이젠과 살라미스섬, 그리고 아이기나섬으로 탈출했다. 페르시아군의 진입이 임박한 상황에서도 아테네 민회는 투표를 통해 아테네와 아티카를 포기하고 시민들을 바다로 탈출시키기로 결정했다. 열띤 토론 끝에 투표로 다수의 지지를 받는 견해가 채택되

---

* 3백 명 중 눈병을 앓아 먼저 그곳을 떠난 두 사람과 전령병 1명 등 세 명을 제외한 297명이 몰사했다. 그런데 때로는 현실과 너무 동떨어진 환상을 유포하면서 이를 역사적 사실과 다르게 왜곡하거나 페르시아로 대변되는 동양 세계에 대한 잘못된 이미지를 퍼뜨리기도 한다. 영화 〈300〉처럼 할리우드 영화가 그런 주범 역할을 한다. 서양적 시각에서 쓰여진 많은 역사서들도 그러한 범주를 크게 벗어나지 못하는 경우가 적지 않다.

살라미스섬의 위성 이미지 | 살라미스섬 좌우의 좁은 해협이 그리스 해군의 승리를 가능케 했다.

었다. 위기 상황에서도 아테네 민주주의가 굳건하게 작동하고 있음을
보여주는 놀라운 광경이었다.

　그리스를 위기에서 살려낸 결정적인 전투는 바다에서 있었다. 살라
미스 해전의 승리가 페르시아의 정복 의지를 꺾었던 것이다. 살라미스
의 좁은 해협에서 그리스 해군은 적은 배로도 효과적으로 페르시아군
을 막을 수 있었다. 그리스군의 입장에서는 더 이상 물러설 곳도 없었
다. 살라미스 해전의 패배가 페르시아군에 치명타가 될 만큼 큰 손실
을 입히지는 못했지만 크세르크세스의 심경에 큰 변화를 가져왔다.
크세르크세스는 헬레스폰토스의 배다리가 그리스군의 공격으로 파괴

최근 영화 〈300〉의 속편으로 살라미스 해전을 다룬 〈300 : 제국의 부활〉이 개봉되었다. 이
영화 역시 〈300〉이 갖고 있던 편견과 사실 왜곡을 그대로 보여주고 있다. 영화를 역사와
동일시할 수는 없지만 역사물을 만들 때의 시각은 중요하다는 점을 새삼 실감했다.

당할 것을 염려했던 것이다. 그는 퇴각명령을 내렸다. 그는 부하 마르도니오스에게 일부 병력을 맡겨놓고 귀국했다. 배다리는 이미 폭풍으로 끊어진 상태여서 크세르크세스는 배를 타고 사르디스로 귀환했다.

그리스 본토에 남은 페르시아군은 플라타이아이 전투에서 그리스 동맹군에게 패배했다. 지휘관 마르도니오스가 사망하자 페르시아 군대는 혼란에 빠졌다. 아르타바조스는 마르도니오스의 시신조차 수습하지 못한 채 병사들을 끌고 소아시아로 돌아갔다. 또한 스파르타가 중심이 된 그리스군은 페르시아군을 공격해서 마칼레 전투에서 크게 승리했다. 이렇게 해서 페르시아의 그리스 정복 계획은 종지부를 찍게 된다. 이 전쟁의 패배로 페르시아 제국의 위상에 근본적인 손상이 가지는 않았다. 하지만 더 이상 페르시아는 그리스를 넘보지 못하게 되었다. 반대로 그리스는 자신의 영토를 지키는 것을 넘어서 페르시아 영토를 넘보는 쪽으로 나아갔다.

아테네 제국주의와 스파르타 군국주의

기원전 477년 그리스 도시 국가들은 페르시아의 재침략에 대비하기 위해 '델로스 동맹'을 맺었다. 델로스란 에게해 한복판에 있는 작은 섬을 말한다. 이곳에 그리스 도시 국가들은 공동의 군비자금을 관리하는 금고를 두었다. 그래서 델로스 동맹이라는 이름이 붙었다. 델로스 동맹의 리더는 당연한 일이지만 아테네였다. 아테네는 마라톤에서 페르시아와 단독으로 맞붙을 만큼 강력했다. 그러나 다른 모든 도시 국가들을 완전히 압도할 정도는 아니었다. 아테네에 비해 힘이 뒤지기는 하지만 스파르타 또한 강력한 힘을 가진 2인자였다.

그런데 시간이 지나면서 아테네의 패권이 노골화되었다. 아테네는 자금을 내기 싫어하는 도시 국가들에게 실력행사를 하면서 거칠게 다루었다. 이를테면 낙소스Naxos는 동맹을 이탈하려 했다가 아테네가 이끄는 동맹군에 포위당했고, 결국 동맹 이탈을 포기했다. 아테네는 지도력 행사를 넘어 노골적으로 제국의 모습을 드러내기 시작했다. 동맹의 금고를 델로스에서 아테네로 옮겼으며, 아테네는 이 금고의 자금을 자국의 이익을 위해 사용하기도 했다. 또한 아테네 출신의 행정관을 각 도시들에 보냈고, 중요한 재판을 아테네 법정에서 하는 등 동맹 도시들을 사실상 속국으로 전락시켰다.

기원전 449년 그리스는 페르시아와 평화조약을 맺었다. 이로써 델로스 동맹이 존속할 명분은 더 이상 없어졌다. 하지만 아테네는 동맹을 계속 존속시키면서 150개 이상의 도시들에 분담금이라는 명목으로 사실상의 조공을 받았다. 이러한 아테네의 제국으로의 변모는 스파르타의 심각한 반발과 의구심을 불러일으켰다. 아테네의 패권에 위협을 느낀 나라는 또 있었다. 아테네와 더불어 또 하나의 상업도시로서 경쟁적 위치에 있었던 코린트였다. 이렇게 해서 아테네에 대항하기 위한 반아테네 연합의 기반이 마련되었고, 마침내 기원전 431년 스파르타가 아테네를 상대로 한 전쟁을 시작했다.[13] 전쟁은 기원전 404년까지 30년 가까이 계속되었고 아테네를 비롯한 그리스 도시 국가들에 엄청난 재앙을 안겨주었다.

이 전쟁의 또 다른 원인은 아테네와 스파르타 간의 사회·문화적 차이에서 찾아볼 수 있다. 아테네는 상업 중심의 제국이었지만 민주적이며 진보적이었고, 지적이면서 문화예술적으로 발전했다. 반면, 스파르타는 보수적이고 귀족적이며 농업 중심적의 폐쇄적인 국가였고, 문화적으로도 뒤떨어져 있었다. 스파르타는 철저한 계급사회였고 군국주의적인 체제를 유지했다. 스파르티아테스Spartiates라고 불리던 시민계급은 정복자의 후손들로서 전체 인구의 5퍼센트에 불과했으나 정치적 특권을 독점했다. 두 번째는 변두리 사람, 즉 페리오이코이perioiki다. 이들은 아마도 한때 스파르타 동맹 국가의 주민이었거나 자발적으로 스파르타의 지배에 복종한 사람들이었을 것이다. 이들은 상공업에 종사하는 것이 용납되었다. 사회의 하층에는 토지에 묶인 헤일로타이 heilotai, 즉 노예들이 있었다. 헤로도토스에 따르면 이들은 전체 주민의 80퍼센트를 차지했다고 한다.[14]

스파르타의 계급 중에서 가장 자유롭고 안락한 생활을 누린 것은 페리오이코이뿐이었다. 반면 헤일로타이의 경제적 처지는 극단적으로 비참하지는 않았지만 너무나 모욕적인 대우를 받았기 때문에 틈만 보이면 반란을 도모했다. 스파르타의 시민계급은 반란에 맞서기 위해 변장을 하고 헤일로타이들 사이에 잠입해서 감시했고, 경우에 따라서는 살해할 권한까지 가진 비밀경찰 역할을 했다. 그러니 이것이 양계급 사이에 얼마나 잔인한 결과를 가져다주었는지 상상할 수 있을 것이다.

스파르타의 시민계급은 일생을 고귀한 노예로서 보내야 했다. 그들은 가혹한 훈련을 감수해야 했고 개인의 사생활을 희생해야 했다. 그들은 국가라는 거대한 기계의 톱니바퀴에 지나지 않았다. 유아들은 태어나자마자 건강을 시험받아야 했고, 허약한 아이들은 언덕에 내던져

죽도록 방치되었다. 스파르타 남성들의 교육은 거의 모두가 군사훈련이었다. 훈련은 7세 때부터 시작되었다. 남자들은 20세에서 60세까지 거의 모든 시간을 국가를 위해 봉사하는 데 바쳐야 했다. 결혼도 강제적이었다. 그래서 가정생활은 거의 할 수가 없었다. 청년들은 병영에서 살아야 했고, 30세 이후에도 식사는 병영에서 해야 했다. 남편들은 "낮에 아내의 얼굴을 볼 새도 없이 자녀를 갖는" 일이 일어나곤 했다. 건강한 자식을 낳는 것이 아내의 주임무였으나 어머니들은 어린아이들이 국가의 재산이라는 사실을 받아들여야 했다.[15]

인류 역사를 통틀어 이처럼 철저한 전체주의 국가는 없었다고 해야 할 것이다. 그러나 지배계급으로서의 지위에 대한 자부심이 그들의 마음속에서 혹독한 훈련과 특권의 포기를 보상해주었을지도 모르겠다. 일본 군국주의나 독일 나치즘이 기승을 부릴 때 스파르타가 찬양된 적이 있었다. 한국에서도 유신체제 아래에서 이 같은 스파르타식 교육, 군국주의 정신이 강조되었는데, 이는 모두 비정상적인 사회라 할 수 있다.

스파르타의 경제 조직은 오직 군사적 효율과 시민계급의 우위를 지키기 위한 것이었다. 가장 좋은 토지는 국가 소유였는데, 같은 크기로 나누어 시민계급에 배당되었다. 토지는 양도할 수 없었지만 나중에는 토지의 매각과 교환이 허용되었다. 그 결과 일부 시민계급은 더 부유해졌다. 토지 경작을 전담한 헤일로타이 역시 국가의 소유로 토지와 함께 주인에게 배당되었다. 주인들은 헤일로타이를 해방시키거나 외국에 팔 수 없었다. 시민계급 전체는 헤일로타이의 노동에 의해 부양받았다. 그들은 농업 이외의 어떤 경제 활동에도 종사할 수 없었다. 스파르타의 미미한 상공업은 전적으로 페리오이코이에게 맡겼다. 따라서 스파르

타의 경제는 정부가 억압적이었던 것만큼이나 정체되어 있었다.[16]

이런 스파르타를 두고 아테네인들은 야만적이라고 경멸했다. 한편, 스파르타인은 아테네가 펠로폰네소스 반도 북부의 국가들에 대한 지배권을 노리고 헤일로타이를 부추겨 반란을 획책한다고 비난했다. 아테네의 패권이 강화되고 그 영향력이 펠로폰네소스까지 확대되면서 갈등이 깊어졌다.

경제적인 요인도 갈등을 재촉하는 중요한 요인으로 작용했다. 아테네는 국력이 팽창하면서 동부 지중해만으로 지탱하기가 힘들어졌다. 아테네는 서부 지중해로 영향력을 확대하며 나아가기를 바랐다. 그러기 위해서는 지중해 쪽에 근거지가 필요했다. 바로 그곳이 펠로폰네소스 반도였던 것이다. 아테네가 펠로폰네소스 반도로 가는 길목에 자리잡은 코린트와 메가라에 손을 대려 하자 스파르타가 반발했다.

고대 그리스의 몰락

전쟁은 기원전 431년에 시작되어 끊어졌다 이어지기를 거듭하면서 기원전 404년까지 27년간이나 계속되었다. 스파르타 진영에는 보이오타이, 마케도니아, 코린트가 주요한 동맹자였다. 그들은 펠로폰네소스 반도와 아테네를 그리스의 다른 지역으로부터 차단하는 곳을 장악하고 있었다. 아테네 편은 이오니아 도시들과 에게해의 섬에 있는 도시들로서 델로스 동맹 이래 아테네가 이끌어온 지역이었다. 전쟁의 양상은 기본적으로 바다와 육지의 전쟁이었다. 스파르타는 육군이 강했고,

바다는 아테네가 지배했다.

아테네 해군은 위대한 정치가이며 애국자였던 선동가 페리클레스의 작품이었다. 그는 함대를 바탕으로 해마다 육지로 쳐들어오는 스파르타 군에게 아테네 성밖의 들판을 내주는 전략을 세웠다. 주민들은 도시와 피레우스 항구로 모여들었다. 도시와 항구 사이의 8킬로미터 거리는 2백 미터 간격으로 쌓은 두 겹의 성벽으로 보호되었다. 아테네 사람들은 그 요새 안에서 전쟁을 견뎌냈다. 이 요새는 당시의 그리스 군대의 공격력으로는 사실상 파괴가 불가능했다. 바다의 지배권을 지키고 있던 아테네 함대는 수입해온 곡식으로 시민들을 평상시와 다름없이 먹고 살게 보장해주었다. 그 때문에 육로봉쇄는 아무런 의미도 없었다.[17]

그러나 생각지도 못한 일이 발생했다. 기원전 430년 도시에 전염병이 나돌았고, 기원전 429년 페리클레스가 죽으면서 아테네에 위기가 찾아왔다. 그래도 방벽 덕분에 아테네는 10년을 더 버틸 수 있었다. 기원전 421년 아테네와 스파르타 사이에 평화 조약이 체결되어 얼마동안 평화가 유지되었다. 그러나 그것은 오래가지 않았다. 스파르타가 먼저 공격을 시작했다. 만티네이아에서 벌어진 지상전에서 아테네는 패배했다.

아테네는 페리클레스의 친척인 30대의 알키비아데스Alcibiades를 지도자로 내세우고 새롭게 전쟁에 임했다. 알키비아데스는 새로운 전략을 세웠다. 스파르타의 보급기지인 이탈리아의 시칠리아를 공격해 장악한다는 것이었다. 그러나 기원전 415~413년 시칠리아 원정은 참패로 끝났다. 정적들의 공격으로 궁지에 몰린 알키비아데스가 아테네 해군의 주요 정보를 스파르타에 고스란히 넘겼기 때문이다. 스파르타는 알키비아데스의 정보를 바탕으로 시라쿠사 항구에서 아테네 함대를 격파하고 군대를 학살했다.[18]

아테네는 이 패배로 치명타를 입었다. 아테네 육군의 절반과 해군 전력의 많은 부분을 잃었다. 아테네는 국내적으로 정치적 분열과 격동의 시기를 겪어야 했다. 반면 스파르타는 자신감을 갖게 되었고, 새로운 전략을 마련했다. 그것은 페르시아와 동맹을 맺어 아테네를 고립시키는 작전이었다. 페르시아는 이오니아 지방을 넘겨받는 조건으로 스파르타에 해군을 지원했다. 기원전 405년 아테네 해군이 헬레스폰토스 해전에서 페르시아에 참패하면서 펠로폰네소스 전쟁은 스파르타의 승리로 끝나게 된다. 해군력에 철저히 의존했던 아테네는 해군이 무너지자 더 이상 견딜 수 없게 된 것이다.

기원전 404년 아테네는 스파르타에 항복했다. 전쟁의 결과는 참혹했다. 아테네의 무역은 전쟁으로 완전히 붕괴되었고, 민주정도 전복되었다. 군사적 패배 이후 도덕적 타락도 심각했다. 반역, 부패, 잔학 행위 등의 악폐가 나타나면서 전쟁 말기에 아테네의 운명을 재촉했다. 아테네는 중립을 포기했다는 이유로 델로스섬의 남자 전원을 학살했으며, 여자와 어린아이를 노예로 삼았다. 사모스를 제외한 모든 동맹국들이 등을 돌리고 식량 공급마저 차단되면서 아테네는 항복하거나 굶어죽는 것 이외에 다른 대안이 없게 되었다. 항복의 조건은 가혹했다. 아테네의 모든 성벽은 파괴되었고, 모든 해외 재산과 해군력 전체를 잃었다. 아테네는 겨우 독립은 유지했으나 실제로는 스파르타의 속국이나 다름없게 되었다.

스파르타 또한 전쟁에서는 승리했으나 그들이 얻은 것은 빈 껍데기에 불과했다. 펠로폰네소스 전쟁은 아테네의 정치적 지배권을 몰락시켰으며, 사실상 그리스 전역에서 자유를 멸절시켰다. 또한 그것은 그리스인의 정치적 재능을 고갈시키는 결과를 가져왔다. 전쟁에서 승리한 스파르타는 그리스 전체에 대한 지배권을 주장하고 나섰다. 민주정이 행해지던 지역에는 스파르타의 군대가 주둔하면서 과두정이 들어섰다. 반대자를 압살하기 위해 재산이 몰수되고 암살이 횡행했다. 아테네에서는 참주정이 전복되고 자유 정부가 회복되었지만 이미 그것은 페리클레스 시대의 민주정은 아니었다. 소크라테스를 처형한 것도 바로 전쟁 후에 성립된 이 자유 정부였다.

스파르타는 아테네를 제외한 그리스의 나머지 지역을 30년 이상 지배했지만 결국 패권이 기원전 371년 테베로 넘어가고 만다. 레욱트라 Leuctra에서 에파미논다스Epaminondas의 테베군에게 스파르타군이 패배하면서 일어난 일이다. 안타깝고도 불행한 일이지만 테베는 스파르타 이상의 정치적 관용과 지혜를 보여주지 못했다.[19]

기원전 362년 이 새로운 압제자에 대항하여 그리스 도시들의 자유를 위한 동맹이 만들어졌고, 테베는 이를 붕괴시키지 못했다. 만티네이아 평야에서 양측이 전투를 벌였으나 누구도 결정적인 승리를 거두지 못했다. 테베의 에파미논다스가 살해되면서 그의 제국도 붕괴했다. 오랜 전쟁으로 그리스의 도시 국가들은 기력이 쇠진했다. 화려한 문화는 사라지지 않았으나 그들은 정치적으로 무력한 상태에 놓였다. 그리스인의 운명은 그리하여 마케도니아의 알렉산드로스에 의해 결정되기에 이른다.

3. 그리스 철학

서양 철학 사상의 원형이 마련되다

불경죄와 젊은이를 타락시킨 죄

기원전 399년 2월 어느날 멜레토스^{Meletus}라는 이름을 가진 아테네 출신의 젊은 시인은 법원에 소크라테스에 대한 고소장을 제출했다. 멜레토스가 제출한 고소장에는 정치가 아니토스^{Anytus}와 연설가 뤼콘 ^{Lycon}의 서명도 함께 있었다. 멜레토스는 스스로를 온건한 민주주의자라고 했지만 실제로는 지식인들에 대해 극도의 적개심을 불태우는 고소 전문 정치인들의 허수아비에 불과했다. 아니토스라는 정치인은 성실한 애국자였던 것은 확실하지만 편협한 정신의 소유자였던 것 또한 분명하다. 그는 소피스트^{Sophist}들의 비뚤어진 교육으로 기강이 흔들리는 아테네를 바로 세우기 위해서는 그 이전의 사고 방식과 생활 방식을 되찾아야 한다고 믿었다. 그들이 제출한 고소장의 내용은 이런 것이었다.

"소크라테스는 국가가 인정하는 신을 믿지 않으며, 도시에 새로운 신들을 들어들이는 죄를 범했다. 그는 또한 젊은이들을 타락시키는 죄도 범했다. 사형이라는 벌을 제안한다."

이 무렵 아테네는 30년에 걸친 펠로폰네소스 전쟁의 후유증으로 심각한 고난에 처해 있었다. 전쟁으로 영토가 침공당했고, 페스트로 사람들이 죽었으며 함대가 전멸했다. 전쟁은 끝났으나 아테네 제국은 몰락했고, 독립을 가까스로 지켰으나 사실상 스파르타의 속국이나 다름없었다. 사회적인 활력은 소진되었고, 짓밟힌 제국의 자존심은 회복되지 않았다. 사람들은 희망을 잃었으며 사회에는 불신과 냉소가 넘쳐났다.

이런 상황에서 아니토스를 비롯한 아테네의 권력자들은 희망이 아니라 고통과 노동의 언어만을 이야기했다. 그들은 아테네인들에게 모든 정치적 야망을 포기하고 피눈물 나는 노력을 통해 폐허가 된 경제를 재건하라고 말했다. 농장을 새로 짓고, 포도와 올리브나무를 새로 심고, 배를 다시 만들며, 광산으로 내려가 광물을 캐내라고 말했다. 그걸 통해 산업과 상업을 일으켜 세워 아테네를 부강하게 만들어야 한다고 주장했다.

그들은 추상적인 대화만 일삼으며 걸핏하면 논쟁을 벌이는 지식인과 그들의 행위에는 아무런 관심이 없었다. 아테네에 필요한 것은 물질적인 생산이지 정신적인 것은 사치에 불과하다고 생각했다. 그러나 소크라테스는 한가한 백수들과 공공장소에 모여 앉아 '지고의 선善'에 대한 성찰과 더불어 옳고 그름을 판단하는 논쟁을 벌이는 데 몰두했다. 그는 시민들에게 영혼의 중요성을 강조하면서 그 외에는 아무것도 신경쓸 필요가 없다고 떠들었다. 그는 이렇게 말했다.

나한테 중요한 단 한 가지는 바로 거리로 나가, 젊은이가 되었건 노인이 되었건, 당신들을 만나, 그처럼 정열적으로 당신들의 육체나 재산에 관심을 기울일 것이 아니라 당신들의 영혼과 그 영혼을 더 낫게 만드는 방법을 모색해야 한다고 설득하는 일이다. 나의 사명은 당신들에게 부富는 덕성을 가져다주지 않으며, 덕성이야말로 인간들에게 번영의 원천이자 공적, 사적 재화의 원천이라고 말하는 것이다.[2]

소크라테스의 주장에 동조하는 사람도 있었지만 많은 아테네인들은 그의 연설이 밥을 먹여주지도 않고 나라를 지키는 데 힘이 되지도 않으며, 사회의 규율과 질서를 어지럽힐 수 있다고 생각했다. 아니토스와 아테네 지도자들의 생각도 같았다. 심지어 어떤 사람들은 아테네의 패배와 소크라테스의 가르침을 연결시키기도 했다. 조국의 불행이 철학자들의 불경스러운 탐구에 대한 신의 벌에서 나온 것이라고 생각했다.

"너 자신을 알라!"

불행하게도 아테네의 패배에 중요한 한 몫을 담당한 알키비아데스는 소크라테스가 가장 아낀 제자 중 한명이었다. 알키비아데스는 장밋빛 약속으로 아테네 해군을 시실리아 원정길에 오르게 한 다음, 정작 자신은 적군 진영으로 넘어가 그의 천재적인 재능을 스파르타와 페르시아와 더불어 조국을 폐허로 만드는 데 사용한 배신자 중의 배신자였

뉴욕 메트로폴리탄 미술관에 소장되어 있는 〈소크라테스의 죽음〉 ｜ 프랑스 화가인 자크 루이 다비드 (Jacques-Louis David, 1748~1825)의 작품

다. 영향력 있는 정치가였던 크리티아스는 자신이 쓴 비극의 주인공을 통해 "신이란 유익한 거짓말에 불과하다."며 무신론을 설파했는데, 크리아토스 역시 소크라테스의 제자였다. 그는 외세 덕분에 권좌에 앉게 된 피에 굶주린 독재 정권의 우두머리였으며, 이 독재 정권의 하수인이었던 경찰은 수천 명의 선한 시민들을 강제로 추방하거나 죽음으로 내몰았다.[3]

제자가 저지른 잘못을 스승이 책임져야 한다고 아테네 시민들이 믿든 믿지 않았든 간에 정치가들이 소크라테스를 희생양으로 삼기에는 충분한 조건이 있었다. 두 명의 반역자 이름을 거론해서 대중의 분노가 소크라테스를 향하게끔 한 다음, 아테네의 모든 해묵은 죄악을 그에게 덮어씌워 그를 죽음으로 모는 일쯤은 정치가들에겐 식은 죽 먹기

였다.

이렇게 보면 아테네에 닥친 불행이 소크라테스의 죽음과 어떻게 연관되었는지를 부분적으로 설명해줄 수는 있다. 하지만 불경과 관련된 소송은 소크라테스가 처음이 아니었다. 소크라테스 이전에도 아낙사고라스, 프로타고라스, 밀레토스의 디아고라스 같은 철학자들이 불경으로 재판을 받은 경험이 있었다. 하지만 그들은 사형과 같은 극형을 선고받지 않았다. 이 시절 아테네는 분명 관용의 도시였다. 기원전 5세기의 아테네라고 하는 '빛의 도시'에서는 신이나 국가에 대한 아무리 대담한 의견도 비교적 자유롭게 표현될 수 있었다.

그러니 소크라테스의 재판 하나 때문에 아테네를 광적인 종교재판이 난무했던 곳으로 취급해서는 안 된다. 다만 이러한 자유 속에서도 정치가들은 오로지 정치적인 이유 때문에 불경죄를 이용해 공동체에 위협을 가하는 발언을 잠재우는 경우가 있었다. 그것은 정적들의 입막음 그 이상도 이하도 아니었다.

당시엔 종종 재판을 위협의 수단으로 사용했다. 그래서 재판 과정에서 피고가 원고와 합의하에, 가령 짜고 입을 다물기로 한다거나 망명을 통해서 자취를 감추는 일도 흔했다. 그런데 왜 소크라테스만이 사형을 받았을까? 우선 전쟁으로 상처받은 아테네의 불행이 하나의 원인이고 또 다른 이유는 소크라테스가 자신에게 가해진 공격을 굳이 피하려 애쓰지 않았다는 점이다. 그는 오히려 법정 공방을 통해 아테네 민중의 분노를 더욱 심하게 야기시켰다. 결국 우리는 '소크라테스가 자신을 고발한 자들보다 훨씬 더 강력하게 스스로의 죽음을 원했을 것'이라는 추측을 해볼 수 있다.[4]

여기서 우리는 그의 죽음이 지니는 심오한 의미를 만날 수 있다. 그는 위기에 처한 아테네 현실에 경고장을 보내고자 했던 것이다. 우리가 알다시피 소크라테스는 신에 대한 불경죄와 젊은이들을 타락시켰다는 죄로 법정에서 재판을 받았다. 처음 판관들은 유죄 281표, 무죄 220표로 유죄로 판결했으나 나중에는 거의 만장일치로 사형을 결정했다. 왜 그랬을까?

소크라테스는 재판 과정에서 판관들을 향해 자신의 목숨을 구명하기 위한 변론을 하지 않았다. 그는 법정에서 자신의 죄를 변명하지 않았다. 판관들에게 관대한 처분을 호소하지도 않았다. 그는 판관을 향해 "자신을 변호하는 것이 아니라 당신들을 변호하고 있다."고 말했다. 또한 그는 이렇게 말했다. "당신들이 나에게 사형을 언도한다면, 그 결정은 내가 아닌 당신들에게 부당하게 해를 입히는 결과를 낳을 것입니다." 그는 아테네에서 정의로운 행위를 이끌어내려고 했다. 그가 법정에서 한 변론의 최종적인 목표는 불의라는 최악의 사회 병폐로부터 아테네 시민의 영혼을 구원하는 것이었다. 그는 아테네의 구원을 원했다.

소크라테스는 사형 선고가 내려진 다음에도 죽음을 피할 기회가 있었으나 그렇게 하지 않았다. 제자들은 소크라테스를 탈주시킬 계획까지 세웠지만 그는 받아들이지 않았다. 소크라테스는 감옥에서 크리톤 Kriton과 함께 시민의 의무에 대해 긴 논쟁을 벌였다. 부당하게 형을 선고받은 시민은 법이 정한 형벌을 피해도 좋은가? 부당하게 형을 선고받았다고 해서 그 자신도 불의를 행하고, 악에는 악으로 대할 권리를 가지는가? 불복종 행위를 통해서 무질서의 사례가 되어도 좋은가? 도시로부터 이제까지 받았던 온갖 혜택들을 그 도시를 파괴하는 것으로 보답해도 좋다는 말인가? 분명 그렇지 않다. 악은 언제나 악이며, 따라서 항상 피해야 한다. 이러한 논리가 소크라테스의 입에서 쉼없이 흘러나왔다.

소크라테스는 자신이 죽음을 피할 수 있는 여러 가지 길이 있었음에도 "악법도 법"이라면서 재판 결과를 그대로 받아들였다. 그는 죽음으로써 으히려 영원한 생명을 얻게 되었다. 소크라테스는 거리에서도 법정에서도, 죽음 직전까지 '진리'를 설파했다. 그는 철저한 상대주의를 주장했던 소피스트들과 달리 객관적인 진리가 있다는 믿음을 가졌던 사람이었다. 그는 "성찰하지 않는 삶은 살 가치가 없다."고 말한 바 있다. 그가 말하는 성찰은 진리를 추구하는 과정이다. 그런데 객관적 진리가 있다고 믿었던 그의 기준에 따르면 지식에는 참된 지식과 억측이 있는데 그는 참된 지식을 얻기 위해서는 억측을 버려야 한다고 보았다. 그리고 참된 지식을 얻기 위한 방법으로 산파술, 즉 대화를 통한 변증법적 과정의 필요성을 이야기했다. 변증법적 방법이었다.[5]

소크라테스는 그 이전에 먼저 스스로 자신의 무지를 깨달아야 한다고 보았다. 그래서 그는 법정에서도 판관들에게 끊임없이 자신의 무지를 깨달으라고 말했다. 그는 진리를 찾기 위한 노력으로 재판을 받아들였고, 재판에서 아테네 시민과 판관들을 향해 '자신을 성찰하고 정의를 바로 바라보라'고 주장했다. 소크라테스는 그 이전 어느 철학자도 묻지 않았던, 그러나 이후의 모든 철학자들이 묻게 되는 "어떻게 살 것인가?"라는 질문을 철학의 근본 문제로 꼽았다.

소크라테스는 자연 철학 상태에 머물러 있던 그리스 철학을 비로소 오늘날의 철학과 유사한 성격으로 발전시켰다. 그는 플라톤이라는 걸출한 제자를 남김으로써 저서를 남기지 않고도 자신의 주요 사상을 후대에 전할 수 있었다.

고대 그리스의 자연 철학

그리스 문명이 남긴 위대한 업적 가운데 하나는 철학이다. 오늘날 서양 철학의 기틀은 바로 고대 그리스에서 마련되었다. 그리스 이전에도 철학이 없었던 것은 아니다. 이집트인들은 수백 년 전에 이미 우주의 본질과 인간 사회의 윤리 문제에 관한 많은 이론을 설파했다. 그리스인들은 이러한 고대 문명의 정신을 이어받으면서도 한층 포괄적인 방식으로 철학을 발전시켰다. 그들은 우주의 본질, 진리, 인생의 의미와 목적 등 인간이 생각할 수 있는 모든 문제에 대한 해답을 얻으려고 했다. 그들의 위대함은 그들 이후의 철학이 대체로 그들이 내렸던 결론의 타당성 여부를 둘러싼 논쟁으로 이어졌다는 데서 여실히 입증된다.

고대 그리스 철학은 이오니아 지방으 밀레토스에서 처음 시작되었다. 기원전 6세기경 상업도시였던 밀레토스에서 일군의 철학자들이 활동했는데, 그들의 주된 관심사는 물질 세계의 본질이 무엇인가 하는 것이었다. 그들은 만물의 근원이 되는 근본적인 실체, 즉 아르케Arche가 있다고 믿었다. 아르케는 우주, 별, 동물, 식물, 인간 등의 근원을 이루며, 만물은 궁극적으로 이 근본적인 실체로 되돌아간다고 믿었다.

이오니아의 초기 철학자들은 만물을 구성하는 기본 원소를 공기, 불, 물, 흙의 네 가지로 보았다. 이른바 제5원소는 후에 아리스토텔레스가 불변의 완전한 원소라는 의미로 제안했다. 밀레토스 학파의 창시자인 탈레스Thales, 기원전 640~546년는 만물의 근원이 되는 실체는 물이라고 보았다. 또 아낙시만드로스Anaximandros는 근본적인 실체가 물이나 불과 같은 어떤 특정한 사물이 아니라 '창조되지 않은 불멸의' 어떤 것이라고 주장했다. 그는 그것을 무한자無限者, 즉 아페이론apeiron이라고 불렀다. 반면 아낙시메네스Anaximenes는 우주의 근원이 되는 물질이 공기라고 말했다. 그는 공기가 희박해지면 불이 되고 응축될 경우에는 바람, 수증기, 물, 흙, 돌이 된다고 생각했다.[6]

밀레토스 학파는 그리스 철학의 출발이라는 점에서도 의미가 있지만 그보다는 그리스인의 신화적 믿음을 깨고 세계의 기원에 대한 합리적 해석을 시도했다는 점에서 더 큰 의미가 있다. 그들은 이집트인이 지녔던 우주의 영원성과 물질의 불멸성에 대한 사상을 확대시켰다. 특히 아낙시만드로스의 학설은 주기적 변화, 즉 생성과 소멸의 지속이라는 발전 개념을 분명하게 제시했다는 점에서 중요한 의미가 있다.

기원전 6세기가 끝나기 전에 그리스 철학은 형이상학적 문제를 더욱 깊이 파고들어간다. 그리스 철학은 단지 물질의 문제에만 시선을 고정하지 않고 존재의 본질, 진리의 의미, 사물의 구조 안에서 신의 위치 등 매우 난해한 문제들에 관심을 가졌다.

피타고라스Pythagoras 학파는 철학을 주로 종교적인 입장에서 해석했다. 이 학파의 창시자인 피타고라스는 에게해의 사모스섬에서 태어나 이탈리아 남부로 이주했으나 다른 철학자들과 거의 교류가 없었다. 피타고라스 학파 사람들은 사변적인 생활이 최고선이라고 주장했다. 그들은 사물의 본질이란 물질이 아니라 추상적 원리, 즉 수數라고 주장했다.

그는 직각삼각형을 이루는 세 변의 관계를 밝힌 피타고라스의 정리*로 우리에게 널리 알려져 있지만, 그는 수를 단순히 수학적인 의미가 아닌 생활의 모든 측면에 두루 적용했다.[7] 피타고라스 학파는 정신과 물질, 조화와 불화, 선과 악을 명확하게 구분함으로써 그리스 사상에서 이원론dualism을 창시했다는 점에서 중요하다.[8]

피타고라스 학파의 주장은 결과적으로 우주의 본질에 대한 논쟁을 격화시켰다. 그들과 동시대인이었던 파르메니데스는 부동不動 또는 불변不變이 사물의 진정한 본질이라고 주장했다. 변화와 다양성 같은 것은 단지 환영幻影일 따름이라는 이야기였다. 이러한 주장에 정면으로 반기를 든 사람은 헤라클레이토스Helacl.tus였다.** 그는 세상에 불변하는 것은 없다고 보았다. 그는 "같은 강물에 두 번 발을 담글 수 없다."는 유명한 말과 함께 "모든 것은 변화한다. 변하지 않는 것은 오로지 변한다는 사실 뿐이다."라고 말했다. 이처럼 허무적인 입장으로 '어둠의 철학자'라는 별명을 얻은 그는 한걸음 더 나아가 세상 만물은 대립과 통일의 관계를 가진다는 주장을 펌으로써 2천 5백 년 뒤 헤겔과 마르크스가 발전시킨 변증법적 논리의 선구자가 되었다.[9]

최종적으로 우주의 근본에 대한 이론을 발전시킨 것은 원자론자들이었다. 원자론을 본격적으로 발전시킨 것은 트라키아 해안의 아브데

---

*   '임의의 직각삼각형에서 빗변을 한 변으로 하는 정사각형의 넓이는 다른 두 변을 각각 한 변으로 하는 정사각형 두 개의 넓이의 합과 같다' 는 정리.

**   헤라클레이토스는 네 원소 중 물이 변화를 대표한다고 본 탈레스와는 달리, 불이 더 극적인 변화를 일으킨다고 보았다. 그가 말하는 불은 실체적 성질을 지니는 것이 아니다. 헤라클레이토스의 주장에 따르면 "불은 만물을 변화시키고 만물은 불을 변화시킨다." "불은 고정되어 있지 않다." "불은 다른 물질을 파괴함으로써 자신을 창조한다." 그는 이런 불의 속성에서 창조와 파괴의 개념을 이끌어냈다.

라에 살았던 데모크리토스Democritus, 기원전 460?~362년?였다. 원자론자들은 우주의 궁극적 구성 요소는 파괴할 수도, 분리할 수도 없는 원자라고 주장했다. 이 원자들은 각각 크기와 모양은 다르지만 구성에서는 똑같다. 원자 고유의 운동 때문에 원자들은 영속적으로 결합하고, 분리하며 상이한 배열로 재결합한다. 우주의 모든 개체 또는 유기체는 원자들의 무수한 집합의 산물이다. 인간과 나무 사이의 유일한 차이는 원자의 수와 배열에서 나타나는 차이일 뿐이다. 이러한 원자론 철학은 그리스 사상의 물질주의적 경향을 보여주는 최종적인 결실이었다. 데모크리토스는 영혼의 불멸을 부정했고, 어떠한 영적 세계의 존재도 부정했다.

자연에서 인간으로

그리스 철학을 새로운 단계로 발전시킨 것은 소피스트들이었다. 그들은 그리스의 자연 철학을 인간 중심의 철학으로 옮겨놓았다. 이오니아 지역에서 시작된 그리스 철학은 기원전 5세기 중반에 이르러 아테네에서 풍성한 열매를 맺었다. 이 무렵 그리스 도시 국가의 중심은 모든 면에서 아테네였다. 아테네에서 민주주의가 절정에 이르면서 사상과 문화 또한 이곳에서 활짝 꽃피게 되었다. 민주주의의 발전과 함께 시민 권력의 확장, 개인주의의 성장, 현실 문제에 대한 해결 요구 등 기존의 사고 방식과는 다른 차원의 요구들이 제기되었다. 이러한 문제들에 답한 것이 소피스트들이었다. 그들은 우주의 본질에 대한 고민보다는 인간 개인과 관련된 주제로 관심을 돌렸다. 이것은 일종의 '지적 혁명'이었다.

철학의 어원이 되는 philosopia는 '지혜를 사랑하다'라는 뜻이고, 소피스트Sophist라는 말은 '지혜로운 자'라는 뜻이다. 이들은 지혜를 사랑하는 사람들이었을 뿐만 아니라 '지혜를 가르치는 사람들'이었다. 무슨 말이냐 하면 이들이 돈을 받고 무언가를 가르쳤다는 의미다. 이들이 가르친 것은 진리라는 말과는 어울리지 않게도 세상을 살아가는 방법, 논쟁에서 승리하는 방법 같은 것들이었다. 지금으로 치면 처세술과 비슷한 것인데, 같은 시기 중국의 철학과 닮은 점이 있었다.* 하지만 나중에 서양 철학의 태두가 되는 소크라테스, 플라톤, 아리스토텔레스 같은 사람들이 그 점을 문제 삼았기에, 소피스트는 후대에 학문과는 거리가 있는 '지식 장사꾼' 같은 이미지로 철학사에 남게 되었다.[10]

오늘날의 연구자들은 일부 소피스트들이 사회적 책임감이 결여되었으며, "나쁜 것을 좋게 보이도록 하는 일"에 주저하지 않았다는 점을 인정하기는 하지만, 플라톤처럼 극단적인 결론을 내리지는 않는다. "공허한 추론을 일삼는 사람들"이나 "궤변을 늘어놓는 사람들"이라는 식의 경멸적인 평가는 아니라는 것이다.

대표적인 소피스트로는 프로타고라스Protagoras, 기원전 490?~420년?가 있다. 그는 트라키아의 아브데라 출신이었지만 주로 아테네에서 활동했

---

* 현실 문제에 답하고자 했다는 점에서는 유사하지만, 실제 행위나 내용은 근본적으로 다르다. 동양 철학은 개인 도덕이나 처세 문제에도 관심이 있었지만 기본적으로 사회 문제, 정치 문제에 대한 올바른 해답을 주고자 했다는 점에서 그리스의 소피스트와는 판이하게 달랐다.

다. 그가 남긴 "인간은 만물의 척도"라는 유명한 금언은 소피스트 철학의 정수를 표현해주고 있다. 그는 이 말을 통해 선과 진리, 정의, 아름다움 등과 같은 것들도 인간의 필요와 이익에 관련되어 있다는 것을 말하고자 했다. 그는 인간 세계에서 절대적인 진리 또는 정의는 존재하지 않는다고 주장했다. 왜냐하면 인간에게는 감각적 인식이 지식의 유일한 원천이기 때문에, 특정한 시간과 공간에만 유효한 특정한 진리가 있을 수 있다는 것이다. 마찬가지로 도덕도 사람마다 제각기 다르다. 모든 경우에 꼭 맞도록 하늘이 정해놓은 절대적 규범이란 없다는 것이다.

프로타고라스는 진리의 상대성을 말하고 있지만 후기 소피스트들은 이보다 훨씬 더 심한 주장을 내놓았다. 트라시마코스Thrasymachos는 프로타고라스의 주장에 내포된 개인주의를 한층 왜곡시켜 이렇게 논리를 전개했다. "모든 법과 관습은 가장 강한 자와 가장 교활한 자의 이기적인 의지를 표현한 것이다. 따라서 현자는 법 위에 있는, 그리고 자기 자신의 욕망의 만족만을 추구하는 '철저하게 불의한 사람'이다." 플라톤은 『국가』 제1권에서 '정의란 무엇인가'라는 물음을 던지면서 소크라테스와 트라시마코스의 논쟁을 소개하고 있다. 플라톤은 소피스트의 '형편없는 논리'를 소크라테스의 말을 빌려 일일이 논박하고 있다.

그러나 소피스트들의 주장 가운데도 훌륭한 주장들이 있었다. 거의 모든 소피스트들은 노예제와 그리스인의 종족적 배타성을 비난했다. 그들은 자유, 평민의 권리, 실용적이고 진보적인 관점을 옹호하는 사람들이었다. 그들은 전쟁이 어리석다는 것을 인식했으며 많은 아테네 시민들의 맹목적인 애국심을 조롱했다. 그렇지만 그들의 가장 중요한 공헌은 철학에 물리학과 형이상학뿐만 아니라 윤리학과 정치학까지 포함시켜 철학의 영역을 넓혔다는 사실이다. 로마의 키케로 Cicero, 기원전 106~43년가 말했듯이 그들은 "철학을 하늘에서 끌어내려 인간 세계로 가져다주었다."[11]

소피스트들의 주장에 대한 반기를 든 사람들도 곧 나타났다. 보수적인 그리스인의 입장에서 보면 상대주의, 회의주의, 개인주의를 주장하는 소피스트들의 논리는 무신론과 무정부 상태를 초래하는 것처럼 비춰졌다. 만일 궁극적 진리란 없고, 선과 정의도 단지 개인의 자의적 판단에 따른다고 한다면, 종교와 도덕, 국가뿐만 아니라 사회조차도 오래 유지될 수 없었다. 소피스트들에 대한 비판을 바탕으로, 진리는 실재하며 진리의 절대적 기준도 존재한다는 주장을 편 철학자들이 등장했다. 소크라테스와 그의 제자인 플라톤, 그리고 플라톤의 제자인 아리스토텔레스가 바로 그 대표적인 인물들이었다.

소크라테스는 특유의 대화를 통한 변증법으로써 소피스트들의 상대주의와 회의론의 오류를 증명해내고자 했다. 그는 소피스트와는 달리 인간이 불변의 보편타당한 지식을 얻는 것이 가능하다고 보았고 인간이 존재의 이기적 욕망으로부터 독립된 정의의 원리를 발견할 수 있다고 주장했다. 하지만 그는 인간의 욕망이나 감정, 감각을 신뢰하지 않았기에 관찰을 통해서 진리를 얻을 수는 없다고 보았다. 그렇다고 해서 진리가 인간의 감각이 미치지 못하는 곳에 있다면 그것도 문제였다. 그래서 그는 개별 사물이나 행위는 관찰할 수 있어도 정의를 내릴 수는 없으며, 반대로 보편적인 것은 정의를 내릴 수 있어도 관찰할 수 없다고 주장했다. 이것은 나중에 플라톤의 이데아론의 토대가 되며, 보편자와 개별자라는 서양 철학사 전체를 관통하는 쟁점이 된다.[12]

플라톤의 『국가』와 이데아 사상

소크라테스는 "너 자신을 알라"며 인간의 성찰을 강조했고, 객관적 진리는 인식 가능하다며 소피스트를 비판했다. 그는 자신이 어떠한 문제에 대해 결론을 내기보다 대화를 통해 상대방이 스스로 무지를 깨닫고, 오류를 확인할 수 있도록 했다. 그는 어떻게 살 것인가를 가장 중요한 철학의 근본 문제로 제시했다. 이렇게 그리스 철학의 새로운 장을 연 그였지만 결국 신성모독과 젊은이들을 타락시켰다는 죄목으로 사형 선고를 받고 죽었다.

소크라테스의 죽음은 제자들에게 엄청난 충격을 주었다. 그 중에서도 32세의 크세노폰Xenophon, 기원전 431~350년과 28세의 플라톤Platon, 기원전 427~347년은 크나큰 상실감과 분노를 느꼈다. 아테네 최고의 현자를 죄 없이 죽인 이 부조리한 현실을 바로잡아야 했지만 그들은 각기 다른 선택을 하게 된다.

크세노폰은 아테네 민주주의에 염증을 느끼고 멀리 동방 페르시아로 떠났다. 그곳에서 젊은 군주 키루스Cyrus 휘하에 들어갔고, 그를 따라 원정에 참여했다. 그는 그 경험을 바탕으로 『소아시아 원정기』를 써서 후대에 역사가이자 문필가로 이름을 남기게 된다. 그는 플라톤의 몇몇 저작에도 등장인물로 출연한다. 그는 만년에 그리스로 돌아오지만 당시로서는 세계인의 삶을 살았다. 탄면 플라톤은 아테네에 머물면서 스승을 죽인 그 체제를 대신할 새로운 대안을 찾았다. 플라톤은 집안 배경이나 조건을 볼 때 정치를 하는 것이 마땅했지만 그는 정치에 대한 꿈을 버렸다. 그 대신 학문에 전념했고 저작을 남겼으며 제자들을 키우는 일에 주력했다.

플라톤의 일차적 과제는 스승 소크라테스가 말한 '객관적 진리'의 실체를 밝히는 일이었다. 인간은 어떻게 살 것인가? 가장 훌륭한 삶이란 어떤 것인가? 선善과 정의는 어디에 있는가? 그것은 인간 내부에 있는가? 아니면 외부에 있는가? 만약 선- 정의가 신에게 있다면 그것은 종교의 영역이다. 그렇게 되면 철학, 특히 윤리학은 필요 없게 된다. 따라서 그는 그 진리를 인간의 내부에서 찾았다. 그는 인간이 추구해야 할 진리를 아레테arete, 즉 덕德이라고 불렀다. 결국 인간에게 훌륭한 삶이란 이 덕을 살리는 것이다.[13]

플라톤은 나아가 그의 철학의 가장 중요한 개념인 이데아idea론을 발전시켰다. 그는 상대적 변화야말로 물질세계의 특징이며 우리가 감각으로 인지하는 세계의 특징이라고 보았다. 그러나 그는 그것만이 전부라고 보지 않았다. 그 뒤에 보이지 않는 불변의 세계, 영원한 세계 즉 이데아의 세계가 존재한다고 보았다. 그 이데아야말로 사물의 실재이며 이데아는 오직 정신만이 인식할 수 있다.

그러나 이데아는 정신이 만들어낸 추상적인 개념이 아니라 정신적인

───

※ 그는 이를 위해 유명한 '동굴의 비유'를 들었다. 동굴에서 사슬에 묶여 벽만 바라보는 죄수는 그 뒤편에 있는 불은 보지 못하고 벽에 비치는 자신의 그림자만 바라본다. 그는 그림자가 자신의 본 모습이라고 생각하지만 그건 그림자일 뿐이다. 또한 죄수는 동굴의 세계만 알 뿐이지만 동굴 바깥에 햇빛이 내리쬐는 새로운 세계가 있다는 것을 모르고 살아간다.

사물事物이다. 이데아는 감각되지 않는다. 감각되는 것은 현상現象일 뿐이다. 우리가 감각을 통해 인지하게 되는 사물은 지고의 실재인 이데아의 불완전한 모사模寫일 뿐이다.[14] 하지만 현상을 알지 못하면 실재인 이데아도 인식할 수 없다. 실재이데아는 현상을 통해서만 모습을 드러내며, 현상은 실재가 있어야만 존재할 수 있다. 플라톤은 서양 철학사에서 끊임없이 모습을 바꾸며 등장하는 '이원론의 원조'라고 할 수 있다.[15]

플라톤의 윤리와 종교 철학은 그의 이데아론과 밀접하게 관련되어 있었다. 그도 소크라테스처럼 진정한 미덕이란 지식에 그 토대가 있다고 믿었다. 그러나 감각에 의한 지식은 제한적이고 변화무쌍하다. 따라서 진정한 미덕은 선과 정의라고 하는 영원한 이데아에 대한 이성적 이해에 내재해야 한다. 그는 물질적인 것을 정신적인 것보다 열등한 위치에 놓음으로써 윤리학에 금욕적 색채를 더했다.

그러나 플라톤은 후대의 일부 추종자들과는 달리 욕망과 감정을 모두 부정하지는 않았다. 다만 그것들을 엄격하게 이성에 종속시켜야 한다고 역설했을 뿐이다. 그는 신의 개념을 분명하게 밝히지 않았지만 우주는 본질적으로 정신적인 것이며 지적인 목적에 의해 지배된다고 보았다. 그는 유물론과 기계론을 모두 거부했다. 그는 영혼은 불멸의 존재이며 육신과 결합하기 전에 영원토록 선재先在한다고 생각했다.[16]

플라톤은 아테네 민주주의에 실망한 나머지 새로운 정치적 대안을 찾았다. 그의 정치 철학은 특정 개인이나 계급이 좌우할 수 없는 국가를 건설하려는 이상에서 출발했다. 그는 민주주의와 자유가 아니라 조화와 효율을 위한 국가를 찾았다. 그는 『국가』에서 세 개의 주요 계급으로 구성된 국가를 상정했다.

욕망의 기능을 대표하는 최하층계급에는 농민, 장인, 상인 등이 포함되었다. 그들은 생산과 분배를 담당한다. 그들에게 요구되는 덕목은 '절제'다. 다음으로 정신적인 요소를 대표하는 제2계급은 군인으로 이루어졌다. 그들은 방위 업무를 담당한다. 그들에게 요구되는 덕목은 '용기'다. 마지막으로 이성의 기능을 대표하는 최고의 지배계급은 철인哲人으로 이루어진다. 그들은 철학에 대한 특별한 능력을 바탕으로 정치권력을 독점한다. 그들에게 요구되는 덕목은 '지혜'다. 이외에 '정의'가 하나의 덕목으로 추가된다. 그것은 각 계급이 자기의 본분에 맞게 살아가는 데서 발현된다.

플라톤은 이들 계급의 직업은 세습되는 것이 좋다고 했다. 그가 말한 정의는 평등을 지향하는 것이 아니라 각자의 처지를 자각하고 그에 맞게 행동하는 것이다. 그가 제시한 이상 국가는 철인에 의해 통치되는 국가다. 그의 이상 국가는 전체주의 국가이며 공산주의적 국가다. 국가의 상위계급인 지배계급과 전사는 늘 공동생활을 하며, 봉급도 받지 않으며, 자식들도 공유된다. 이상 국가에서 교육의 주안점은 음악과 체육에 있다. 인간의 감성과 관련된 음악 교육과, 인간의 신체적 본성과 관련된 체육 교육을 통해 절제의 기덕을 배울 수 있고, 국가가 요구하는 인간을 육성할 수 있다. 그가 제시한 이상 국가 모델은 스파르타였다.[17]

플라톤이 제시한 이상 국가는 사실상 현실과는 거리가 멀다. 플라톤의 이상 국가는 인간의 모든 욕망을 통제하고 오로지 냉철한 이성에 의해서만 움직이는 체제다. 개인은 없고 전체만 있다. 이런 점 때문에 근대의 자유주의자들은 플라톤을 전체주의 이데올로기의 원형으로 비난한다. 플라톤과 마르크스를 '열린 사회의 적'으로 규정한 칼 포퍼[*]가 대표적이다.

아리스토텔레스의 현실주의 철학

플라톤의 이데아론은 일원론적 이원론으로 평가된다. 이데아를 궁극적인 본질로 간주한 점에서는 일원론이지만, 이데아의 세계와 현실의 세계를 양립시키는 점에서 이원론이다. 그의 이러한 이데아론에서부터 훗날 숱한 이원론이 파생되었다. 보편자와 개별자, 실재와 현상, 본질과 현상, 보편과 특수 등이 그런 것들이다. 이러한 이원론은 서양 중세 시대 실재론과 유명론의 대립으로 이어진다.

그러나 플라톤의 이원론은 그의 수제자 아리스토텔레스Aristoteles, 기원전 382~322년에 의해 바로 도전받는다. 플라톤이 소크라테스의 사상을 계승하면서 발전시킨 것과는 달리 아리스토텔레스는 플라톤의 사상을 이어받으면서도 한편으로는 그와 반대되는 학설을 펼친다. 그렇게 해서 플라톤과 아리스토텔레스의 사상을 재해석하면서 2천 년간 대립을 이어가는 서양철학사가 펼쳐진다.

플라톤과 아리스토텔레스는 철학의 토대부터가 달랐다. 플라톤은 소크라테스의 가르침에 따라 인간을 철학의 출발점으로 삼고 자연을 인간이 자신의 이상을 추구하는 배경으로 보았던 반면, 소크라테스 사

---

[*]   그의 유명한 저서 『열린 사회와 그 적들』은 플라톤과 마르크스 비판을 그 내용으로 하고 있다.

후에 태어난 아리스토텔레스는 거꾸로 자연에서 출발하여 인간을 자연의 특수한 한 형태로 보았다. 그래서 플라톤은 인식론에 치중했으나 아리스토텔레스는 존재론을 추구했다. 그런 차이 때문에 플라톤은 윤리학과 정치학에 강점을 보였고, 아리스토텔레스는 논리학과 형이상학에서 독창적인 성과를 이루었다. 플라톤이 연역을 중시했다면 아리스토텔레스는 귀납을 중시했다. 플라톤이 이성 지상주의자였다면 아리스토텔레스는 감각적 세계의 비중을 끌어올렸다.[18]

그래서 아리스토텔레스는 소크라테스나 플라톤처럼 절대적 지식과 영원한 기준에 대해서 많은 관심을 기울였지만, 실제적이고 구체적인 문제에 보다 더 많은 관심을 기울였다. 유미주의자 플라톤이나, 나무나 돌로부터는 아무것도 배울 것이 없다고 했던 소크라테스와는 달리 아리스토텔레스는 생물학, 물리학, 천문학 등에 지대한 관심을 기울인 경험주의적 과학자였다. 또한 그는 플라톤처럼 강한 귀족적 성향을 갖지 않았다.[19]

아리스토텔레스는 이데아라는 일반 개념이 실재하며, 감각으로 얻어진 지식이 제한적이고 부정확하다는 점에서 플라톤의 입장에 동의했다. 그러나 그는 스승처럼 물질적 사물이 그것의 정신적 패턴의 흐릿한 반영일 뿐이라고 생각하지 않았다. 그는 오히려 형상form, 形相과 질료matter, 質料가 동등한 중요성을 갖는다고 주장했다. 양자는 영원하며 그 어느 한 쪽도 다른 한 쪽 없이는 존재할 수 없다는 것이다. 이 두 가지의 결합에 의해 만물에 그 특징이 부여된다.

형상은 모든 사물의 본질이고 질료는 사물의 재료다. 형상과 질료는 함께 사물의 실체를 이룬다. 플라톤의 이데아는 개별 사물과 분리

라파엘로의 명작 〈아테네 학당〉 중 플라톤과 아리스토텔레스의 모습 ㅣ 플라톤의 손은 하늘을 가리키고, 아리스토텔레스의 손은 땅을 가리키고 있다. 두 철학자의 이상주의와 현실주의를 잘 묘사한 작품이다.

되어 있지만 아리스토텔레스의 형상은 독자적인 실체가 아니라 사물속에 내재해 있다. 대리석이 없는데 신상이 존재할 수 없다. 또한 신상으로 다듬어지지 않은 대리석은 그냥 돌덩이일 뿐이다. 이것이 형상과질료의 관계다. 이처럼 형상은 피안^{彼岸}이 아니라 차안^{此岸}의 세계 속에있다.[20]

아리스토텔레스는 여기서 '현실태'와 '가능태'라는 개념을 끌어냈다. 도토리와 참나무의 관계를 살펴보자. 도토리라는 질료는 장차 참나무가 되기 위한 가능태이고, 참나무라는 형상은 도토리라는 질료의현실태이다. 아리스토텔레스는 가능태가 현실태로 발전하는 과정이곧 운동이며 변화라고 보았다. 그렇다면 참나무는 도토리의 목적이 된다. 아리스토텔레스 철학이 목적론의 원조라는 이야기는 이렇게 해서나오게 된 것이다. 또한 그는 여기에서 운동의 4인자를 찾아낸다. 질료인은 사물의 재료이고 형상인은 질료가 되고자 하는 형상, 즉 사물의 본질이다. 그렇다면 사물을 실제로 변화시키는 힘이 필요한데 그것이 세 번째 인자인 동력인^{動力因}이다. 이 세 가지 인자가 종합적으로 작용하여 사물의 궁극적인 목적을 실현하도록 하는 것이 네 번째 인자인목적인^{目的因}이다.

운동과 변화란 원래부터 방향성을 지닌 개념이므로 궁극적인 목적을 가질 것이다. 아리스토텔레스는 모든 사물이 네 가지 인자의 작용을 통해 운동하고 변화하는 체계가 제대로 작용하려면 구체적인 완전태가 존재해야 한다고 믿었다. 그 완전태, 즉 궁극적인 목적을 그는 부동의 원동자^{原動者, prime mover}라고 불렀다. 그 원동자는 그 자체는 운동하지 않으면서도 다른 모든 사물들을 운동하게 만드는 궁극적인 원인이다. 그 원동자를 신으로 비유하는 것은 쉽게 추리 가능한 부분이다. 여기에 적절한 이름을 붙여준다면 후대에 익숙한 신의 관념이 자연스럽게 생겨날 수 있다.[21]

플라톤이 철학의 목적으로 삼았던 '선의 이데아'처럼 아리스토텔레스의 '원동자'도 명백히 신을 지향하고 있었다고 볼 수 있다. 그것도 당시 지중해 세계 여러 문명권에서 섬기고 있던 복수複數의 신이 아니라 유일신이었다. 그 시대 유일신 사상을 갖고 있었던 민족은 유대인밖에 없었다. 종교적으로 그리스도교는 유대교에서 유일신앙을 차용했다고 말한다. 하지만 사실은 플라톤과 아리스토텔레스가 이미 유일신앙의 철학적 토대를 마련해 놓고 있었다. 이처럼 플라톤의 이원론과 아리스토텔레스의 목적론은 이후 서양 철학사 전체에 지대한 영향을 미쳤을 뿐만 아니라 종교적으로는 그리스도교의 탄생에 중요한 밑거름이 되었다.[22]

아리스토텔레스는 정치학에서도 플라톤과는 다른 개념을 발전시켰다. 지나친 것은 모자람만 못하다. 이것이 그의 중용中庸 개념이다. "비겁과 만용의 중용이 곧 용기다. 우정은 비겁과 아부의 중용이고, 관대함은 인색함과 낭비의 중용이다. 예의는 오만과 굴종의 중용이고, 절제는 금욕과 탐닉의 중용이다." 그러나 이러한 중용은 어릴 때부터 몸에 익혀 습관화하지 않으면 생길 수가 없다. 도덕적인 덕보다 더 높은 것이 지적인 덕이다. 지적인 덕의 최고봉은 철학이다. 아리스토텔레스도 플라톤만큼은 아니었지만 철학적 지혜를 이성의 가장 높은 능력으로 보았다.

하지만 그는 플라톤처럼 철인이 지배하는 국가는 꿈꾸지 않았다.

아리스토텔레스는 현실적으로 가능한 국가 형태를 세 가지로 보았다. 한 사람이 다스리는 군주정, 소수의 엘리트 집단이 다스리는 귀족정, 시민들이 직접 운영하는 공화정이 그것이다. 그는 뛰어난 정치적 역량과 덕을 가진 한 사람이 있다면 군주정도 괜찮다고 보았다. 그러나 한 사람에게 의존하는 것은 위험성이 있다. 군주정은 아니었지만 페리클레스가 이끌던 아테네도 그런 경우였다. 그러므로 현실적으로 최선의 국가 형태는 가급적 많은 사람들의 의견을 수용할 수 있는 공화정이다. 귀족정은 최선의 군주정과 공화정이 불가능할 때 취할 수 있는 차선의 형태로 보았다.[23]

아리스토텔레스는 공화정을 최선으로 보았지만 그것은 우리가 말하는 민주정과 과두정의 중간에 위치한 모양새였다. 그는 중용의 개념을 중시했던 것처럼 최선의 국가는 중간계급의 지배를 받는 것이라고 보았다. 따라서 중간계급의 숫자가 많아야 한다고 주장했다. 또한 사유재산제도를 옹호하기는 했지만 부의 집중을 막을 수 있는 조치를 취해야 한다고 생각했고, 지적인 생활에 필요한 것 이상의 부를 축적하는 것을 반대했다. 그는 정부가 빈민에게 돈을 제공하여 작은 농장을 구입할 수 있도록 하거나 장사나 농업을 시작할 수 있도록 함으로써 그들이 번영을 누리고 자존심을 고양할 수 있게 해야 한다고 주장했다.[24]

과학과 의학, 그리고 역사학

고대 그리스 이후의 서양 철학은 플라톤과 아리스토텔레스에 주석을 덧붙인 것에 불과하다는 이야기가 있다. 그 정도로 서양 철학사에서 두 사람이 차지하는 비중과 위치가 대단하다는 이야기다. 근대 이전까지 철학은 사실상 거의 모든 학문을 망라한 종합 학문이면서 동시에 학문의 제왕이었다. 근대 이후 비로소 과학이 철학에서 분리되고 오늘날 우리가 보는 사회과학을 비롯한 여타의 학문들이 탄생했다. 철학과 과학이 분리되기 전까지는 자연과학과 의학도 모두 철학의 영역에 속했다. 그렇게 본다면 플라톤과 아리스트텔레스의 사상과 이론은 근대 이전까지 서양의 철학뿐만 아니라 종교, 예술, 자연과학, 법학, 정치 사상, 사회과학 등 모든 분야를 지배했다고 말할 수 있다.

플라톤과 아리스토텔레스 외의 다른 그리스 철학자들이 쌓은 업적도 그리 간단하지는 않다. 그리스는 수학과 생물학, 의학 등에서도 이집트의 성과를 계승하면서 이를 발전시켰고, 이는 중세를 넘어 근대에 이르기까지 서양의 학문적 바탕이 되었다. 수학에서는 피타고라스가 피타고라스의 정리를 내놓았고, 생물학에서는 아낙시만드로스가 조야하지만 진화 이론을 발전시켰다. 아리스토텔레스는 생물학의 창시자라고 할 만한 업적을 이룩했다.

의학에서는 '의학의 아버지'로 불리는 히포크라테스Hippocrates, 기원전 460?~377년가 있다. 그는 학생들에게 "모든 질병에는 자연적 원인이 있으며, 자연적 원인 없이는 아무런 질병도 생기지 않는다."고 귀에 못이 박히도록 강조했다. 또한 그는 세심한 연구 방법과 증상에 대한 비교 방법을 통해 임상의학의 기초를 다져놓았다. 그는 질병의 위기현상을 발견했고 외과 의술을 발전시켰다. 그는 약에 관한 광범위한 지식을 갖고 있었지만 약에 의존하기보다는 식사와 휴식 처방을 애용했다. 그가 주장한 4체액설* 때문에 그의 의학 지식이 불신당하기도 하지만 서양 의학의 출발점이 되었던 것은 분명하다.

서양 철학과 동양 철학의 중요한 차이점은 철학의 출발점이 다르다는 데에 있다. 서양은 자연에 대한 탐구, 당장 인간에게 필요한 인간 세계의 문제를 해결할 수 있는 정치이른과 도덕, 윤리 등에 대해서만 다루지 않고, 학문을 위한 학문을 탐구했다. 그것이 길게 보면 서양에서 학문을 발전시키고 철학적 사유와 논리를 보다 체계적으로 발전시킬 수 있는 하나의 원인이 되었다.

반면 동양에서는 당장의 문제들, 즉 인간 세계의 갈등과 정치적 혼란, 전쟁 등을 해결할 수 있는 방법을 찾는 데 주력했다. 공자를 비롯한 제자백가들은 모두 그런 사람들이었다. 이것은 현실적인 치국과 처세의 기술을 찾는 데 도움이 되었지만 길게 볼 때 또 다른 차원으로 학문이 발전하는 데에는 한계로 작용했다. 이렇듯 사상적인 측면에서도 명백한 동서양의 사고 차이를 볼 수 있다.

❋   질병은 신체 속에 황담즙, 흑담즙, 혈액, 점액이 지나치게 많은 데서 비롯된다는 이론이다.

4. 그리스 문학과 예술

서양 문학과 예술의 출발점이 되다

호메로스의 서사시와 사포의 서정시

호메로스Homeros의 서사시 『일리아드Iliad』와 『오디세이Odyssey』는 서양 문학의 출발점이다. 이것들은 면밀한 구성과 뛰어난 리얼리즘적인 인물의 성격 묘사, 인간 감정과 관련된 자유분방한 언어 구사 등 훌륭한 문학 작품의 요소를 갖고 있다. 그래서 오늘날까지도 최고最古를 넘어서 최고最高의 고전 작품의 하나로 읽히고 있다. 호메로스가 후대의 작가들에게 미친 영향은 막대하다. 그의 열정적이고 감성적인 문체와 언어는 황금시대의 위대한 비극 작가들에게 영감의 원천이 되었다. 호메로스의 서사시는 고대 그리스 문학을 넘어서 근대와 현대에 이르기까지 서양 문학과 세계 문학에 영감을 불어넣고 있다.

기원전 6세기와 5세기 초 그리스에서는 서정시가 발전했다. '서정시Lyric'라는 말은 그것이 '리라Lyra'라는 현악기의 연주에 맞춰 불린 데서 연유한다. 새로운 형태의 이 시는 특히 격정적인 감정, 계급갈등으로 야기된 열렬한 사랑이나 증오 등을 표현하는 데 매우 적합했다. 알

카이오스^{Alkaios}, 사포^{Sappo}는 사무치는 사랑의 아름다움과 부드러운 봄의 매력, 여름밤 별빛의 화려함 등을 묘사하는 서정시를 남겼다. 최초의 여류시인인 사포는 레스보스섬 출신으로 특히 사랑의 시를 쓴 것으로 유명하다. 그녀는 '열 번째 뮤즈^{Muse}' * '고대 그리스 최고의 서정시인'으로 이야기되기도 한다. 그녀의 시를 한 편만 읽어보자.

그대 앞에 얼굴을 맞대고
부드러운 목소리로 속삭이는
저 사람은 아무래도
신인가 보다

웃음이 내 가슴을 파고들어
심장을 요동치게 하고,
그대를 본 순간
입술에서 소리가 나지 않는다.

혀에 물기가 없으며
작은 불꽃이 일제히 피부 아래로 흐른다.
눈은 볼 수 없고
귀는 우–우–거릴 뿐.
흐르는 땀은 무엇이며

---

*   플라톤은 그녀를 '열 번째 여신(뮤즈)'이라고 불렀다.

몸은 어째서 떨리지 않는 곳이 없는가.

풀포기보다 더 파래진 나는

아마 이대로 죽는가 보다.[1]

한편 사포와는 달리 개인의 감정보다 공동체의 정서를 대변하기 위한 합창 서정시를 발전시킨 시인들도 있었다. 그 가운데 가장 위대한 인물은 기원전 5세기 전반에 활동한 테베 출신의 시인 핀다로스 Pindaros다. 그의 서정시는 운동선수의 승리와 그리스 문명을 예찬하는 송가로 표현되었다.[2]

고대 그리스 연극의 백미, 비극

고대 그리스인들에게 연극은 생활의 중요한 한 부분이었다. 연극의 출발은 종교적 제의와 관계가 있었다. 그리스인들은 봄의 신이자 포도주의 신인 디오니소스Dionysos를 숭배하기 위한 제전을 열었다. 그들은 풍작을 가져다준다고 믿은 디오니소스 신에게 제사를 지냈던 것이다. 이때 주신酒神을 따르는 숲의 신인 사티로스Satyros로 분장한 남성 합창단은 제단에서 노래하고 춤을 추었다. 그들은 겨울이라는 죽음의 잠에서 부활하여 곡식과 과일과 술을 풍성하게 내려달라고 노래 부르며 빌었다. 합창단은 신을 찬미하고 주신을 찬양하는 노래나 합창하는 서정시를 낭독했다. 시간이 흘러 수석 가수 한 명이 합창단에서 떨어져 나와 그 이야기의 주요 부분을 낭송했다.[3] 연극은 여기서 시작되었다.

제사에서 합창단은 동물의 탈을 쓰그 마을 제단 앞에서 춤을 추었다. 먼저 선창하는 사람이 디오니소스의 괴로움에 대해 노래부르면 나머지 사람들이 합창으로 그 뒤를 따랐다. 고대의 제사는 연극과 아주 비슷했다. 선창하는 사람도 탈을 쓴 사람들도 배우를 연상케 했다. 시간이 지나면서 연기의 틀이 갖추어졌다. 사람들은 무대를 보면서 영웅의 용기와 업적에 감격했고, 졸렬한 인간의 어리석은 행위를 조소하면서 울고 웃었다. 그리스에서 진정한 연극의 틀이 갖추어지는 것은 기원전 5세기 초다. 그것은 아이스퀼로스Aischylos, 기원전 525~456년가 두 번째 배우를 도입하고 합창단을 무대의 배경으로 물러나게 하면서 탄생했다.

　　고대 그리스 연극의 특징은 무대에 합창단을 세워놓고 배우들이 그 앞에서 가면을 쓰고 연극을 했다는 점이다. 그래서 그리스 연극에서는 배경 그림이나 무대 장치보다 가면을 만드는 기교가 발달했다. 배우들은 재미있는 모양의 가면을 쓰고 무대에서 연기를 했는데 지금까지 남아 있는 가면만 해도 70여 종이나 된다고 한다. 그 당시 연극을 만든 사람들이 얼마나 새로운 것을 만들어내기 위해 노력했는지 알 수 있다.

　　당시에는 마이크가 없었다. 따라서 배우들에게 연기의 기본은 소리를 크게 내면서도 감정표현을 제대로 해낼 수 있는 대사 기술에 있었다. 한 작품에 등장하는 배우의 수는 아이스퀼로스 시대에는 2명, 소포클레스Sophokles 시대부터는 3명이었다. 배우는 가면을 번갈아가며 바꾸어 쓰면서 1인 2역에서 1인 5역까지 담당했다. 당시 배우는 가장 인기 있는 직업이었다. 배우란 가장 영광스러운 호칭이기도 했다. 배우는 무엇보다 선천적으로 목소리가 크지 않으면 그 역할을 감당할 수가 없었다.

당시 명배우 중 한 명이 아이스퀼로스였다. 그의 연기는 너무나 뛰어나 인기가 하늘을 찔렀다고 한다. 반면 소포클레스는 목소리가 작아서 무대에 한 번도 출연하지 않았다고 한다. 하지만 그의 작품에는 데오도로스 같은 당대의 명배우들이 출연했다. 데오도로스는 비극『안티고네』에서 안티고네 역을 맡아 4만 명이나 되는 관중의 가슴을 울렸다고 알려진다.

고대 그리스에서는 연극이 발전하면서 야외극장을 많이 지었다. 야외극장은 언덕을 이용하여 계단식으로 지었다. 극장에는 반원이나 원형으로 된 무도장이 있었고, 그 앞에 한 계단 높은 곳에 연극 무대가 설치되었다. 처음에는 극장을 나무로 지었으나 후에는 돌로 짓게 되었다. 그리스 시대의 극장 중에서 가장 유명한 것은 펠로폰네소스 반도에 있는 에피다우로스Epidaurus 극장이다. 이것은 기원전 333년경에 1만 5천 석 규모의 관람석으로 건립되었는데, 지금도 원형이 그대로 보존되어 있다. 극장은 좌우 균형이 잘 잡혀서 훌륭한 건축 미학을 자랑하고 있다. 관람석 어디서나 배우들의 목소리가 잘 들리도록 설계되어서 무대 위에서 종이를 찢는 소리도 가장 먼 곳에 앉아 있는 관람객들에게까지 또렷이 들릴 정도라고 한다.

고대 그리스 연극 중 대중들이 높은 관심을 가졌던 것은 비극이었다. 따라서 고대 그리스 문학을 이야기하면서 빼놓을 수 없는 것이 바로 위대한 비극 작가들이다. 그 때문에 "그리스인의 업적 가운데 가장 고결하고 위대한 것은 비극이다."[4]라고 말하는 사람도 있다. 비극은 기원전 6세기에 태어났다. 비극의 의미를 제대로 이해하기 위해서는 이

델포이의 고대 그리스 극장

것이 탄생할 당시의 역사적 상황을 이해할 필요가 있다. 그리스 문학
자 앙드레 보나르는 그 배경을 이렇게 말하고 있다.

현실적인 의미에서 보면 신은 인간과 다른 존재다. 하지만 정의로운 신
이 지상에 내려와서 인간의 세계를 바로잡아주기를 그리스 사람들은
바라고 있었다. 당시 그리스 사회는 정의롭지 못한 사회였다. 부와 권력
을 소유하고 억압을 행하는 계층에 맞서 시민의 정당한 권리를 쟁취하
기 위한 힘겨운 싸움을 벌이는 중이었다. 민주주의 투쟁의 시대였으며,
바로 그 막바지에 나온 것이 비극이다. 가난한 농부들의 지원을 업고 권
좌에 오르는 페이시스트라토스가 디오니소스 제전에서 비극 경연대회를
연 것도 결코 우연이 아니다. 비극은 가난한 시민들을 즐겁게 해주는 동

시에 그들에게 민주주의와 정의를 교육하는 매체였다.[5]

그리스 시대의 연극에서 '비극tragedy'이라는 말은 아마도 '염소'를 의미하는 그리스어 트라고스tragos에서 나왔을 것이라고 여겨진다. 고대 그리스의 비극은 셰익스피어나 근대 극작가들의 비극과는 뚜렷한 대조를 보인다. 먼저, 그리스 비극은 무대 위에서 거의 연기가 행해지지 않았다. 배우들의 역할은 관객들이 이미 잘 알고 있는 사건의 줄거리를 낭송하는 것이었다. 그 이야기는 대중에게 잘 알려진 전설에서 유래한 것이 대부분이었다.

다음으로 그리스의 비극은 복잡한 개인의 성격에 대해서는 큰 관심이 없었다. 등장인물은 개성 있는 인물이 아니라 하나의 인물 유형이 대부분이었다. 그들은 무대 위에서 가면을 써서 자신들을 다른 사람과 확연히 구분짓는 특징을 감추었다. 그리스 비극은 대부분 인물간의 갈등이나 한 인물의 내적 갈등을 다루기보다는 개인과 세계 사이의 갈등을 주제로 다루었다는 점에서 근대의 비극과는 달랐다.

그리스 연극의 주인공에게 닥치는 비극적 운명은 개인의 외부로부터 오는 것이 대부분이었다. 비극적 운명은 누군가 사회나 신들에게 죄를 짓고 세계의 질서를 침해함으로써 초래되었다. 정의의 저울이 균형을 유지하기 위해서는 그에 상응하는 처벌이 따라야 했다. 그래서 결과는 비극적이었다. 따라서 그리스 비극의 목적은 인간의 고난을 묘사하거나 인간의 행동을 해석하기 위한 것이 아니라, 신과 인간 세계의 정의가 승리하는 것을 보여줌으로써 관객의 감정을 정화하기 위한 것이었다.[5]

아이스퀼로스와 소포클레스

최초의 비극 작가는 아이스퀼로스르 알려지고 있다. 그는 약 80편의 희곡을 쓴 것으로 알려졌지만 완전한 형태로 전해지는 것은 7편뿐이다. 그의 작품 중에는 3부작 〈오레스테이아〉가 유명하다. 〈사슬에 묶인 프로메테우스〉를 비롯한 프로메테우스 3부작이 있으나 〈풀려나는 프로메테우스〉는 제목만 알 수 있그, 나머지 한 편은 제목조차 알 수 없다고 한다. 그런데 그의 거의 모든 작품들에는 죄와 벌이라는 주제가 반복되고 있다.

〈사슬에 묶인 프로메테우스〉는 불을 훔쳐 인간에게 준 죄로 바위산에 묶여 독수리에게 간을 쪼아 먹히는 형벌을 받은 프로메테우스가 제우스에 맞서는 이야기를 다루고 있다. 잔인한 운명에 처한 프로메테우스는 제우스에 맞선다. 프로메테우스는 자기가 알고 있는 비밀을 공공연히 누설하면서 하늘을 향해 이렇게 소리를 지른다.

> 이제 제우스 차례다.
> 그토록 오만한 그도
> 곧 바닥에 떨어지리라.
> 가슴 졸이던 그 만남으로 인하여
> 왕좌에서 내려오고
> 이 세상에서 사라지는 신세가 되리라
> 제 아버지 크로노스의 저주가 내리고
> 하늘의 권좌도 내놓아야 할 죄

내가 그것을 알고 있고, 내가 그것을 말할 수 있나니

저 위에서 뻔뻔스럽게 왕좌 안에 숨어

요란한 천둥소리와

손에 든 번갯불만 믿고 있으면

끔찍한 추락을 피할 수 없다.

가장 무서운 적은 스스로 만든 적

아무도 이길 수 없는 제우스 속의

다른 제우스가 더 큰 천둥질로

하늘을 뒤덮으리니

불행이 닥칠 날이 되었다.

왕에서 노예로 떨어지는 거리가 얼마나 먼지

스스로 알게 될 날이.[7]

소포클레스는 가장 위대한 비극 작가로 간주되곤 한다. 그의 문체
는 세련되고 철학은 한층 심오하다고 평가된다. 그는 1백 편 이상의 희
곡을 썼으며, 다른 어떤 작가보다도 '절제'의 이상을 잘 표현했다. 그의
작품은 조화와 평화에 대한 사랑, 민주주의에 대한 존중, 인간에 대한
깊은 동정심 등이 특징이다. 그의 대표작으로는 〈안티고네〉와 〈오이
디푸스 왕〉이 있다.

〈안티고네〉는 오이디푸스의 합법적인 후계자이면서 원수처럼 지내
는 두 형제 에테오클레스Eteocles와 폴리네이케스Polynices가 테베에서
싸움을 붙여 서로를 죽인 다음 날의 이야기로 시작된다. 형제가 죽는
바람에 피로 얼룩진 왕위를 이어받은 외삼촌 크레온Creon이 두 형제에

대해 전혀 다른 조치를 취함으로써 비극의 씨앗이 뿌려진다. 에테오클레스는 애국자라 하여 성대한 장례식을 치르도록 한 반면, 폴리네이케스는 반란자라고 하여 시체를 짐승의 밥이 되도록 한 것이다. 혈육의 정에 이끌린 안티고네는 크레온의 명령을 어기고 들판에 버려진 폴리네이케스의 시체를 몰래 묻어준다.

이 사실을 안 크레온은 안티고네를 생매장형에 처한다. 그러자 안티고네를 연모하던 크레온 왕의 아들 하이몬Haymon도 안티고네를 따라 죽기로 결심한다. 그때 크레온은 아들이 죽게 된 것에 놀라서 안티고네의 처형지로 달려간다. 하이몬은 아버지를 보자 격분하여 칼로 찌르려고 달려들고 크레온은 도망친다. 하이몬은 자신의 칼로 자살하고, 그의 피는 베일로 목을 맨 안티고네의 얼굴 위에 뿌려진다. 이 사실을 안 크레온 왕의 아내 에우리디케Eurydice도 자살한다. 비극 〈안티고네〉는 테베의 지배 가문이 멸문하는 것으로 막을 내린다.

이 작품에서 안티고네는 자유로운 개인, 민주적 시민의 양심을 의미한다면, 크레온은 강고하고 억압적인 국가권력을 상징한다. 개인과 국가는 조화를 이루어야 행복한 공동체가 가능하다. 크레온처럼 경직된 질서만을 고집할 때 결국 안티고네처럼 자유로운 삶을 꿈꾸는 개인에게는 비극이 찾아올 수밖에 없다. 소포클레스는 〈안티고네〉를 통해 두 극단적 충돌이 가져온 비극의 종점을 보여주었다. 그러한 비극을 통해서 작가는 우리에게 무엇을 이야기하는 것일까?

기존의 사회, 비극적인 억압의 힘이 여전히 지배하는 사회는 안티고네 같은 개인들을 짓밟아버리기에 여념이 없겠으나, 안티고네 같은 인물들의 존재는 새로운 사회에 대한 요구와 언약이 된다. 인간의 자유에 어울리는 사회, 국가는 최소한의 역할로 만족하며 오로지 개인의 자유의 수호자로서 기능하는 사회, 우리 마음속에서 이미 그렇게 했듯이 역사 속에서도 화해한 크레온과 안티고네의 균형 잡힌 관계를 통해서 합리적이고 정당한 공동체 내에서 개인의 자유가 꽃피는 사회. 비극을 감상하는 기쁨은 이 같은 언약 속에 깊이 뿌리를 내리고 있다. 가장 뛰어난 비극 작품들은 이 같은 기쁨을 내포하고 있으며, 이를 명시적으로 보여준다. 그런 작품들 중에서도 〈안티고네〉는 단연 최고다.[8]

오이디푸스 신화는 그 어떤 신화보다도 끔찍하고, 인간에게 크나큰 상처를 안겨주는 이야기다. 소포클레스는 15년이라는 간격을 두고 두 번이나 이 신화와 씨름을 벌였다. 기원전 420년에 처음으로 〈오이디푸스 왕〉을 썼다. 그의 나이 75세 때였다. 그는 15년 후 그러니까 90세의 나이에 〈콜로노스의 오이디푸스〉를 다시 발표했다. 그는 자신의 생각을 극한까지 밀고가고 싶었다. 결국 어떻게 결말이 나는지, 신들은 과연 죄 없는 인간을 벌할 수 있는지 없는지 끝까지 지켜보아야겠다는 마음이 발동했던 것이다.

우리는 오이디푸스 신화의 내용을 대체로 알고 있다. 어떤 한 남자가 한 사람을 살해했는데, 그는 자신이 죽인 사람이 자신의 아버지라는 사실을 알지 못했다. 그는 그 후 자신의 어머니와 결혼을 하게 된다. 신들은 패륜을 저지른 이 남자를 벌주었다. 그러나 이것들은 모두 자신이 태어나기도 전에 결정된 일이었다. 모든 잘못이 그의 책임이라고 인정하기 어렵지만 그는 신들의 결정을 받아들인다. 소포클레스는 이 희한하고도 말도 안 되는 신화를 대중들에게 설명하고자 했다. 그는 인간의 노력으로는 도저히 어쩔 수 없는 부조리한 운명을 보여주면서, 이 문제에 대한 인간의 답변을 제시하고자 했다.[9]

모든 사실을 알게 된 오이디푸스는 자신의 눈을 찔러 장님이 된다. 그런데 소포클레스는 무엇보다 오이디푸스의 실명에 '놀라운 상징성을 부여'했다. 오이디푸스를 불행으로 몰아넣은 것은 신들의 장난이었다. 하지만 그는 자신의 눈을 두 손으로 직접 찔렀다. 그것은 그의 자유의지로 한 행위였다. 그는 신들이 그에게 가한 불행을 부정하지 않고 받아들임으로써 오히려 신의 손아귀에서 벗어날 수 있었다. 그는 신에게서 심판자의 기능을 제거했으며 자신이 그를 대신함으로써 신을 축출했던 것이다.[10]

오이디푸스는 소포클레스의 비극을 통해 아테네와 그리스를 수호하는 일련의 영웅 집단에 합류하게 되었다. 더불어 소포클레스 또한 〈안티고네〉와 〈오이디푸스 왕〉을 통해서 호메로스, 헤시오도스, 아르킬로코스, 사포, 아이스퀼로스처럼 천재성으로 빛나는 영웅들의 반열에 올라서게 된다. 그는 아테네 시민을 지키는 기라성 같은 별들 사이에 자리를 잡았다. 인간은 운명을 이기고 넘어선다. 인간은 천재성이나 불행을 통해서 영웅들의 하늘을 수놓는다. 오이디푸스와 소포클레스도 당연히 이 하늘에서 한 자리씩 차지할 스 있었다.[11]

에우리피데스와 희극 작가

위대한 비극 작가들 중 마지막 인물은 에우리피데스^{Euripides, 기원전} 480~406년다. 그런데 그의 작품은 앞선 두 사람과는 다른 정신세계를 갖고 있었다. 그는 고대의 신화와 당시의 '금기'를 즐겨 조롱한 회의주의자이면서 개인주의자였다. 그는 보수적인 비평가들의 신랄한 비판으로 고통당하고 쓰라림을 겪은 염세주의자이기도 했다. 그는 줄곧 자신의 희곡에서 오만한 자의 콧대를 꺾고 겸손한 사람들을 칭찬했다.

에우리피데스는 연극에서 거지나 농민과 같은 평민들에게까지 배역을 준 최초의 작가였다. 당시 비극 배우는 최고의 인기 직업이었으며 귀족들이 도맡았다. 그는 또한 노예를 동정하고 전쟁을 비판했으며, 여성의 사회적·지적 소외를 비판했다. 그의 연극에는 휴머니즘이 있었고, 극중 인물들은 실제 인간의 모습과 같거나 또는 더 나쁘게 표현되었다. 그는 또한 연극에 사랑이라는 주제를 도입했다. 이 같은 이유로 후대 사람들은 그를 종종 모더니스트의 선구자로 간주하기도 한다. 그러나 그의 희곡들은 인물의 성격과 자아의 갈등이라는 측면에서는 소포클레스나 아이스퀼로스의 작품 이상으로 나아가지 못했다고 평가된다. 그럼에도 그는 사실주의적 설정과 묘사로 비극 작가로 불리게 되었다.[12]

에우리피데스의 비극은 대중에게 비판을 받는 만큼 사랑도 받고 있다. 그의 작품은 동시대인들이나 19세기 비평가들, 특히 니체 같은 사람에게 신랄한 혹평을 받았다. 하지만 고대 말엽에 살았던 세대로부터는 아이스퀼로스나 소포클레스의 작품들보다 훨씬 사랑을 받았으며,

그 덕분에 알렉산드로스 대왕에게 정복당한 광대한 동방 지역 도처에서 절찬리에 공연되었다. 오늘날에도 그를 아끼는 사람들로부터 열렬한 지지를 받고 있다. 그의 작품은 약점도 있지만 강점도 있다.

> 인간에 대한 주체할 수 없는 사랑으로 말미암아 시인이 인간 행위에 대한 논쟁으로 새는 통에 극의 흐름이 처지는 치명적인 약점에도 불구하고 그 사랑 덕분에 선배 비극 작가들은 알지 못했던 비극의 새 영역을 탐구할 수 있다. 그는 인간의 삶에 끼치는 신의 영향력을 소홀히 하지 않으면서도, 인간 안에 깃들어 있는 열정의 역할을 통해서 인간을 설명하려 노력했으며, 의지의 나약함으로 말미암아 파괴되고 허물어지는 인간을 표현하기도 했다. 바꿔 말해서, 에우리피데스는 인간을 쥐고 흔들며 때로는 파멸의 길로 이끄는 인간 내부의 비극적인 요소, 인간의 열정이 지니는 비극적인 면을 통해서 인간을 설명하고자 했다.
> 서정시, 그리고 그 뒤를 이어 고대 말엽부터 등장하기 시작한 소설, 르네상스 이후의 현대적 비극의 자양분이 되어줄 이러한 발견, 문학사상 가장 중요한 발견 중의 하나라고 해도 손색없는 이 발견은 아이스퀼로스나 소포클레스에게서는 전혀 감지되지 않는 에우리피데스만의 개성이었다.[13]

그의 대표작의 하나인 〈메데이아〉는 최초의 여성 심리극으로서 인간 내부에 존재하는 비극적 요소를 보여주고 있다는 점에서 매우 의미 있는 비극 작품이다. 그리스에서 희극은 비극만큼 높은 평가를 받지 못했다. 아리스토텔레스는 『시학』에서 비극은 고귀한 인물을, 희극은 열등한 인물을 묘사한다고 보았다. 하지만 그리스의 희극 또한 높은 수준에 도달해 있었기 때문에 중요한 의미가 있다. 그리스 희극을 대표하는 작가는 아리스토파네스Aristophanes, 기원전 448?~380년다.

디오니소스 극장 무대에서는 기원전 5세기의 마지막 4분기 내내 아리스토파네스의 웃음 벼락이 그치지 않았다. 풍자극은 제국주의적 민주주의가 빠져들고 있는 모순들을 가차없이 고발했으며, 전쟁으로 인한 참화, 민중들의 비참함을 주요 주제로 다루었다. 또한 거짓말을 일삼거나 남의 이득을 가로채거나 강도질을 업으로 삼는 궤변가들, 허영심 많고 어리석은 장군, 궤변과 아첨으로 찌들대로 찌든 최고 주권자 민중들의 바보짓 등에 주저없이 지탄을 보냈다. 풍자극은 또 신교육의 폐해를 백일하에 드러냈으며, 팔짱낀 무심한 민중들에게 세 치 혀가 맹목적으로 군림하는 파렴치한 상황에도 일갈을 가했다. 이런 이야기들로 극장에는 웃음이 그치지 않았으며, 하늘 아래 펼쳐진 노천 무대에서는 곡예사들의 재즈넘기가 한창이었다. 이 웃음, 이 풍자적인 웃음은 역易웃음이라고 할 수 있다.[14]

웃음은 치유의 기능을 갖고 있다. 아리스토파네스는 자칭 아테네 사회의 '선생님'이었다. 그는 아테네 민중을 가르치는 교육자였다. 웃음은 그가 제공하는 치료법의 한 부분이었다. 특히 그는 〈기사들〉이라는 작품에서 무능하고 탐욕스런 정치인들이 벌이는 무모한 제국주의적 모험을 풍자하면서 웃음거리로 만들었다. 〈구름〉에서는 소피스트들을 조롱했고, 〈여자의 평화〉에서는 어떤 전쟁이든 끝낼 수 있는 방법을 희극적으로 제시했다. 부인들은 외국과의 전쟁을 끝내고 화해할 때까지 남편과의 동침을 거부한다는 것이다. 소극笑劇이지만 재치가 있는 발상이 아닐 수 없다.

그리스 최초의 역사가들

그리스 문학을 이야기하면서 황금시대를 빛낸 두 사람의 위대한 역사가를 언급하지 않을 수 없다. '역사학의 아버지'로 불리는 헤로도토스는 소아시아의 할리카르나스 출신이다. 그는 페르시아 제국, 이집트, 그리스와 이탈리아 등지를 널리 여행하면서 여러 민족들에 대한 흥미로운 자료들을 풍부하게 수집했다. 그리스와 페르시아 사이의 전쟁에 대한 그의 서술은 얼마나 풍부한지 모른다. 그의『역사』를 통해서 크세르크세스가 본격적인 그리스 침공에 나서 원정군의 병력을 점검하는 다음의 예를 한번 보자.

> 각 민족이 각각 파견한 병력 수가 어느 정도였었는지에 대해서는 아무도 기록을 남기고 있지 않기 때문에 나도 정확한 수를 기술할 수는 없지만 육상 부대의 총인원이 70만에 이르렀던 것만은 확실하다. 병력 점검은 다음과 같은 방식으로 행해졌다.
> 우선 1만 명을 될 수 있는 대로 한 곳으로 밀집시켜 모은 다음 그 둘레에 원을 그렸다. 그리고 나서 그 1만 명을 빼낸 다음 원을 따라 배꼽 높이로 돌담을 쌓아올렸다. 이렇게 한 다음 차례로 남은 병력을 돌담 안으로 집

어넣는 식으로 하여 전 병력의 수를 헤아렸던 것이다. 병력 수의 점검이 끝난 후 민족별로 편성을 마쳤다.

원정군의 내역은 다음과 같았다. 먼저 페르시아군을 살펴보면, 이들은 머리에 티아라라는 펠트로 만든 유연한 모자를 쓰고 몸에는 형형색색의 소매 달린 속옷과 물고기 비늘을 상기케 하는 갑옷을 입고 다리에는 바지를 걸치고 있었다. 방패로는 보통 방패아스피스와는 다른 버드나무 가지로 엮은 가벼운 방패를 들고 있었고, 방패 밑에는 전통箭筒을 달아 놓고 있었다. ······ 메디아인 부대도 페르시아인과 똑같은 장비를 갖추고 원정에 참가했다. 그런데 이러한 장비의 양식은 본래 페르시아 것이 아니라 메디아의 것이었다. 메디아인은 옛날에는 일반적으로 아리오이인이라 불리었는데, 콜키스 출신의 여자 메데이아가 아테네에서 도망쳐 이 나라로 온 후부터 이 민족도 그 이름을 바꾸었던 것이다. ······ 키시아족 부대의 장비는 거의 페르시아인과 똑같았지만, 다만 그들은 펠트 모자 대신 두건을 머리에 두르고 있었다.[15]

헤로도토스는 신화나 전설, 풍문이나 전문傳聞 자료에 근거하지 않고 자신이 직접 보고 들은 바를 중심으로 서술하려고 노력했다. 물론 한때 그에게 '역사학의 아버지'라는 명예로운 칭호를 부여한 바 있는 키케로조차도 그의 책이 "작화作話로 가득차 있다."고 했을 정도로 그의 기록에 대해 평가절하했다. 그러나 슐레이만이 그의 기록을 보고 트로이 전쟁의 유적지를 찾아 나섰고, 결국 엄청난 고고학적 발굴 성과를 거뒀던 데서 알 수 있듯이 그는 "의외일 정도로 정확한 사실을 전하고 있다."는 것이 확인되고 있다.[16]

헤로도토스의 흉상

헤로도토스보다는 약간 어렸던 동시대인 투키디데스Thucydides, 기원전 460?~400년 역시 그에 못지않게 과학적인 역사학의 아버지로 불릴 만하다. 소피스트의 회의주의와 실용성의 영향을 받은 투키디데스는 전설과 소문을 거부하고 주의 깊게 조사한 증거에 입각하여 역사를 서술했다고 평가된다. 그의 저서 『펠로폰네소스 전쟁사』의 주제는 스파르타와 아테네 사이에 벌어진 전쟁에 관한 것이다. 그는 이 전쟁의 복잡성을 강조하면서 이를 과학적으로, 그러면서도 한쪽으로 치우치지 않게 서술했다고 평가된다. 그가 이 책을 서술한 목적은 모든 시대의 정치가나 장군이 이러한 연구를 통해 큰 도움을 얻을 수 있는 정확한 기록을 남기는 것이었다. 그런 점에서 보면 그의 저서는 성공적이었다. 다만 그는 정치적 요인을 지나치게 강조하여 사회 · 경제적 요인을 소홀히 취급했다는 점이 한 가지 흠이라고 할 수 있을 것이다.

고대 그리스 건축물과 조각 작품들

문학과 마찬가지로 예술도 그리스 문명의 기본 성격을 반영하고 있다. 그리스인은 정신이나 관념의 세계보다 물질과 현실을 중시한 사람들이었다. 플라톤처럼 이데아와 같은 절대적 선을 찾는 경향도 있었으나 다수의 흐름은 물질적이며 현세적이었다. 때문에 건축과 조각 등 밖으로 드러난 상징물에서 그리스인의 꿈과 이상을 그대로 파악할 수 있다. 그리스 예술은 무엇보다 인간을 드러내는 것에 주된 관심을 기울였다. 그들은 인간을 우주의 가장 중요한 존재로서 찬양했다. 비록 많은 조각 작품들이 그리스 신화 속의 신과 여신을 표현했지만 이것조차도 인간적인 모습을 전혀 손상시키지 않았다. 그리스의 신들은 인간을 위해 존재했다고 해도 과언이 아니다. 그리스인은 신들을 찬양함으로써 인간을 찬양했다.

이집트가 인간을 신격화했다면, 그리스는 신을 인격화한 경향을 보여준다. 그리스 신화를 조금이라도 아는 사람은 불멸의 생명성과 운명을 자유롭게 지배하는 신들의 삶과 그 속에서 벌어지는 모든 행위는 희극적이라는 사실과 반대로 인간의 삶은 비극적이라는 것을 안다. 속된 말로 신은 아무리 깽판을 쳐도 용서되고 책임을 지지 않는다. 반면에 인간은 신이 정해 놓은 운명과 매듭 속에서 결코 벗어날 수 없으며, 이것에 대항하는 인간은 비극이라는 운명에 처하게 된다는 것이다. 인간이 만들어 놓은 이 신화에서 왜 하필이면 인간에게는 이토록 가혹한 운명과 비극성을 부여했던 것일까? 비극은 그리스인들이 지녔던 정화카타르시스를 불러일으키는 원인이며, 바로 이것 때문에 인간의 존엄성과 존재가 결코 신들에 못지않음을, 즉 자연에 비유될 수 있는 신이란 존재에 대해 인간이 지닌 다른 형태의 자의식인 인본주의를 형성하려고 했던 것은 아닐까 추측된다.

미술을 통해 구현된 그리스 신들의 모습은 초창기의 엄격한 형태를 제외하고는 매우 인간적이며, 더 나아가 세속적인 형태를 띤다. 이것은 이전 다른 문명이나 문화에서 나타났던 신들의 초월적이고 절대적인 모습과는 대조적이다. 그리스인들에게 신은 오히려 인간을 흉내내고 있으며, ― 이것은 연극이나 서사를 통해 신을 모방하는 인간의 모습과도 비슷하다. ― 앞에서 보았듯이 외모만이 아니라 심성이나 행동 등 철저한 인격화가 이루어졌다는 사실을 알 수 있다."[17]

그리스인들은 혼란과 무질서를 혐오했다. 또한 그들은 극도의 억제나 억압도 견딜 수 없었다. 그래서 그리스 건축과 조각 등의 예술작품은 그들의 사고 방식을 반영하여 소박함과 더불어 위엄과 절제를 기본으로 보여준다. 그것들은 모두 균형, 조화, 질서, 중용 등의 이상을 구현하고 있다. 그들은 지나친 장식을 삼가면서도 동시에 인습적인 규제로부터도 벗어나고 있다. 기본적으로 그리스의 예술은 개인의 것이 아니라 국가생활의 표현이었다. 그 때문에 예술의 목적은 단지 심미적인 것에만 있지 않았다. 그것은 철저히 정치적인 성격을 갖고 있었다. 건축과 조각 등 예술품은 도시 국가에 대한 시민들의 자부심의 표현이었고, 시민들의 단결의식을 고양시키기 위한 목적으로 제작되었다. 아테네에 있는 파르테논 신전은 아테네 도시 국가에 대한 그들의 애정의 증거이며, 도시의 무궁한 번영에 대한 그들의 희망과 염원의 증거라고 할 수 있다.[18]

그리스의 예술은 이후 모든 다른 민족의 예술과 비교할 때 여러 면에서 차이를 보였다. 그들은 조각이건 회화건 인물의 초상은 거의 그

파르테논 신전 | 아테네 아크로폴리스의 파르테논 신전은 그리스 건축에서 도리아 양식의 대표적인 표본으로 여겨진다. 기원전 5세기 중엽에 지어진 이 신전은 구조 전체에 섬세한 배려가 깃들어 있다. 기둥들이 살짝 기울어져 있어서 안정감과 조화를 더해주고 기둥이 꼭대기를 향할수록 미세한 곡선으로 점차 가늘어져 한층 우아하게 보인다. 프리즈와 박공벽에는 도약하는 말들, 싸우는 거인들, 자비롭고 자신만만한 신들의 실물 크기 조각들로 장식되어 있다. (위키 백과 참고)

리지 않았다. 흔히 우리가 그리스 시대의 작품으로 간주하고 있는 대부분의 상반신 초상은 실제로는 헬레니즘 시대에 속한 것들이다. 그리스 시대에 묘사된 인물은 대체로 특정 개인이 아니라 일반적인 인간 전형이었다. 그리스 예술은 윤리적인 목적에서도 후대의 예술과 차이가 있다. 그리스 예술은 장식, 또는 예술가 자신의 이념을 표현하는 수단이 아니라 인간의 고귀함을 표현하기 위한 매개물이었다. 그리스인들은 삶 자체가 예술이라고 보았고, 따라서 예술의 목적은 바로 그러한 삶의 특징을 표현하는 것이었다.

아테네인은 윤리적 영역과 미학적 영역 사이에 뚜렷한 구분선을 긋지 않았다. 그들은 아름다움과 선함을 사실상 동일한 것으로 파악했다. 그러므로 진정한 도덕성이란 저속함과 과도한 관능의 탐닉을 피하면서도 심미적으로 거슬리지 않는 것으로 이성적인 삶 가운데 존재했다. 사실 그리스 예술이 신체의 아름다움을 표현하는 데 많은 주의와 노력을 기울였지만 그것은 신체의 자연적 모습을 충실하게 묘사하는 일과는 거리가 먼 것이었다. 그리스인은 자연을 그 자체로서 해석하는 데는 관심이 없었다. 그들은 예술을 통해 인간적 이상을 표현하는 데 관심이 있었다.[19]

그리스 예술은 크게 세 시기로 나눌 수 있다. 상고 시대로 불리는 기원전 7세기에서 6세기까지가 있다. 이 시기에는 대부분의 조각이 이집트의 영향에 압도되었다. 그것은 직각을 이룬 어깨와 한 발을 약간 앞으로 내민 모습을 하고 정면을 바라보는 경직된 조각상인 아나비소스의 〈소년상〉에서 잘 드러난다.

그 다음으로는 기원전 5세기의 고전기Classic다. 이 시기 건축과 조각은 완전히 무르익는다. 일반적으로 서구 문화가 주목하는 시기로 아테네를 중심으로 발전한 고전기다. 'Classic'이란 그리스어로 고급이란 의미의 'Classicos'에서 유래했다고 한다. 이 개념은 최고의 이상 혹은 모범으로 후세가 추종해야 할 것이라는 의미를 내포하고 있다. 무엇보다도 이 시기에 고전 건축의 걸작으로 평가되는 파르테논 신전이 지어졌으며 그리스 문학의 정수인 3대 비극*이 탄생했다. 서구 철학의 비

---

*   아이퀼로스, 소포클레스, 에우리피데스를 그리스 3대 비극 작가로 칭한다.

조가 되는 소크라테스와 플라톤의 철학도 이때 나왔다.[20] 이 시기 예술은 철저히 이상주의적이었다.

그리스 예술의 마지막 시기인 기원전 4세기 동안 건축은 균형과 단순성을 상실했고, 조각은 새로운 특징을 갖게 되었다. 이 시기의 그리스 예술은 예술가 개개인의 특성을 보다 명확하게 보여주며 리얼리즘을 한층 더 구현했다. 그러나 시민적 자부심의 표현이라는 그리스 예술의 성격은 어느 정도 상실되었다.

그리스는 철학과 과학뿐만 아니라 문학과 예술에서도 서양 역사에 지대한 영향을 미쳤다. 그리스를 '서양 문명의 배꼽'이라고도 말하고, '태반'이라고도 말한다. 모두 다 맞는 말이다. 서양 문명의 중심일 수도 있고, 어머니일 수도 있다. 서양 문명은 고대 그리스 문명을 제외하고는 그 존재를 생각할 수도 없다. 고대 그리스 문명은 이후 알렉산드로스를 만나 동방 세계와 접합하면서 헬레니즘 문명을 낳았고, 그것은 다시 로마에 영향을 주어서 중세와 근대의 서양 문명의 단초를 열었다.

5. 알렉산드로스와 헬레니즘 문명

알렉산드로스 새로운 문명을 탄생시키다

헬레스폰토스 해협을 건너다

기원전 334년 봄, 22세의 젊은 왕 알렉산드로스^{Alexandros, 기원전 356~323년}는 헬레스폰토스^{다르다넬스} 해협을 건넜다. 페르시아 제국을 정복하기 위해서였다. 그는 마케도니아 왕이었다. 또한 그는 코린트에서 소집된 그리스 전체 민회로부터 그의 부친인 필립포스가 받았던 '헬레네스의 총사령관, 그리스의 보호자'라는 칭호까지 함께 부여받았다. 이로써 그는 자신의 동방 원정에 그리스 전체가 함께 하고 있다는 명분을 확보했다.

알렉산드로스의 이번 원정은 '페르시아 전쟁'에 대한 복수라는 의미를 갖고 있었다. 페르시아는 마케도니아보다 영토가 50배나 넓었고, 인구도 20배나 많은 그야말로 대지국이었다. 그런 제국을 정복하기 위해 알렉산드로스가 동원한 병력은 보병 3만 명과 기병 5천 명이 전부였다. 5천 명의 기병 가운데 1천 8백 명은 마케도니아 왕국의 귀족들로 구성된 최정예부대였다. 보병ㆍ기병 외에도 요새를 포위 공격

할 때 필요한 토목 기술자들도 대동하고 있었다.[1]

이에 맞서는 페르시아 다리우스^{Darius} 3세의 군대는 수적으로 엄청 난 규모를 자랑했다. 그의 병력은 알렉산드로스의 20배가 넘을 수도 있었다. 그러나 전쟁의 승패를 좌우하는 것은 반드시 병력 규모만이 아니다. 전의가 얼마나 높은지, 훈련이 얼마나 잘 되어 있는지, 승리에 대한 신심과 자신감이 얼마나 넘치는지, 또 지휘관의 지휘 능력이 얼마나 뛰어난지 등이 더욱 중요할 수 있다. 경우에 따라서는 병력 규모는 숫자에 불과한 것일 수도 있다.

페르시아의 다리우스 3세는 뛰어난 전사였고, 용감무쌍했으며 전략가적 기질을 갖고 있었다. 하지만 그는 정치적 혜안이 부족했고, 감정이 폭발할 때만 에너지가 넘친다는 약점을 지니고 있었다. 그의 거대한 제국은 이미 내부로부터 멍들기 시작하고 있었다. 그의 통치 지역 곳곳에서는 수시로 반란이 일어났고, 지역을 다스리는 귀족들은 무능했다.

기원전 334년 그라니코스^{Granicus} 강가에서 알렉산드로스와 다리우스가 처음으로 만났다. 페르시아 군대는 일리온^{오리엔트 사람들이 '트로이'를 부르던 이름}에 대한 경건한 추억이 깃든 곳에서 알렉산드로스를 기다렸다. 그라니코스 전투는 철저히 계산된 전략적 전투가 아니었다. 알렉산드로스가 자신의 조상이라고 믿는 아킬레우스*식으로 용감무쌍하게 밀어붙인 전투의 연속이었다. 새로이 등장한 '펠라**의 아들'의 저돌적인 용감성, 순백의 군장과 번쩍거리는 방패로 상징되는 그의 광적인 용맹

---

* 그리스 신화에 등장하는 트로이 전쟁의 영웅. 불사신으로 여겨지나 발뒤꿈치에 약점이 있었다.

에 기가 질려 페르시아 군대는 혼비백산 패주했다. 그의 원정대가 지나갈 때마다 소아시아에 세워진 그리스 도시들의 백기투항이 이어졌다.[2]

젊은 왕 알렉산드로스는 그가 점령한 곳에서 정권을 잡고 있던 귀족들을 내치고 시민들로 대체했다. 그는 자신이 세운 통치체제에 페르시아의 사트라프Satrap*** 대신에 마케도니아 총독을 앉혔다. 그러나 현지의 그리스인은 절대로 총독으로 임명하지 않았다. 그리스의 도시 몇 곳에서 저항의 움직임이 있었으나 혹독한 대가를 치르고 저항을 포기했다. 밀레토스는 흑해에서부터 나우크라티스에 이르는 지역에 설치된 무려 1백 개의 상업거래소를 통해 그리스 말을 퍼뜨리던 영광의 항구도시였고, 콜키스에서 생산된 상품들을 에게해와 시켈리아로 운반하던 해상 교통의 중심지였다.

또한 밀레토스는 초기 그리스 철학의 출발지며 중심지였다. 그 밀레토스가 알렉산드로스군에 저항하다가 도심 거리 곳곳에서 마케도니아 병사들에 의해 대살육의 참극을 겪어야 했다. 할리카르낫소스 지역의 운명은 밀레토스의 운명보다 한층 더 가혹했다. 이 도시는 초토화되었고, 주민들은 살육당하거나 다른 곳으로 강제 이주되었다. 사람

** 기원전 5세기 말에 활동한 마케도니아 왕 아르켈라오스의 도읍이며 알렉산드로스 대왕이 태어난 곳. 원래 부노모스라고 불렸던 이 도시는 필립포스 2세 시대에 급속도로 발전했지만 마케도니아의 마지막 왕이 로마에 패배한(기원전 167년) 뒤 지방 소도시가 되었다. 펠라는 그리스 북부의 테살로니키에서 북서쪽으로 38.5킬로미터쯤 떨어져 있었다. 그리스 고고학 연구소가 1957년에 이 지역을 발굴하기 시작해 펠라 시가지가 직사각형의 바둑판 모양으로 설계되었다는 사실을 밝혀냈고, 주랑으로 둘러싸인 안뜰이 있는 커다랗고 튼튼한 주택들을 발굴했다. 이 집의 방바닥은 사자를 사냥하는 장면과 표범을 탄 디오니소스의 모습을 묘사한 모자이크로 장식되어 있었다. (브리태니커 백과사전 참고)

*** 고대 페르시아 아케메네스의 지방 총독을 말한다. 다리우스 1세는 페르시아 제국을 20개의 사트라프(통치구역)로 나누어 그들에게 연공(年貢)을 바치게 했다. '국토의 수호자'라는 뜻이다.

들은 알렉산드로스에게 저항했다가는 살아남을 수 없다는 것을 깨닫게 되었다. 또한 살아남기 위해서는 왕에게 '용서'와 '자비'를 구해야 한다는 사실도 깨닫게 되었다.[3]

그와 같은 응징에도 불구하고 알렉산드로스가 점령한 소아시아의 여러 도시들에서는 새로운 기운이 솟아났다. 알렉산드로스는 여러 곳에서 오래된 신전들을 복구하고 새 신전을 건축했으며, 축제를 신설하고 행렬을 이끌었다. 또한 굴복한 도시에 대해서는 과거의 특권을 되돌려주기도 했다. "여러 세기 동안 유럽과 아시아, 헬라스인과 바르바로스[*]가 한 몸이 되어 뒤섞이던 유서 깊은 항구들에서도 이민족 간의 우정, 스트아 학파적인 '조화'가 기정사실화되었다." 그것은 알렉산드로스가 추구한 꿈이었지만 그 자신은 아직 그것을 모르고 있었다.[4]

이집트를 정복하다

기원전 333년 페르시아 군대는 다시 한 번 알렉산드로스의 진군을 저지하기 위해 총력을 다했다. 다리우스 3세가 직접 나서 엄청난 규모의 군대를 지휘했다. 역사가 아리아누스Arrianus는 페르시아군의 숫자가 60만 명이라고 조심스럽게 거론했지만 아마도 과장되었을 것이다. 어쨌든 알렉산드로스의 군대 수와는 비교가 안되는 대규모였을 것은

---

[*]　원래는 고대 그리스인들이 '바르-바르-바르' 같은 거칠고 알아들을 수 없는 소리를 내는 외부인들의 말투를 가리켰으나 점차 이들의 야만적인 성격을 가리키는 말로 사용되었다. 기원전 5세기 무렵부터는 바르바로스 비(非)그리스인뿐 아니라 이방인, 상스럽고 무식하고 저급한 존재, 노예로 태어난 존재들을 가리키는 말이 되었다.

틀림없다. 그러나 양군의 명운을 결정짓는 이수스Issus 전투는 알렉산드로스의 대승으로 끝났다.

마케도니아군은 페르시아군의 바다와 산악지대 사이에서 포위 위협에 처했으나, 알렉산드로스는 페르시아군의 본진 중앙에 자리 잡은 다리우스 3세를 겨냥하여 기병대의 선드에서 군대를 강물처럼 가르며 달려 나갔으며, 그 기세에 눌린 다리우스 3세는 부랴부랴 수레를 돌려 도주했다. 전투는 싱겁게 끝나고 말았다. 도망치는 자와 추격하는 자의 장면만 남게 되었다. 이수스 전투에서 페르시아군은 완전히 박살이 났다. 수만 명의 병사들이 목숨을 잃었고, 수십만 명의 병사가 포로로 잡히거나 부상당했다. 다리우스 3세의 어머니와 아내, 두 딸도 인질로 잡혔다. 이들은 엄청난 보물이었다.

이수스 전투는 알렉산드로스에게 두 개의 길을 열어주었다. 하나는 북동쪽 길로 동방의 주요 도시들을 지나 손쉽게 다리우스의 목줄을 죌 수 있는 길이었고, 다른 하나는 남쪽으로 가서 시리아와 이집트에 이르는 길이었다. 알렉산드로스는 두 번째의 길을 택했다. 바다의 자유를 맛볼 수 있으며, 페르시아군이 그리스로 전장을 확장하는 것을 차단하면서 아시아 고원지대에 고립시켜놓을 수 있었기 때문이다. 알렉산드로스는 시리아로 들어간 다음 페니키아로 입성했다. 그는 여러 항구들에서 보내온 사절과 선물, 그들의 찬사를 받았다. 한동안 난공불락이라고 여겨지던 천연의 요새 튀루스Tyre는 알렉산드로스의 입성을 거부했지만, 기원전 332년 튀루스도 결국 함락되고 말았다.

이에 다리우스 3세는 사절단을 보내 알렉산드로스에게 주요한 제안을 했다. 제국의 절반, 그러니까 그리스쪽 바다에서부터 유프라테스강에 이르는 지역과 금 1만 탈란톤7천만 금화 프랑을 공주들의 몸값으로 지불하고, 다리우스 왕의 큰딸은 알렉산드로스와 결혼시킨다는 조건이었다. 필립포스 2세 시절에 맹활약했던 명장 파르메니온Parmenion은 이 제안에 대해 "내가 알렉산드로스라면 이 제안을 받아들일 것이다."라고 말했다. 그러자 알렉산드로스는 "내가 파르메니온이라면 나도 이 제안을 받아들일 것이다."라고 응수했다. 화의 제안을 거절한 것이다.[5]

알렉산드로스는 남쪽으로 진군하기 전 헤라클레스에게 바치는 장엄한 미사를 집전했다. 헤라클레스의 자손이라고 주장해온 그다운 모습이었다. 그는 남쪽으로 진군해 다리우스 대왕이 임명한 바티스라고 하는 흑인 환관이 통치하던 도시 가자Gaza에 도착했다. 도시 주민들은 치열하게 저항했으나 마케도니아 군대의 두 달에 걸친 끈질긴 포위 작전으로 끝국 함락되었다. 알렉산드로스는 잔인한 보복을 감행했다. 여자와 어린아이는 모두 노예로 팔렸으며 성인 남자들은 칼로 처형되었다. 흑인 통치자는 알렉산드로스의 잔인한 형벌로 고통당해야 했다.[*]

기원전 332년 12월, 알렉산드로스는 마침내 이집트에 도착한다. 그는 페르시아의 군주들과는 달리 그곳에 도착하자마자 이집트의 신들에게 경의를 표했다. 그는 너무나 종교적 신앙심이 깊은 존재였다. 그는 이집트의 새로운 신들을 "너그럽게 인정"하는 정도가 아니라 그것을 자기 안에 "받아들였다." 그의 이 같은 태도 덕분에 이집트인들은 그에게 역대 파라오에게 주어졌던 칭호들을 부여했다. '상이집트 왕국

[*] 로마 시대의 역사가 퀸투스 쿠르티우스루푸스의 기록에 따르면, 통치자는 발뒤꿈치에 구멍이 뚫린 채 알렉산드로스의 수레에 매달려 고통으로 울부짖었고 마케도니아 병사들이 기뻐 날뛰는 가운데 도시 곳곳을 끌려 다녔다고 한다.

의 왕', '하이집트 왕국의 왕', '라의 아들' 같은 칭호가 대표적이다. 오래도록 바닷가를 따라가던 알렉산드로스는 모래바다 속으로 뛰어들어 오아시스로 갔다. 그곳에서 그는 성소를 지키던 제사장으로부터 '암몬Ammon의 아들'이라는 칭호를 받았다. 그것은 파라오들에게만 허용되던 이름이었다.

이집트에서 알렉산드로스는 고즈넉한 바닷가의 한 어촌에 도시를 세울 것을 명령했다. 그 도시가 알렉산드리아Alexandria다. 그 도시는 그가 완성한 제국의 수도, 즉 여러 세기에 걸쳐서 동방과 서방 세계가 만나서 하나가 되는 중심지가 되었다. 알렉산드로스는 도시의 건설을 명령했을 뿐만 아니라 그 자신이 새로운 도시 계획의 규모와 설계 방향까지 제시했다. 그는 또한 파로스Paros섬 해안에도 둑을 건설하도록 명령함으로써 두 개의 항구를 고안해냈다.[6]

페르시아를 넘어 인도까지

기원전 331년 알렉산드로스는 페르시아의 정벌에 나섰다. 그는 메소포타미아와 페르시아 제국의 주요 도시에 대한 원정을 시작했다. 그는 튀루스를 다시 지나가면서 헤라클레스에게 엄청난 봉헌물을 바쳤다. 이때 대대적인 체육과 음악 제전을 개최했고, 비극 작품들도 무대에 올렸다. 그는 그리스의 문화와 예술을 이집트와 동방의 도시들에서 보여줌으로써 서로의 문화 교류를 활발하게 만들었다. 여흥을 즐긴 뒤 그는 다시 냉철한 정복자로 되돌아갔다. 그의 군대는 유프라테스강을 건너고 티그리스강도 건넜다. 이수스의 패배 이후 다리우스 3세는 박트리아, 스그디아나, 칼데아, 아르메니아, 메디아 산악 지대 등에서 군사들을 도집했다. 그는 또한 인도인들과 그곳의 코끼리들까지 불러들였다. 양측의 군대는 가우가멜라^{Gaugamela} 평원에서 맞붙었다.

수적으로는 다리우스 3세의 군대가 많았다. 그러나 알렉산드로스는 기병대의 선두에 서서 적군의 심장부를 가로질러 공격을 감행했다. 결과는 마케도니아 군의 압승이었다. 마케도니아 병사들은 불과 1백여 명의 사상자밖에 없었지만 페르시아군은 수만 명의 사상자가 발생했다. 다리우스 3세는 산속으로 도주했다. 이로써 역사가 뒤바뀌었다.

알렉산드로스는 시민들의 환호 속에 바빌론에 입성했다. 그는 '아시아의 왕'이라는 칭호를 얻었다. 콧대 높던 수사, 전설적인 보물들을 간직한 피르세폴리스^{Persepolis, 페르시아어로는 파르사}, 성스러운 파사르가다이, 에크바타나 등의 도시들도 승자에게 머리를 숙였다. 알렉산드로스는 그곳 드시들을 마음대로 약탈하고 불을 질러도 좋다는 명령을 내렸다. 그렇게 해서 부의 상징이었던 페르세폴리스가 화염 속으로 사라졌다. 쫓기던 다리우스도 한 명의 사트라프에 의해 살해되었다. 알렉산드로스는 비록 적장이지만 다리우스의 죽음을 애통해했다. 그는 살해범 베수스^{Bessus}를 잡아서 모진 고통 속에 죽게 한 다음, 제왕에 어울리는 성대한 장례식을 치르고 조상들의 묘에 함께 묻어주었다. 바로 기원전 330년의 일이었다.

알렉산드로스는 그 후로도 동쪽으로 계속 진군해갔다. 그는 카스피해 동쪽, 인도 북쪽에 있는 나라들, 그러니까 오늘날에는 투르크메니스탄, 아프가니스탄, 우즈베키스탄, 타지키스탄, 키르키스탄 등으로 불리지만 예전에는 각각 마르기아나, 박트리아나, 소그디아나라고 부르던 나라들을 정복하느라 3년의 세월을 보냈다. 알렉산드로스는 그 지역에 여러 개의 알렉산드리아를 세웠으며, 그 중에서 후잔트, 사마르칸트, 헤라트, 칸다하르 등 몇몇 지역은 오늘날까지도 그 지역의 중심지 역할을 하고 있다. 일반적으로 알렉산드로스는 70개의 도시를 세웠다고 전해지지만, 그것은 아무래도 과장된 것 같다. 아마도 16개 정도가 설득력 있는 숫자로 보인다. 그러나 실제로 그 먼 곳까지 가본 그리스인은 그때까지 한 명도 없었다. 알렉산드로스는 '지구의 동쪽 끝까지' 가고자 꿈을 꾸었고, 그들은 지치지도 않고 진군을 계속했다.[7]

그런데 알렉산드로스는 동쪽으로 진군을 계속하면서 새롭게 변화하기 시작했다. 그는 자신이 정복한 곳의 의식주와 풍습에 적응해가면서 점점 '동양화'된 것이다. 그러자 그와 동행한 그리스인 병사들은 이를 몹시 못마땅해 했다. 알렉산드로스는 새로운 공간을 점령하고 동화되기 시작했을 뿐만 아니라 자신이 정복한 지역의 역사마저도 자기 것으로 만들려고 했다. 그는 파사르가다이에서 페르시아 키루스 왕의 무덤을 발견하고 훼손된 묘비명과 묘를 복구하라고 지시했다. 그는 삶과 죽음을 넘어 가장 위대했던 선배와 하나가 되고자 했다.

알렉산드로스는 기원전 327년 마침내 힌두쿠시의 험준한 산맥과 산들을 넘어 인더스강 상류의 한 지점에 도착했다. 그곳에 이 강과 같은 이름의 도시를 세웠으니 바로 카불Kabul이다. 카피사Kapisa의 간다라Gandhara에서 그는 인도의 심장부와 만났다. 이곳에서 인도인들은 격렬하게 저항했다. 포루스Porus 왕은 2백 마리의 코끼리 부대를 동원해서 알렉산드로스의 군대를 공격했다. 처음 마케도니아의 기병대는 코끼리 부대에 놀라 혼비백산했으나 흥분한 코끼리들이 적군보다 인도인을 짓밟는 바람에 포루스 왕은 포로로 잡히고 말았다. 승자가 된 알렉산드로스는 포루스 왕을 깍듯이 대하며 친구가 되었다.

알렉산드로스는 인더스강 지역을 복종시킴으로써 일단 원정의 마지막 여정에 도달했다. 그는 사실 더 멀리까지 가기를 원했다. 그가 인더스강에 도달하기 전에는 갠지스강이 약속의 땅이었다. 그는 그쯤에서 다시 마케도니아로 돌아갈 생각이었다. 그러나 그의 병사들은 지쳤고, 더 이상 나아가기를 거부했다. 그의 병사들 중 상당수는 무려 8년 반 동안이나 그를 따라 장장 1만 8천 킬로미터^{거의 지구 반 바퀴}를 주파했다.

더구나 다섯 개의 강 지역, 즉 펀자브^{Punjab} 지역의 들판에서 열대 계절풍이 몰고 오는 폭우를 맞아가며 행군하고 전투한 지 70일째였다. 이틀 동안 막사 안에서 혼자 고심하던 알렉산드로스는 고국으로 돌아간다는 선언을 하게 된다. 그는 그곳에 올림포스의 신들을 위한 열두 개의 제단과 청동 기둥을 한 개 세웠다. 기둥 위에는 "알렉산드로스는 여기서 멈추었다."라고 새겨졌다. 기원전 327년의 일이다.[8]

동서양의 통합을 꿈꾸다

마케도니아는 그리스 북부의 변방에 위치해 있었다. 그리스인의 입장에서 보면 마케도니아는 야만이나 다름없었다. 그러나 마케도니아 출신의 알렉산드로스는 자신이 그리스인이며 마케도니아 또한 그리스 문명의 일원이라는 자부심을 갖고 있었다. 그는 처음 동방 원정을 시작할 때 페르시아에 대한 복수를 꿈꾸었고, 그리스의 문명을 바르바로스, 즉 문명 바깥의 야만인에게 전파한다는 생각을 가졌다.

하지만 그의 정복사업과 동방 원정이 계속 진행되면서 그의 생각은 많은 변화를 겪게 된다. 그가 야만이라고 생각했던 동방은 결코 야만이 아니었다. 물질적인 측면에서는 그리스 세계보다 더 발전했으면 했지, 결코 못하지 않았다. 또한 동방은 그들만의 풍습과 풍속, 사고방식과 정신세계를 갖고 있었다. 그것은 그 나름대로 존중될 필요가 있는 부분이었다. 그래서 그는 정복과 함께 그곳의 풍습과 생활을 수용하고 인정하는 태도를 보였다.

그렇지만 알렉산드로스는 알렉산드로스여야 했다. 자신이 정복한 모든 지역은 그의 방식에 따라야 했다. 그는 그리스와 이집트, 페르시아와 북부 지역, 인더스강 유역의 인도를 모두 점령했으며 그곳이 하나로 통합되고 화합을 이루기를 바랐다. 그는 자신의 통치 지역의 서로 다른 인종과 언어, 역사와 문화적 경험을 하나로 통합한다는 생각을 했지만 그리스인의 입장에서 보면 이는 있을 수 없는 일이었다. 그리스인들의 사고 방식으로는 알렉산드로스 대왕의 행동이 도무지 이해되지 않았다. 자신들은 문명인이며 지배자여야 했다. 그런데 야만인이며 피통치자가 되어야 할 이방인들이 자신들과 동등한 대우를 받는다는 것은 있을 수 없는 일이었다.[9]

그리스식으로 교육받은 알렉산드로스 왕이 이방인들에게 신뢰와 우정을 표시하고 식사를 함께 하며, 그들에게 행정이나 군사 분야의 요직을 맡기는 것에 대해 마케도니아인들은 물론이고 그리스인들은 이를 비웃거나 못마땅하게 여겼다. 알렉산드로스가 마침내 자신의 친

위대에 페르시아 제후의 아들들도 선발하겠다고 하자 마케도니아인 들의 분노가 폭발해 폭동이 일어났다.

그러나 폭동은 엄격하게 진압되었다. 그의 어릴 적 친구였던 필로 타스Philotas는 음모에 가담했다고 의심받아 처형당했다. 자신을 길러 준 유모의 동생이며 그라니코스 전투에서 자신의 목숨을 구해준 친구 클레이토스Cleitos는 만취상태에서 알렉산드로스를 크게 모욕했는데, 이에 분개한 알렉산드로스는 창을 던져 그를 죽여버렸다. 알렉산드로스도 만취상태에서 저지른 일이었다. 하지만 분명한 것은 그 두 사람은 이방인을 감싸 안는 왕을 향해 대놓고 불명예스럽다고 비난했다는 사실이다.

그렇다면 알렉산드로스가 자신의 수족같이 소중한 존재들까지 죽이면서 지키려고 했던 것은 무엇이었을까? 그는 단지 정치적으로 통치를 수월하게 하기 위해서 이방인들에 대한 포용력을 발휘하려 했던 것일까? 물론 그런 요인도 있겠지만 그러나 그것만으로는 알렉산드로스의 사고 방식과 정책을 다 설명하기 어렵다.

사실 따지고 보면 알렉산드로스는 그리스인이 아니다. 따라서 그는 "인간은 태어나면서부터 그리스인과 그리스인들이 바르바로스라고 부르는 비그리스인으로 나뉜다."고 주장하는 그리스인의 논리를 받아들일 이유가 없는 사람이었다. 그렇기 때문에 알렉산드로스는 그리스인과 바르바로스의 평등과 '형제애'를 주장했다. 그는 처음에는 그 내용을 정확히 모르는 상태에서 시작했지만 그의 재위 기간 내내 이 형제애를 확산시키기 위해 노력했다.

알렉산드로스는 '그리스인과 비그리스인은 선천적으로 구별되는 존재'라는 인종차별적인 사고 방식을 받아들일 수 없었다. 그는 문명인과 비문명인의 차이점은 선천적이거나 천성적인 문제가 아니라 문화의 영향이라고 보았던 것이다. 그는 아테네가 제국주의로 나아가면서 편협한 사고의 세계 속에 갇히게 되는 기원전 5세기 말엽부터 4세기 이전의 그리스 인본주의의 자양분을 섭취하고 성장한 세대였다.

그는 호메로스의 『일리아드』와 『오딧세이』를 읽고 자랐으며, 아리스토파네스Aristophanes의 시를 읽고 성장했다. 이 때문에 그리스인과 비그리스인을 갈라놓는 인종차별론을 뛰어넘을 수 있는 실천적 사고방식을 갖게 되었다. 따라서 그는 플루타르코스Plutarchos의 말처럼 "스승인 아리스토텔레스가 충고한 대로, 다시 말해서 그리스인에게는 아버지로서 대하고 바르바로스들에게는 주인으로서 대하라는 그 충고대로 행동하지 않았다."[10]

알렉산드로스가 단순히 대제국을 건설한 '위대한 정복자'로 끝나지 않는 이유가 여기에 있다. 그는 정복 전쟁을 통해서 그리스 문화와 문명을 동방 세계에 전파했을 뿐만 아니라 동방 세계와의 만남을 통해 새로운 문화와 문명을 창조해내는 역할을 했던 것이다. 그는 이민족들 간의 결합을 통해서 하나로 엮으려고 했으며 그 자신이 이민족과의 결혼을 통해 그 본보기를 보였다. 그는 다리우스 3세의 장녀 스타테이라Stateira, 또는 바르시네를 새 왕비로 맞았으며 박트리아 귀족의 딸인 록사네Roxane와도 결혼했다. 또한 그의 가장 친한 친구 헤페스티온은 스타테이라의 동생을 부인으로 맞았고, 크라테로스는 다리우스 3세의 조카와 결혼했다. 그의 뛰어난 장군 셀레우코스Seleucus 1세는 박트리아의 왕인 스피타메네스의 딸과 결혼했다.

알렉산드로스는 이처럼 동방 세계와 하나가 되려고 노력하는 인간적인 모습을 보여주면서도 한편에서는 잔인한 면모도 함께 보여주었다. 테베와 할리카르낫소스를 파괴했으며 자신의 친구들을 가혹하게 처형했다. 그러면서도 그는 그리스인과 비그리스인의 우애를 꿈꾸는 모순적인 태도를 보였다. 왜 그랬을까? 앙드레 보나르는 『그리스인 이야기』에서 그 이유를 이렇게 말하고 있다.

알렉산드로스는 길들여지지 않아 거칠고, 사춘기를 벗어나지 못한 청소년이었다. 한창 젊은 나이에 요절했으므로, 평생을 야성적인 청소년으로 살았다고 해도 틀린 말이 아니다. 거친 야수라도 천재적인 야수임은 분명하다. 하지만 그는 어디까지나 인본주의에 사로잡힌 야수였다. 아리스토텔레스는 그를 교육했고, 그리스 문명의 독자성이라는 개념을 벗어나지 않음으로써 그를 실망시켰다. 알렉산드로스는 교육 덕분에 그리스 문명에 심취했으나, 아리스토텔레스와 헤어진 이후로 그를 형성하고 교육한 것은 전쟁과 비그리스 세계의 정복 계획이었다. 그는 이 계획을 헬레니즘의 기치 아래서 시작했다. 그는 그리스에 복수하기 위해 그리스와 마케도니아를 하나로 만들었다. 하지만 그는 이집트를 필두로 이 세계 끝에 이르는 비그리스 세계로 깊숙이 들어가면 갈수록 동방 세계의 광대함에 매료되었다. 그는 더 이상 그리스어로 말하지 않았으며, 그렇다고 비그리스어로 말하지도 않았다. 그렇다면 그는 그리스어-비그리스어로 혼합된 말을 사용했을까? 그는 이 차이를 뛰어넘었다. 그는 말하자면 '인간으로서' 말했다. 그는 그가 아는 모든 인간을 향한 인류애를 위해 싸우고 복속시켰다. 이 세계의 끝에 사는 인도의 포루스는 그의

친구였다.[11]

그가 죽은 다음, 그러나 나이로 보면 당연히 살아 있었어야 할 기원전 3세기의 스토아 학파의 철학자 제논Zenon은 "모든 인간들은 세계시민이다. …… 모든 사람들에게 세계는 하나다."라고 주장했다. 플루타르코스에 따르면, 제논은 이러한 열린 생각을 알렉산드로스에게서 받았다고 한다. 그래서 그는 동서양을 하나로 연결하는 '헬레니즘 문명'을 탄생시킨 문명 창조의 위대한 정복자가 되었다.

헬레니즘 문명이 탄생하다

헬레니즘Hellenism이란 그리스어 'hellenizein'에서 유래된 것으로 '말하다', '그리스인처럼 행동하다'라는 뜻이다. 헬레니즘은 일반적으로 그리스 고유의 문화와 동방의 오리엔트 문화가 융합하여 이루어진 예술과 사상, 정신 등을 특징으로 하는 문화적 체계를 말한다. 우리가 잘 아는 것처럼 헬레니즘은 헤브라이즘과 함께 유럽 문화의 근간을 이루었다. 헬레니즘이란 용어가 처음 사용된 것은 1863년 독일의 J. G. 드로이젠Droysen의 저서 『헬레니즘 역사』에서부터였다.

헬레니즘이라는 말의 뿌리는 헬레네스다. 헬레네스Hellenes란 고대 그리스인이 자기 민족을 부르던 이름이다. 이는 전설적인 영웅 헬렌Hellen에서 유래했다. 고대 그리스인은 자신들이 모두 헬렌의 자손이라고 생각했다. 그들은 섬과 반도, 계곡 등으로 격리되어 개별적인 도시 국가를 발전시켰으나, 공통의 언어를 사용하고 동일한 종교를 공유했으므로 자신들을 한 민족으로 생각했다. 단어의 의미로만 보게 되면 헬레니즘이란 그리스인의 고유한 사상과 사고 방식, 문화라고 할 수 있다.

그러나 그리스 정신, 즉 헬레니즘의 전파를 목적으로 시작한 알렉산드로스의 동방 원정은 이전의 그리스 문명과는 구별되는 새로운 문명, 문화를 탄생시켰다. 헬레니즘은 단순한 그리스 문명이 아니다. 헬레니즘 시대의 특징에 관해서는 여러 가지 주장이 제기되고 있다. 그리스 문화의 확대, 발전으로 보는 견해가 있는 반면, 오리엔트 문화를 통한 그리스 문화의 퇴화로 보는 전혀 상반되는 견해도 있다. 헬레니즘은 그리스 문화와 오리엔트 문화가 서로 영향을 주고받아 질적인 변화를 일으키면서 새로 태어난 문화로 보는 것이 더욱 타당할 것이다.[12] 이러한 그리스 문명에 뿌리를 둔 헬레니즘은 유대교에 뿌리를 둔 헤브라이즘과 더불어 서양 문명의 두 기둥이 되었다.

고대 그리스 시대와 헬레니즘 시대는 어떤 관계가 있을까? 두 시대는 뚜렷한 단절이 존재하지만 그렇다고 해서 두 시대의 연속성을 전면적으로 부정할 수도 없다. 새로 등장한 지배계급, 교양계급의 언어는 주로 그리스어였고, 그리스 전통과는 다른 토대 위에 있던 사람들도 그리스 문화를 바람직하게 보았다. 헬레니즘 시대에 달성된 위대한 과학적 업적의 많은 부분은 그리스 과학에 토대를 두고 있다.

반면 정치적으로는 그리스 황금시대의 민주주의가 무너지고 전제 군주정이 지배하게 되었으며, 일부 지도자들의 마음속에는 '세계 국가' 개념이 자리 잡게 되었다. 문화와 예술의 측면에서도 그리스인의 소박한 절제미는 헬레니즘 시대에 화려한 장식적 예술로 변모되었다. 경제적으로도 많은 변화가 있었다. 경제규모도 크게 확대되었고 동서 무역과 함께 대도시가 발달했다. 그런 점에서 본다면 헬레니즘 시대는 그리스 시대와 확연히 구분되는 새로운 문명의 시대가 분명하다.

기원전 323년 6월13일, 알렉산드로스 대왕이 33세의 나이로 사망하자 그의 제국은 금방 분열되었다. 그가 임종할 때 친구가 후계자를 지명해달라고 하자 "가장 강한 자에게."라는 말을 남겼다고 한다.[13] 하지만 알렉산드로스는 생전에 그가 죽으면 심각한 분쟁이 있을 것이라는 사실을 알았다. 그는 장군들에게 "너희들은 나의 장례를 치르면서 피를 보게 될 것."이라고 예언했다. 그의 말대로 그가 죽자 당장 방부 처리된 시신을 탈취하기 위한 쟁탈전이 벌어졌다. 결국 프톨레마이오스 Ptolemaios가 석관에 안치되어 있던 시신을 빼돌려 알렉산드리아로 운반했다.[14] 그렇게 하면 그가 정통성을 갖게 된다고 생각했던 것일까?

알렉산드로스 사후 고위 장군들은 제국을 분할해 점유했다. 이에 일부 젊은 지휘관들이 이의를 제기하면서 전쟁이 시작되었다. 전쟁은 무려 20년간이나 계속되었고, 제국은 승자들에 의해 다시 분할되었다. 처음 제국은 네 개의 나라로 나뉘었다. 셀레우코스는 페르시아와 메소포타미아, 시리아를 소유했고, 리시마코스Lysimachos는 소아시아와 트라키아를 장악했으며, 카산드로스Kassandros는 마케도니아에 자리를

＊ 알렉산드로스 대왕은 오랜 원정과 정복 전쟁으로 서서히 정신적 공황상태와 정서불안에 시달렸다. 기원전 323년 바빌론으로 돌아와 원정을 준비하던 중 말라리아에 감염되어 사망했다.

잡았다. 그리고 프톨레마이오스는 그의 본거지인 이집트에 페니키아와 팔레스타인을 추가했다. 이 국가들은 나중에 다시 셋으로 줄어들었다. 셀레우코스가 전쟁에서 승리하여 리시마코스를 살해한 다음 그의 소아시아 영토를 차지했기 때문이다.

알렉산드로의 후계 국가들은 대부분 전제군주국이 되었다. 다만 마케도니아 왕국만이 시민의 자유를 얼마간 존중해주는 완화된 전제정치를 시행했다. 한편, 대부분의 그리스 도시 국가들은 마케도니아의 지배에 대항하여 반란을 일으켰다. 그리스의 도시 국가들은 방어 동맹을 맺음으로써 거의 1백 년 동안 독립을 유지할 수 있었다. 그러나 헬레니즘 영토의 대부분은 기원전 146년에서 기원전 30년 사이에 다시 로마의 지배 아래 들어가게 된다.[15]

헬레니즘 문명은 그 규모 면에서 대단한 경제 발전과 변화를 보여주었다. 먼저, 알렉산드로스의 정복으로 인해 인더스강에서 나일강에 이르는 광대한 지역에 걸쳐 교역권이 형성되었다. 이와 함께 페르시아가 비축했던 막대한 금과 은이 방출되어 유통됨으로써 물가가 상승했고, 투자가 활성화되었으며 투기가 조장되기도 했다. 또한 각 정부는 세입 증대를 목적으로 상공업을 장려했으며, 그에 따라 대규모 생산과 교역, 재정체계가 성장했다. 국가가 가장 중요한 기업 활동의 주체가 되었으며, 금융업이 성장했고, 투기와 매점 매석, 과열경쟁과 대기업 경영이 나타났다. 농업 부분에서는 일부 세력에 토지 소유가 집중되면서 농업 노동자들이 농노로 전락하게 되는 현상이 일어났다. 전반적으로 경제는 발전했지만 그 부가 지배계급, 상인 등 일부에 집중되면서 빈부 격차가 심해졌다.

헬레니즘 시대에 주목할 현상의 하나는 대도시의 성장과 발전이다. 대부분의 사람들이 농촌에 살았지만 도시화가 촉진되었다. 이를테면 시리아의 안티오크Antioch는 1백 년 사이에 인구가 네 배로 증가했으며, 티그리스 강변의 셀레우키아Seleukia는 2백 년 만에 허허벌판에서 수십만 명의 인구가 사는 대도시로 성장했다. 헬레니즘 세계에서 가장 유명했던 알렉산드리아의 인구는 적어도 50만 명을 넘었으며 1백만 명에 육박했다는 주장도 있다. 로마 제국 이전의 고대 세계에서 크기나 규모 면에서 알렉산드리아를 능가하는 도시는 찾아볼 수 없었다. 거리는 잘 포장되어 있었고, 가지런히 정비되어 있었다. 도시에는 화려한 공공건물과 공원, 박물관, 그리고 70만 권의 두루마리를 장서로 보유한 도서관이 있었다. 알렉산드리아는 헬레니즘 문화, 특히 과학 분야에서 으뜸가는 중심지였다.[16]

헬레니즘 시대의 철학

헬레니즘 시대의 최초 철학자는 기원전 350년경에 등장한 견유 학파Cynics다. 견유犬儒란 '기성의 권위와 가치를 멸시하여, 세상을 냉소적으로 보는 것'을 의미하는데 이런 태도를 '개 학자犬儒'로 표현한 것이 재미있다. 견유 학파의 최고 지도자는 디오게네스Diogenes였다. 그는 정직한 인간에 대한 부단한 탐구로써 명성을 얻었다. 그는 '개처럼 살자!'고 주장했다. 개는 위선을 떨지 않고 수치도 모른다. 개의 생활 방식을 찬양한 탓에 디오게네스는 스승 안티스테네스Antisthenes와 함께 개canire라는 말에서 비롯된 키니코스 학파, 즉 견유 학파로 분류되었다. 개와 관련성은 없지만 세상사를 비웃는 태도를 일컫는 냉소주의cynicism이라는 말도 여기서 나왔다.[17]

견유 학파는 자연스러운 생활을 주장했고, 인습과 인위를 거부했다. 그들의 일차적인 목표는 '자족'을 달성하는 것이었다. 모든 사람은 자신의 필요를 충족시킬 수 있는 능력을 자기 내부에서 길러야 한다는 것이다. 어찌 보면 1960년대에 출현한 '히피hippie 운동'도 이와 비슷한 셈이다. 세상 문명을 거부하고 지극히 자연적이며 인간적인 것을 추구하며 소박하게 살고자 하는 것은 어느 시기에나 나올 수 있는 인간의 욕구다. 동양의 노장 사상, 특히 장자의 경우는 이와 유사한 측면이 있다고 볼 수 있겠다.

이것들은 한편으로 사회에 대한 좌절감과 절망감의 표현일 수도 있다. 전해지는 이야기에 따르면, 알렉산드로스 대왕이 디오게네스의 제자인 크라테스Crates에게 전쟁으로 파괴된 테베 시를 재건해야 할 것인지를 물었다고 한다. 그때 그는 이렇게 대답했다고 한다. "왜요? 또 다른 알렉산드로스가 그 도시를 기필코 다시 파괴할 텐데요."[18] 또한 알렉산드로스가 디오게네스를 찾아왔다가 "햇빛을 가리지 말아달라."는 말을 듣곤 황망하게 그 자리를 떠났다는 이야기도 전해져오고 있다. 이것은 사실이 아닐 가능성이 높지만 견유 학파의 냉소주의적 태도를 잘 엿볼 수 있는 대목임에는 틀림없다.

헬레니즘 시대의 철학 사상에서 가장 주목할 부분은 스토아Stoa 철학과 에피쿠로스Epikurus 철학이다. 에피쿠로스 철학과 스토아 철학은 모두 기원전 300년경에 등장했다. 에피쿠로스 철학의 창시자인 에피쿠로스기원전 341?~270년와 스토아 철학의 창시자인 제논기원전 340?~265년은 모두 아테네에 살았다. 두 철학은 모두 공공의 복리가 아니라 개인의 행복과 선에 관심을 가졌다는 점에서 개인주의적이다. 두 철학은 어떠한 영적 실체의 존재도 부정했다는 점에서 물질주의적이다. 또한 두 철학은 이 세상에 사는 모든 인간은 똑같다고 가르치면서, 그리스인과 비그리스인바르바로스, 그리스인과 이방인, 그리스인과 야만인의 차이를 구별하지 않았다.

에피쿠로스 학파는 쾌락이 지고의 선이라고 보았다. 그러나 그들이 말하는 쾌락은 방종과는 달랐다. 그들은 육체적 쾌락을 추구하지 않았다. 그들이 추구한 것은 적극적인 쾌락이 아니라 소극적인 쾌락이었다. 에피쿠로스가 "고문대 위에서도 행복할 수 있다"고 주장한 근거는 바로 거기에 있었다. 그는 분자인 성취를 늘리는 것보다 분모인 욕망을 줄이는 방식으로 쾌락, 즉 행복을 찾고자 했다. 그는 고통을 피하고 쾌락이 충족된 상태를 아타락시아ataraxia, 즉 평정한 상태라고 불렀다. 쾌락이 가져다주는 행복은 결핍된 것이 다 충족된 정적인 균형 상태를 말한다. 결핍은 욕구를 의미한다. 욕구가 많다면 그만큼 빈 곳이 많다는 뜻이며 완전할 수가 없다. 따라서 쾌락을 추구한다는 것은 바로 그런 욕구를 채우는 것이다.

에피쿠로스는 여기서 자연스러운 욕구와 헛된 욕구를 구분한다. 배가 고프면 먹고 싶고, 졸리면 자고 싶다. 이것은 자연스런 생리적 욕구다. 이런 욕구를 충족하는 것은 선하고 이상적인 쾌락이다. 반면에 세계를 정복하고 싶다거나 사치를 누리고 싶다는 것은 헛된 욕구다. 따라서 이런 것들은 피해야 한다. 이런 욕구는 충족시킬수록 더 늘어나

기 때문에 근원적으로 충족시킬 수 없으며, 때로는 충족이 오히려 고통을 낳기도 한다.[19]

쾌락을 중시한 것에서 알 수 있듯이 에피쿠로스 학파는 기본적으로 유물론이다. 그러나 그들은 세계가 원자만이 아니라 빈 공간으로도 이루어져 있다고 보았으며, 원자도 불멸이 아니라 생겨나고 사라지는 물질이라고 생각했다. 이런 점에서 이들은 유심론적 요소를 갖고 있는 유물론자였다. 그 때문에 무신론의 입장을 취했다.

스토아 학파의 제논과 그의 제자들은 "우주란 하나의 질서 잡힌 전체로서 그 안에서 모든 모순은 궁극적으로 선으로 귀착된다."고 가르쳤다. 따라서 그들에게 악은 상대적인 것이었다. 인간에게 일어나는 불운은 우주의 궁극적인 완성을 위해 필연적으로 일어나는 부수적인 사건일 따름이었다. 세계에서 발생하는 모든 일들은 합리적 목적에 따라 엄격하게 결정된다. 또 어떤 개인도 자기 운명의 주인이 아니다. 인간의 운명은 연속적인 사슬의 한 토막일 뿐이다. 인간은 자신의 운명을 받아들이거나 또는 그것에 저항할 수 있다는 점에서만 자유롭다. 그러나 그 어느 쪽이든 인간이 운명을 극복할 수는 없다. 인간에게 최선의 의무는 우주의 질서가 선하다는 것을 알고 그 질서에 복종하는 것이다.[20]

인간은 자신의 운명에 스스로를 정중히 맡김으로써, 그러한 체념을 통해 지고의 행복을 얻을 수 있다. 그런 점에서 지고의 행복이란 곧 마음의 평정이다. 그러므로 진정한 행복은 개인이 자신의 본성에 맞게 우주적 목적에 자신의 목적을 완벽하게 합치시키는 데서 얻어질 수 있다. 행복한 인간이란 자신의 영혼에서 모든 고통을 털어버리고, 자신이 겪는 악운에 대해 불평하거나 저항하지 않는 사람이다. 이 같은 주장을 편 스토아 학파는 당연히 의무와 자제를 주요한 덕성으로 강조했다. 그들은 악에 대해서도 관용과 용서를 가르쳤다. 그들은 노예제와 전쟁을 비난했지만 이것을 철폐하기 위한 운동에 나서지는 않았다.

스토아 철학은 영혼까지도 물질로 보았다는 점에서 에피쿠로스 학파처럼 유물론적 입장이었다. 그러나 제논은 신을 만물의 근원으로 주장함으로써 향후 유일신의 철학적 바탕 형성에 주요한 밑자리를 깔았다. 그는 신을 거대한 물질적 실체로 보는 일종의 범신론을 주장했지만, 어쨌든 신을 최고의 절대적 존재로 파악함으로써 종교가 부활할 수 있는 여지를 만들어놓았다. 더욱이 그것도 그리스도가 탄생하기 바로 직전이었으므로 기독교의 유일신앙과 연결될 수 있는 충분한 여지가 있었다.

스토아 철학은 로마 제국에서 꽃을 피우게 되는데, 그걸 처음 소개한 인물은 공화정을 수호하려다 목숨까지 잃은 키케로였다. 후에 스토아 철학을 키워 열매를 맺게 한 사람은 세네카Seneca, 기원전 4?~기원후 65년였다. 스토아 철학은 로마 제국의 최전성기인 5현제 시대에 활짝 꽃피게 되며, 5현제의 마지막 황제였으며 프스 로마나Pax Romana를 실현한 마르쿠스 아우렐리우스121~180년 또한 스토아 철학자였다.

한편 에피쿠로스 학파보다 더 냉소적인 사람들이 있었는데 그들을 회의주의 학파라고 불렀다. 회의주의 학파는 기원전 200년경 카르네아데스Karneades의 영향 아래서 그 인기가 절정에 달했다. 그들에게 영감을 준 것은 모든 지식은 감각적 인식으로부터 나오며 따라서 지식은 제한적이고 상대적이라고 주장한 소피스트의 가르침이었다. 그들은 이러한 소피스트의 가르침으로부터 어떠한 것도 증명할 수 없다는 결론을 도출해냈다. 감각적 인상은 우리를 속이기 때문에 어떠한 진리도 확인되지 못한다는 것이 그들의 주장이다.

우리는 사물이 이러이러하게 보인다고 말할 수 있지만, 그것이 진정 무엇인지는 모른다. 따라서 현명한 진리 추구자는 판단을 유보한다. 만일 우리가 절대적 진리에 대한 무익한 탐구를 포기하고 선과 악의 문제에 연연하지 않는다면, 우리는 삶이 허락하는 최고의 만족인 마음의 평정상태를 얻을 수 있을 것이다. 회의주의 학파는 정치와 사회 문제이 대해 에피쿠로스 학파만큼 관여하지 않았다. 그들의 이상은 이해할 수도 개혁할 수도 없는 세계로부터의 도피, 그것이었다.[21]

과학과 수학, 그리고 의학의 발전

헬레니즘 시대의 가장 중요한 성과는 과학의 발전이다. 17세기 이전까지의 서양 역사에서 헬레니즘 문명 시대에 가장 찬란한 과학 발전이 있었다. 사실 근대에 이룩된 많은 과학적 업적들은 알렉산드리아, 시라쿠사, 페르가몬을 비롯한 헬레니즘 도시들에서 활동한 과학자들의 발견이 없었다면 거의 불가능했을 것이다. 알렉산드로스 제국이 붕괴된 후에도 수세기에 걸쳐 과학 발전이 있었던 이유는 몇 가지가 있다.

먼저, 알렉산드로스가 이미 과학 연구를 위해 적지 않은 재정을 지원했다는 점이 일차적으로 지적될 수 있다. 그러나 이보다 더욱 중요한 사실은 알렉산드로스의 원정을 통해 이집트의 과학이 그리스의 학문과 만남으로써 지적 탐구를 위한 자극이 되었다는 점이다. 또한 이 시기에 경제와 상업의 발달과 함께 물질적 안락과 욕구에 대한 관심이 증대된 점을 들 수 있다. 마지막으로는 현실생활에 필요한 실제적이며 구체적인 과학적 요구가 대두되어 학자들이 이를 해결하기 위한 방안을 내놓았다는 점이다.

헬레니즘 초기의 가장 유명한 천문학자는 '헬레니즘 시대의 코페르니쿠스'로 불리는 사모스의 아리스타르코스Aristarchus, 기원전 310~230년였다. 그의 중요한 업적은 지구와 기타 행성들이 태양의 주위를 회전하고 있다고 추론한 점이다. 그러나 그의 주장은 받아들여지지 못했다. 당대의 주류인 우주의 중심은 지구라는 사고를 바꿀 수 없었기 때문이다. 또 다른 천문학자는 기원전 2세기 후반 알렉산드리아에서 활동했던 히파르코스Hipparchos였다. 그는 천체관측의天體觀測儀를 발명했으며, 달의 직경과 달과 지구 사이의 거리를 거의 정확히 계산해냈다.

하지만 그의 명성은 알렉산드리아의 천문학자이자 점성학자 프톨레마이오스Ptolemaeos의 평판에 가려지고 말았다. 프톨레마이오스는 독창적인 발견은 거의 하지 못했으나 다른 사람의 연구를 체계화했다. 그의 주요 저작인 『알마게스트』는 지구중심설 즉, 모든 천체는 지구 주위를 회전한다는 관점에 입각해 있는데, 그것은 고대 천문학의 결론이 되어 중세 유럽에 전달되었다. 그의 지리학 또한 중세와 르네상스 사상에 적지 않은 영향을 미쳤다.

천문학과 밀접한 관련이 있는 수학과 지리학 또한 많은 성과를 이루었다. 이 시대 가장 유명한 수학자는 기하학의 아버지로 불리는 유클리드Eucleides, 323~285년다. 19세기 중반까지 그의 『기하학 원리』는 기하학 분야의 기본적인 연구 입문서였다. 그의 저작의 상당 부분은 독창적인 것이 아니라 당대의 기하학을 집대성한 것이다. 헬레니즘 시대의 가장 독창적인 수학자는 평면과 구면 삼각법의 기초를 놓은 히파르코스였다.

이 시대의 지리학은 알렉산드리아 도서관의 사서였던 에라토스테네스Eratosthenes, 276~196년의 업적에 힘입은 바가 크다. 그는 수백 마일 간격으로 놓인 해시계를 이용해 2백 마일 이내의 오차로 지구의 둘레를 계산해냈다. 또한 그는 당시까지 만들어진 것 중에서 가장 정확한 지도를 제작했는데, 그것은 지구의 표면을 위도와 경도로 나눈 것이었다. 그는 모든 대양이 실제로는 하나로 연결되어 있다는 이론을 주장했으며, 서쪽으로 항해하여 인도에 도달할 수 있는 가능성을 최초로 제시했다. 그의 계승자 중의 한 사람이 지구를 5개의 기후대로 나누었으며* 밀물과 썰물을 달의 영향력에 의한 것이라고 설명했다.[22]

헬레니즘 시대에는 의학 분야에서도 많은 발전이 있었다. 2세기 초 알렉산드리아에서 연구했던 칼케도니아의 헤로필로스Herophilos는 고대의 가장 위대한 해부학자였고, 최초로 인체 해부를 실행한 인물이다. 그는 또한 뇌를 자세히 설명하면서 뇌의 각 부분이 갖는 기능상의 차이점을 부각시키려 했고, 맥박의 중요성을 발견하여 그것을 질병의 진단에 이용했다. 그는 동맥에는 혈액만 있을 뿐이고 아리스토텔레스의 주장처럼 혈액과 공기의 혼합물이 차 있지 않으며, 그 기능은 혈액을 심장으로부터 신체 각 부분에 운반하는 것이라는 사실을 발견했다.

---

* 이러한 구분법은 오늘날에도 인정받고 있다.

헤로필로스의 동료 중에서 가장 유능했던 에라시스트라토스^{Erasistratos}는 생리학을 하나의 독립된 과학으로 창시한 인물이다. 그는 생체 해부를 통해 인체의 기능에 대한 지식을 축적했다. 그는 심장의 판막을 발견했고, 운동 신경과 감각 신경의 차이를 알아냈으며, 동맥과 정맥의 말초 혈관들이 연결되어 있다고 가르쳤다.[23]

헬레니즘 시대의 과학 중에서 부력과 비중의 법칙을 발견한 아르키메데스^{Archimedes, 287~212년}의 물리학도 빼놓을 수 없다. 그는 지렛대와 도르래, 나사 등의 원리를 과학적으로 정확하게 공식화했고, 복합 도르래, 물을 퍼올리기 위한 통 모양의 나사, 선박용 스크루, 볼록 렌즈 등을 발명해냈다.

또한 기원전 1세기에 알렉산드리아에서 활동한 혜론^{Heron}의 발명품도 중요한 업적이다. 그는 소방 펌프, 사이펀, 제트 엔진, 수압식 오르간, 슬롯 머신, 압축 공기로 작동되는 투석기 등을 발명했다고 알려진다. 실제로 그가 발명한 것인지에 대해서는 여전히 논란이 있지만 그러한 장치가 그 시대 이후에 실제로 존재한 것은 분명한 사실로 보인다. 그럼에도 응용 과학의 발전은 더디었다. 아무래도 인간의 노동력을 최대한으로 이용하면 되었기에 기계의 발명이 그만큼 느렸던 것이다.

문화예술과 종교의 발전

헬레니즘 시대의 예술은 고대 그리스 시대의 주요한 특징인 휴머니즘, 균형과 절제 대신에 과장된 사실주의, 감각주의, 관능주의가 지배적으로 나타났다는 점이 특징이다. 소박하고 장중한 도리아식 신전과 이오니아식 신전이 사라지고, 사치스러운 궁전과 호화로운 저택, 권력과 부의 상징인 공공건물과 기념물이 등장했다. 그 전형적인 예가 바로 알렉산드리아의 대규모 등대였다. 그것은 높이가 약 120미터에 달했는데, 위로 오를수록 점차 가늘어지는 3개의 층, 그리고 꼭대기의 등불을 받치기 위한 8개의 기둥으로 이루어졌다. 조각 또한 과장되고 감상적인 경향을 나타냈다. 릴리프로 된 많은 조각상과 인물상은 규모가 거대했으며 기괴한 모습을 띤 것도 있었다. 극단적인 감각주의와 과장된 사실주의는 대부분의 작품에 공통적으로 나타났다. 그러나 〈멜로스의 아프로디테밀레의 비너스〉와 〈사모트라키의 승리의 날개〉는 고대 그리스 시대의 작품을 연상케 한다. 헬레니즘 문명은 인도에도 영향을 주어 인도 북서부 지방에서는 간다라 미술이 발전했다.

헬레니즘 문명에서 가장 큰 특징 중 하나는 종교에서 나타난 경향이었다. 도시 국가 시대의 그리스 종교는 이제 거의 완전히 사라졌다. 대다수의 지식인들은 스토아 철학과 에피쿠로스 철학, 회의주의 철학을 받아들였다. 많은 사람들이 점성술에 열광했는데 철학적 경향이 약했던 일부 사람들은 운명의 여신을 숭배하기도 했다.

그러나 가장 강력한 영향력을 발휘한 것은 조로아스터Zoroaster 또는 Zarathustra교의 분파인 미트라교와 영지주의였다. 동방에 기원을 둔 모든 종교들은 내세의 구원을 약속했지만 미트라Mithra교와 영지주의는 한층 고양된 신화와 현세에 대한 더욱 심한 경멸, 인격적 구원자라는 구원에 대한 명료한 교리를 갖고 있었다. 이러한 사상은 사람들의 현

알렉산드리아의 파로스 등대 상상도

세적 고통에 대한 내세에의 보상 심리를 강화시켰다.

　헬레니즘 시대의 종교와 관련해서 빼놓을 수 없는 점은 유대인의 이산離散, 디아스포라이다. 기원전 332년 알렉산드로스의 팔레스타인 정복과 그로부터 300년 후의 로마에 의한 정복의 결과 수많은 유대인이 지중해 세계의 여러 지역으로 이주했다. 기원후 1세기에 그들 중 1백만 명이 이집트에, 같은 시기에 그들 중 20만 명이 소아시아에 살았던 것으로 추정된다. 그들은 그곳에서 다른 민족들과 자연스럽게 뒤섞였으며, 그리스어와 그리스 문화의 상당 부분을 받아들였다. 동시에 그들은 자신들의 신앙을 확산시키는 데 중요한 역할을 했다. 헬레니즘 시대의 유대인 중 일부는 기독교로 개종했고, 기독교를 팔레스타인 밖으로 전파하는 데 기여했다. 그 대표적인 경우가 타르소스^{또는 타르수스}의 사울, 즉 사도 바울^{Paul}이었다.[24]

헬레니즘 문명은 현대 문명과 닮은 점이 많다. 현대에서처럼 헬레니즘 시대에는 다양한 정부 형태와 군국주의, 권위주의적 지배가 존재했다. 사회·경제적인 측면에서도 대기업과 상업의 팽창, 탐험과 발견에 대한 열정, 과학 기술의 발전, 물질적 번영에 대한 몰두, 빈민가를 수반한 거대 도시의 성장, 점증하는 빈부 격차 등 많은 유사성을 발견할 수 있다. 과학의 발전과 학문의 전문화, 사실주의와 자연주의의 선호, 대중 문학의 양산, 극단적 회의주의와 종교 교리에 대한 불신, 신비주의의 확산 등에서도 닮은 점이 있다. 헬레니즘 문명이 그리스 문명과 오리엔트 문명의 만남을 통해 세계주의라는 새로운 경향을 만들어냈다는 점에서도 근대 이후 현대 세계의 전지구적 통합과 연결되고 있다. 그렇다면 역사는 반복되는 속성을 갖고 있는 것일까?

6. 로마 공화정

로마는 하루아침에 탄생하지 않았다

지금으로부터 40년 전, 중학교 다닐 때 본 영어 참고서 중에『삼위일체 영어』라는 게 있었다. 그 책은 각 항목마다 제일 앞 부분에 영어 명귀들을 하나씩 적어놓고 외우라고 했는데 그 중 첫 문장이 "Rome was not built in a day."였던 것으로 기억된다. "로마는 하루아침에 이루어지지 않았다." 너무도 유명한 명언이지만 지금은 그다지 많이 강조되지는 않는 듯하다. 아마도 시대 상황과도 관련이 있을 것이라는 생각이 든다. 40년 전만 해도 한국은 세계에서 이름도 없는 가난한 나라 중 하나였다. 막 경제성장을 시작하고 있었고, 무엇보다도 근면, 성실, 노력이 강조되던 시대였다. 그러나 지금은 여전히 그늘이 존재하기는 하지만 대부분의 사람들이 어느 정도는 물질적 풍요를 누리고 있다. 그러니 로마가 세계 제국으로 성장하기까지의 고난과 시련을 강조하는 문구도 그다지 사람들의 심경에 와 닿지 않을 것이 분명하다.

로마의 시작은 소박했다. 그러나 그 끝은 창대했다. 로마는 그야말로 고대 서양 문명의 절정이라 할 수 있다. 로마의 문명과 문화는 오늘날 서구 문명에 거의 바로 연결되고 있다. 그 점에서는 고대 그리스와는 또 다르다. 그리스 문명이 주로 현대 서구 문명의 정신적·사상적 바탕을 제공했다면 로마 문명은 정치, 군사, 법률, 사회제도, 종교, 문화, 학문, 건축 등 다방면에서 현대 서구 문명의 실질적인 기틀을 제공했다고 말할 수 있다.

하지만 고대 그리스와 로마가 완전히 다른 세계라고 말할 수는 없다. 로마는 많은 부분을 고대 그리스에서 받아들여 이를 자기 나름대로의 필요와 요구에 맞게 변형하고 독특한 내용으로 발전시켰다. 그래서 고대 서구 문명을 말할 때는 그리스와 로마를 하나의 묶음으로 파악하는 경우가 많다. 고대 서구 문명은 바로 그리스·로마 문명으로 표현되고 있다.

로마 문명은 그리스의 영광이 사라지기 오래전부터 시작되었다. 로마는 그리스가 전성기를 구가하고 있을 무렵 이탈리아 중부 테베레 Tevere 강가에서 성장하기 시작했으며, 알렉산드로스가 정복 활동을 벌이던 무렵에는 이탈리아 반도의 지배 세력이 되어 있었다. 그들은 그 후 5백 년 동안 세력을 확장했고, 기원전 1세기 말에 이르러서는 서유럽 대부분과 헬레니즘 세계 전체에 대한 지배권을 행사하게 된다.

로마 제국은 헬레니즘 세계의 모든 국가들을 정복하고 북아프리카의 카르타고 문명을 멸망시킴으로써 지중해를 '로마의 호수'로 만들 수 있었다. 로마는 그리스의 사상과 제도를 도입했고, 서북쪽으로는 라인강과 도나우강까지 밀고 들어가 아직 철기 시대에 머물고 있던 이곳에 지중해의 도시 문명을 건설했다. 로마는 지중해 동부와 서부 사이

에 거대한 역사적 교량을 건설함으로써 중세와 근대 유럽의 기반을 다졌다.[1]

로마인들은 어떻게 이처럼 거대한 제국을 형성하고 역사에서 영원히 지워지지 않을 흔적을 남겨두게 되었을까? 적잖은 사료가 "지성에서는 그리스인보다 못하고, 체력에서는 켈트인이나 게르만인보다 못하고, 기술력에서는 에트루리아인보다 못하고, 경제력에서는 카르타고인보다 뒤떨어지는 것이 로마인이라고, 로마인들 스스로 인정하고 있었"다고 한다.[2] 그런데 왜 그들만이 그토록 번영하고 커다란 문명권을 형성하고 오랫동안 유지하고 있었을까? 그들은 어떻게 그런 부족한 조건을 가졌음에서도 불구하고 그처럼 대단한 위업을 남길 수 있었을까? 아마도 그 하나의 답이 "로마는 하루아침에 이루어지지 않았다."는 명언 속에 들어 있는 것이 아닐까 싶다. 그렇다. 로마는 하루아침에 만들어지지 않았다.

로마의 건국과 성장, 발전

호메로스의 『일리아드』에 따르면 전쟁은 10년이나 지속되었으나 그리스군은 트로이를 함락시키지 못했다. 마지막 순간 오디세우스의 아이디어에 따라 그리스군은 거대한 목마를 만들어 남겨놓은 채 바다로 철수했다. 승리에 도취한 트로이인들은 목마를 성안으로 끌어들여 잔치를 벌이고 놀았다. 트로이 사람들이 깊이 잠든 밤 목마에서 나온 그리스군은 성문을 열고 밖에서 기다리고 있던 군대를 끌어들였다. 그

날 밤 트로이는 화염에 휩싸였고 왕족도 서민도 가차없이 살해되었다. 목숨을 건진 자는 노예가 되었다.

그러나 그 와중에도 트로이의 왕 프리아모스Priamos의 사위 아이네이아스Aeneas는 일족을 이끌고 이곳을 탈출하는 데 성공한다. 그들은 몇 척의 배를 타고 지중해 일대를 돌아서 최종적으로 로마 근처의 해안에 상륙했다. 그곳에 살고 있던 왕은 아이네이아스에게 자기 딸을 내주었다. 아이네이아스가 죽은 뒤에는 그와 함께 트로이에서 탈출한 아들 아스카니오스Ascanius가 왕위를 물려받았다. 아스카니오스는 30년 동안 그곳에서 나라를 다스린 뒤, 그 땅을 떠나 알바롱가Alba Longa라고 이름 지은 새 도시를 건설했다. 뒷날 로마의 모체가 된 도시였다.

그리고 수 세기가 흘렀다. 기원전 8세기경 늑대의 젖을 먹고 자랐다는 로물루스Romulus와 레무스Remus 쌍둥이 형제가 등장한다. 알바롱가의 왕이 죽자 동생은 왕위를 차지하기 위해 조카인 공주를 무녀로 만들었다. 그녀가 아들을 낳으면, 왕위를 찬탈한 숙부가 난처할 것이기 때문이었다. 그런데 무녀가 된 공주는 군신軍神 마르스Mars 와 사랑에 빠졌고 쌍둥이 아들을 낳았다. 공주는 그들에게 로물루스와 레무스라는 이름을 지어주었다.

그러자 격분한 숙부 왕은 공주를 감옥에 가둔 다음, 쌍둥이는 바구니에 담아 테베레강에 띄웠다. 쌍둥이 아이들을 굶주림에서 구해준 것은 어미 늑대였다. 주변에 살고 있던 양치기가 쌍둥이를 발견하여 데려다 길렀다. 로물루스와 레무스 형제는 자라서 양치기들의 우두머리

마르스의 본래의 성격에 대해서는 별로 알려진 게 없다. 주로 로마에서 숭배되었는데, 역사 시대에는 '전쟁의 신'으로 발전했다.

가 되었다. 그들은 힘을 키워 마침내 알바롱가로 쳐들어가 왕을 죽였으나 어머니인 공주는 이미 죽은 뒤였다. 알바롱가를 장악했으나 형제는 그곳에 머물지 않았다. 그들은 테베레강 하류 지역, 그러니까 로마라고 불리게 된 그 땅에 도시를 세우기로 했다. 그곳에 작은 촌락이 건설되었다.

그런데 공동의 적이 사라지고 나자 형제의 사이가 나빠졌다. 형제는 분할통치를 결정했다. 로물루스는 팔라티누스 언덕에, 레무스는 아벤티누스 언덕에 각각 세력기반을 두었다. 하지만 가까운 두 곳은 곧 싸움을 벌이지 않을 수 없게 된다. 두 세력권의 경계로 삼기 위해 로물루스가 판 도랑을 레무스가 넘어 들어왔기 때문이다. 마침내 그 싸움에서 레무스가 로물루스에게 죽임을 당했다. 로마Rome 또는 Roma라는 이름은 그 도시의 건설자 로물루스의 이름에서 따왔다고 한다. 기원전 753년 4월의 일이다.

로마 건국 신화는 이렇게 끝난다. 신화는 신화일 뿐 사실은 아니다. 이러한 신화가 만들어진 것은 기원전 350년경이다.[3] 그러나 신화 속에는 역사적 진실과 닿아 있는 맥락이 있다. 어쨌든 로물루스가 세운 로마는 점차 세력을 확장해 그 주변 일곱 개의 언덕에 촌락을 세웠다. 그리고 주변으로 세력을 넓혀나갔다. 당연히 로마인들은 주변의 세력권과 부딪칠 수밖에 없었다.

로마가 탄생해서 성장할 무렵 이탈리아 반도 중부와 북부를 지배한 것은 에트루리아Etruria인들이었다. 에트루리아인들이 어디서 왔고, 언제 그곳에 문명을 세웠는지는 정확히 알려지지 않고 있다. 아마도 소아시아 쪽에서 건너왔을 것이라는 추정만 할 뿐이다. 그들의 유물은 아주 적은 양만 남아 있다. 로마는 초기 에트루리아인들의 지배를 받았다. 로마를 세운 라틴Latin 인들은 기원전 6세기 후반, 폭동을 일으켜 에트루리아의 지배에서 벗어났다. 로마인들은 기원전 509년 에트루리아의 마지막 왕을 추방했다. 하지만 로마인들은 에트루리아의 유산에서 많은 것을 그대로 받아들였다. 에트루리아를 통해 그리스 문명을 접했던 로마는 이후로도 육상과 해상을 통해 그리스와 지속적으로 교류하면서 선진 문명을 적극적으로 받아들였다. 로마는 그리스 문명을 받아들임으로써 크게 발전하고 번영을 누릴 수 있었다.[4]

에트루리아인들을 축출한 로마인들은 공화정을 선택했다. 물론 이것은 현대의 공화정과는 다르다. 현대 국가를 흔히 '민주공화정'이라고 부르는데, 이는 주권이 국민 전체에 있으며, 국민은 투표를 통해 자신의 의사를 대변해줄 대표를 선출하는 방식으로 주권을 행사하는 것을 의미한다. 한때 정부가 국민의 의사를 거스르고 일방적으로 독주하려고 하자-〈대한민국은 민주공화국이다〉라는 노래가 유행한 적도 있었다. 하지만 로마의 공화정共和政이라는 말은 민주주의가 아니라물론 민주적 요소를 보유하기는 하지만 말 그대로 '공동선을 추구하는 국가'를 의미한다고 말할 수 있을 것이다.

※ 라티움 지방에 살던 부족의 이름을 의미한다.

귀족의 원로원과 민중의 호민관

로마의 공화정은 장기간에 걸쳐서 서서히 발전해간 정부 시스템이다. 공화정은 이탈리아 반도와 지중해 세계에 미치는 로마의 영향력이 점점 커지면서 계속 발전하고 변화를 겪게 된다. 공화정에서는 왕이 아니라 매년 새로 선출된 두 명의 집정관consul, 執政官이 임페리움imperium의 권력을 행사한다. 집정관은 오늘날의 대통령이나 수상과 비슷한 역할을 했다. 하지만 그들은 항상 두 명이었다. 그것은 서로를 견제하는 역할을 했다는 걸 의미한다. 집정관은 민회에서 투표로 선출되었으며 임기는 1년이었다. 그들은 공직을 수행할 때 다른 일부 공직자들처럼 비단으로 지은 얇은 토가Toga*를 입었지만 여기에 자줏빛 단을 둘러 다른 사람과 구별했다.[5]

하지만 로마 공화정도 비상시에는 독재관dictator을 두어 신속하게 대응할 수 있도록 했다. 독재관은 집정관들이 임명했고, 국가의 상황을 전체적으로 통제할 수 있도록 했다. 하지만 비상상황이 끝나면 다시 집정관이 직무를 집행했다. 기원전 5세기에서 기원전 4세기 사이에 집정관의 업무가 확장되면서 하위 행정관을 설치하여 그 업무를 분담할 수 있도록 했다. 사적인 법률 소송을 처리하는 법무관praetor, 법률 사건을 심사하고 판결하는 회계감사관quaestor, 도시의 시장을 감시하는 조영관aedile, 5년마다 로마 시민의 인구를 조사하는 감찰관censor 등이 그 대표적인 예라 할 수 있을 것이다.

---

* 고대 로마인들이 몸에 둘러입었던 옷으로, 부드럽게 주름 잡힌 모양이 특징이다.

로마의 임페리움과 명령권

임페리움기란 로마에서 군사권과 사법권을 포괄하는 최고집행권을 말한다. 처음에는 왕이 행사했으나, 왕정이 끝나고 공화정이 성립되면서 기원전 509~27년 고위정무관집정관 · 독재관 · 법무관, 집정관의 권한을 가진 군단지휘관, 기사대장과 특별 명령을 위임받은 민간인이 갖게 되었다. 공화정 말기에는 부집정관副執政官, proconsul이나 부법무관副法務官, propraetor과 같은 일정한 직무에 대한 제2인자에게도 명령권이 있었다. 명령권의 행사에 대한 제한은 공화정 초기부터 있었다. 동료제同僚制 원칙은 동일한 지위의 두 정무관가령 2명의 집정관이 각각 동일한 정도의 명령권을 가져야 함을 정해놓은 것이다. 기원전 2세기에는 사형 사건에서 재판을 요구할 권리와 시민들에게 상소할 권리를 인정하는 법률들이 제정되었다. 한편 군軍에 속한 로마 시민 또는 로마 밖의 다른 공직에 있는 자들도 관례상 동일한 권리가 인정되었다. 정무관들은 자기 관할 내에서만 명령권을 행사할 수 있었다. 쿠리아 민회Comitia Curiata에서 공식적으로 부여했고 기간은 1년 또는 임무를 마칠 때까지였다. 공화정 말에는 1년 이상의 특정 기간에 다해 명령권이 허용되었다.

카이사르의 정적이었던 폼페이우스는 기원전 67년 가비니우스 법에 따라 3년간 명령권을 가진 최초의 인물이었다. 옥타비아누스는 공화정하에서 여러 직무의 담당자로서 명령권을 가졌고, 기원전 27년 아우구스투스존엄자라는 이름으로 최초의 황제가 되었다. 그 뒤로 그는 5년 내지 10년마다 원로원으로부터 명령권을 받았는데, 이 관행은 직두를 마칠 때까지 계속되었다. 그 후 원로원은 계승자인 다음 황제가 즉위할 때 명령권을 수여할 것을 의결했다. 아우구스투스를 비롯한 일부 황제들은 원로원이 자기가 선택한 후계자에게 명령권을 부여하도록 정했다. 공화정 시기에 개선한 로마 장군에게 부여되었던 임페라토르imperator라는 칭호는 제정기에 이르러 국가의 원수元首에 대해서만 쓰이는 칭호가 되었다. 황제는 즉위시에 처음 황제로서 환호를 받았으며 그때부터 로마 장군이 개선할 때마다 환호를 받았다.

명령권은 때로 특별한 군사적 명령권으로서도 부여되었는데, 기원후 17년 장군 게르마니쿠스의 경우가 그러했다. 한편 기원후 13년에 티베리우스가 아무런 특별한 직무 없이 명령권을 부여받은 것과 같은 경우에는 그것을 받은 자가 원수元首,

로마 공화정의 핵심은 원로원이었다. 원로원은 토론의 장이며 정치 엘리트들의 집단적 목소리를 대변했다. 원로원 회의를 주재한 것은 그 해의 집정관이었다. 그러나 원로원은 오늘날의 의회와는 전혀 다른 성격의 기관이었다. 의원들은 그저 전직 공직자들일 뿐이었다. 그들은 로마 시민의 대리인이 아니었다. 당연히 대표도 아니었다. 원로원은 법률 제정권도 없었고, 법적인 권력도 갖지 않았다. 통치권은 원로원이 아니라 선거와 입법을 위해 모인 성년 남자들에게 있었다. 원로원은 공직자들에게 지침이 될 만한 결정을 내리는 자문기관이었다. 그럼에도 원로원을 과소평가할 수는 없다. 전・현직, 그리고 장래의 공직자들은 이들 귀족 지배계급 동료들의 승인과 지원을 받아야만 정치적 영향력을 행사하고 선거에서도 성공할 수 있었다. 공직자들은 대부분 원로원 출신이며 공직의 임기가 끝나면 다시 그곳으로 돌아갔다. 그런 점을 감안할 때 원로원 의원들의 요구와 희망을 무시하게 되면 그들의 정치적 장래는 보장될 수 없었다.[6]

그리스 출신으로 로마의 포로가 되었던 역사가 폴리비오스Polybios, 기원전 200?~118년?[*]는 로마의 정치 시스템을 면밀하게 분석했다. 그는 그

---

[*] 그리스 출신의 역사학자로 40권으로 된 로마의 『역사』를 저술했다. 현재 1~5권이 남아 있으며, 많은 부분들이 발췌된 형태로 남아 있다.

로마 원로원을 재현한 19세기 프레스코화 | 로마는 공화정 말기의 키케로와 카틸리나를 묘사하고 있다.

리스적 개념을 사용하여 이렇게 분석했다.

> 거기에는 민주주의의 요소선거와 민회에서의 입법와 과두정치원로원와 왕정집정관의 요소가 모두 들어 있다. 이 세 부분 간의 조화가 바로 공화정의 가장 큰 미덕의 연원이며, 비길 데 없는 힘과 역동성을 낳는다. 세 요소가 조화를 이루면 로마가 이루지 못할 것이 없으며 그 어떤 비상사태가 오더라도 극복할 수 있었다.[7]

그러나 그것만이 전부는 아니었다. 귀족과 평민의 갈등이 존재했고, 그것이 로마의 공화정을 발전시켰다. 공화정 초창기 모든 관직은 귀족들이 독차지했다. 그들은 스스로를 파트리키patrici라고 부르면서 그걸 정당화했다. 자신들은 에트루리아 출신 왕들이 지배하던 시절부터 고대의 사제계급을 독차지해왔다. 그러니 신에 대해서 아는 것은 그들뿐이고, 정치적 직무를 판단하는 자리에도 자신들이 가장 적합하다는 것이었다. 그러나 시간이 지나면서 평민들의 반발이 거셌다. 특히 플레브스plebs라 불리는 부유한 지도급 평민들은 정치 개혁을 위해 발벗고 나섰다. 그들은 대중을 선동하그 조직적으로 행동했다. 결국 기원전 366년 집정관 가운데 한 자리가 플레브스에게 개방되었다. 그리고 기원전 172년 처음으로 집정관 두 자리가 모두 플레브스 출신으로 채워졌다. 그러나 그것은 끝이 아니라 시작이었다.

공직자가 되기 위해서는 재산이 필요했다. 플레브스와 귀족계급 사이의 정치적 동맹을 위해서는 돈이 필요했기 때문이다. 이들 부유한 세력은 다른 사람들이 그 사이에 끼어드는 것을 막기 위해 많은 노력을 기울였다. 그러나 그들이 생각했던 것보다 실제로 로마 지배계급의 문호는 열려 있었다. 로마 공화정 후반기, 그러니까 로마가 지중해 전역에 걸쳐 제국을 구축했을 때 이탈리아의 로마 엘리트 층과 제국의 여러 속주에서 온 입후보자 모두 공화국의 높은 관직에 출마할 수 있게 된다. 또 더 뒤로 가면 속주의 엘리트 출신이 로마 제국의 황제가 되기까지 한다.

하지만 부유한 플레브스가 로마라는 국가의 최고 관직을 파트리키와 나눠 가지는 방법을 알게 되기까지는 1백 년가량이 걸렸다. 정치적 발언권을 갖기 위한 평민 플레브스들의 투쟁 또한 기원전 5세기에 시작되었다. 기원전 494년 외적의 침입으로 로마가 위기에 처했을 때, 시민들은 무기를 내려놓고 아벤티누스 언덕에 앉아 싸우기를 거부했다.

파업을 선택한 것이다. 그러고는 그 자리에서 그들은 '민중의 호민관護民官, tribune'이라는 이름의 공직자를 선출했다. 파트리키들이 그 관직을 국가기관의 일부로 인정함으로써 그 투쟁은 끝났다.

호민관의 등장으로 원로원의 정치 엘리트와 시민 사이의 권력 균형이 급격히 바뀌었다. 매년 플레브스만 참가하는 투표평민회의에서 열 명의 호민관이 선출되었다. 호민관의 주요 임무는 공직자들, 특히 임페리움을 쥐고 있는 집정관과 법무관이 권력을 남용하지 못하도록 플레브스를 보호하는 것이었다. 호민관은 부당하게 처벌받거나 탄압받는 시민들을 보호하기 위해 물리적으로 개입할 수 있는 권한도 있었다. 전문화된 역할을 맡고 있는 것은 아니었지만 호민관의 등장으로 시민들의 정치적 발언권이 힘을 얻게 되었다.[8]

호민관의 등장과 함께 평민회의Plebleian Assembly의 힘이 강해졌다. 이 사건 전에는 100인 회의에서 평민들의 영향력이 미미했다. 100인 회의는 백인대라는 군사 단위를 중심으로 조직되었는데, 부자들에 의해 주도되었다. 군대의 최고계급 출신의 소수 시민들이 193개 백인대의 절반 이상을 지배했으며, 빈곤한 시민 대중이 차지한 백인대는 한두 개에 불과했다. 투표권이 백인대에 하나씩 배당되었으므로 평민층의 발언권은 거의 없는 지경이었다.

그러나 정치파업 사건이 있고 난 뒤에는 플레브스의 부족회의가 더 많은 힘을 갖게 되면서 강력해졌다. 그들은 부족tribe이라는 지리적 구역에 따라 분류되었다. 따라서 각 부족에는 부자와 빈민이 혼재했다. 부족 하나에 투표권이 하나씩인 체제에 따라서 부족회의는 시민들의 요구를 더 잘 대변할 수 있게 되었다. 로마가 농촌 지역까지 확대되면서 4개 부족에서 35개 부족으로 늘어났다. 이 부족회의에는 엘리트 계층 출신의 고위행정관^{집정관} 등에 의해 소집되었고, 플레브스뿐만 아니라 파트리키도 참석할 수 있었다. 하지만 평민회의는 민중의 호민관이 사회를 보았고, 플레브스만 참석했으며 법률을 정하는 표준적인 장소가 되었다. 처음에는 이 같은 대중 집회의 투표는 참고 사항 정도로만 여겨졌다. 그러나 기원전 287년에는 부족회의와 민회에서 결정된 사항은 모두 법률적 효력을 가지며 로마 시민 전체에 구속력을 행사하게 되었다.[9]

이제 로마는 원로원과 시민^{평민회}이라는 '두 개의 머리'를 갖게 되었다. 이것은 엘리트 귀족주의와 권력을 가진 민중이라는 원리의 혼합을 의미했다. 어찌 보면 모순이었고, 커다란 혼란으로 볼 수 있겠지만 로마에서는 이 모순된 동반자가 큰 힘이 되었다. 로마 군기에 새겨진 'SPQR^{Senatus Populusque Romanus, 원로원과 로마 시민}'이라는 이니셜은 장래 제국의 영토가 될 지역으로 로마군이 진격하는 것을 정당화하는 구호가 되었다. 그와 같은 로마의 진군이 시작되는 것은 내부 갈등이 벌어지기 전인 기원전 5세기부터였다.

이탈리아 반도를 장악하다

기원전 500년부터 기원전 275년 사이 로마는 팽창을 계속해서 이탈리아 반도 전체를 장악하게 된다. 처음 전쟁을 시작한 동기는 토지 때문이었다. 로마 시민이 소유한 토지는 너무 작아서 대가족을 먹여 살릴 수 없었기에 공화정 초기 로마인들은 새 영토를 찾아야 했다. 하지만 그들은 확장보다는 방어의 동기가 더 컸다. 기원전 493년 로마는 라틴족의 여러 마을이 자신들의 소중한 영토를 보호하기 위해 체결한 '라틴 동맹'에 가담했다. 로마와 라틴 동맹은 언덕 부족들의 공격을 막아낸 뒤 북쪽에 있는 에트루리아로 관심을 돌렸다. 일부 에트루리아 도시들은 재빨리 로마와 평화 협정을 맺었고, 다른 도시들은 전쟁에서 패하여 합병되었다.

기원전 340년 갈수록 강력해지는 이 도시 국가는 라틴 동맹을 상대로 전쟁을 벌이고 그들을 무찔렀다. 그리고 2년 뒤에는 동맹을 해체했다. 그 다음에 처리할 상대는 삼니움Samnium족이었다. 로마가 이탈리아에서 맞은 적 중에서 가장 강력했던 이들은 라티움 남쪽에 자리 잡고 있었던 강력한 조직 연맹체였다. 로마와 삼니움족은 세 차례의 전쟁을 벌였고, 기원전 290년에 싸움이 끝났다. 로마는 완승을 거두지 못했지만 삼니움족의 영토 가운데 상당 부분을 손아귀에 쥘 수 있었다. 과거 한미한 도시 국가였던 로마는 이제 이탈리아 반도 남쪽에 있는 그리스 식민지들을 압박할 정도로 성장했다.

남쪽을 평정하기 위한 전쟁은 기원전 280년에 시작되었다. 이탈리아 반도 장화 뒤꿈치에 위치한 그리스 식민지 타렌툼Tarentum이 먼저 로마에 도전장을 내보였다. 그들은 로마의 침공을 두려워한 나머지 그리스 본국에 군사 지원을 요청했으며, 에피루스Epirus, 오늘날의 알바니아의 왕 피루스Pirus는 그들을 도와주겠노라고 약속했다. 이를 보고 분개한 로마는 전쟁의 깃발을 올렸다. 전쟁이 시작되자 피루스 왕이 이탈리아로 쳐들어왔다. 두 차례의 전투 끝에 피루스의 군대는 로마군을 격퇴시켰다. 그러나 이 승리는 너무나 큰 희생 끝에 얻은 것이었다. 피루스 왕은 이렇게 말했다고 한다. "이런 식으로 한다면 우리가 끝장나겠군!" 현대 영어의 '피루스의 승리'*라는 관용어는 이 일화로 인해 생긴 것이다. 기원전 275년 로마인들은 운서를 뒤바꿔놓을 결정적인 승리 끝에 이탈리아 반도 전체를 장악했다.[10]

로마는 이탈리아 반도를 평정했지만 아직 시칠리아섬은 장악하지 못했다. 시칠리아섬은 당시 대단한 번영을 누리고 있었는데 오늘날의 튀니지에서부터 아프리카 북부 해안을 따라 지브롤터 해협까지 뻗어 있던 거대한 해상 제국 카르타고Carthago의 영향력이 크게 미치는 곳이었다. 이제 팽창하는 로마의 힘은 카르타고와의 숙명적인 대결을 요구하고 있었다.

카르타고는 본래 기원전 800년경 페니키아의 식민지로 건설되었으나 기원전 6세기 무렵부터 본국과의 관계를 끊고 점차 부강한 국가로 발전했다. 카르타고의 번영은 지중해 허상 무역과 스페인의 은광과 주석 광산 개발, 그리고 북아프리카의 열대 산물에 바탕을 둔 것이었다. 카르타고를 실질적으로 지배한 것은 원로원 내에서 30인의 상인귀족들로 구성된 평의회였다. 그들은 각종 선거와 이권을 지배했다. 나머지 270명의 원로원 의원들은 특별한 경우에만 소집되었다. 이같은 과두정은 카르타고의 중요한 정치적 약점이었지만 전쟁이 시작될 무렵, 카르타고는 경제적 번영과 과학 발전에서 단연 로마를 압도하고 있었다.

---

*   '상처뿐인 승리', 즉 승리했으나 패배한 것이나 진배없는 승리를 의미한다.

숙적 카르타고를 무너뜨리다

카르타고와 로마의 첫 충돌은 기원전 264년에 있었다. 로마인들은 카르타고와의 이 전쟁을 포에니 전쟁Punic War이라고 불렀다. 이것은 로마인들이 카르타고인을 '포에니Poeni, 페니키아인이라는 뜻'라고 부른 데서 유래되었다. 전쟁의 일차적인 원인은 시칠리아에 대한 카르타고의 영향력 확대에 있었다. 카르타고는 이미 이 섬의 서부를 장악한 상태였고, 나아가 동부 해안의 시라쿠사와 메시나 등 그리스 도시들을 위협하고 있었다. 만일 이 도시들이 카르타고에 넘어가면 로마는 시라쿠사를 점유할 기회를 완전히 잃어버리게 될 형편이었다. 로마는 카르타고를 이 섬에서 축출하기 위해 선전 포고를 하고 전쟁을 시작했다. 전쟁은 23년간이나 끌었지만 결국 로마는 카르타고에 승리를 거두었다. 카르타고는 시칠리아를 로마에 내주어야 했고, 막대한 배상금까지 지불하지 않으면 안 되었다.[11]

제1차 포에니 전쟁에서 승리한 로마는 기고만장해졌고, 탐욕도 커졌다. 기원전 218년 카르타고가 스페인에 식민지를 건설하려고 하자 로마는 이를 자신들에 대한 위협으로 간주하고 전쟁을 시작했다. 제2차 포에니 전쟁은 16년이나 지속되었다. 이 전쟁 과정에 이탈리아는 카르타고의 저 유명한 한니발Hannibal의 군대에 의해 로마 전역이 침탈당하는 고통을 겪어야 했다. 한니발은 60마리의 코끼리 부대를 몰고 피레네 산맥과 알프스 산맥을 넘어 이탈리아로 진격해왔다. 로마는 카르타고보다 두 배나 되는 군대를 동원하고도 연전연패했다. 로마는 한니발군에 의해 포위·고립되어 함락 직전의 위기에까지 내몰렸다.

당시 한니발이 행진한 길을 로마에서는 전혀 파악하지 못했다. 한니발의 군대는 카르타고의 거점이었던 스페인의 카르헤나에서 겨울을 지낸 다음, 예브로강을 건너고 피레네 산맥을 넘어 현재의 프랑스인 갈리아 땅에 들어갔다. 그들은 그곳에서 론강을 건너 프랑스를 횡단한 다음, 알프스 산맥을 넘어 이탈리아로 진격했다. 한니발이 알프스를 넘은 것은 겨울철이었다. 그의 근대는 이곳을 지나면서 엄청난 희생을 치렀다. 론강을 건넜을 때 4만 6천 명이었던 병력이 알프스를 넘은 다음에는 2만 6천 명으로 줄어들었다고 한다. 2만 명 정도가 희생되었다는 이야기다.[12]

기원전 218년 알프스를 넘어 이탈리아 반도로 진격한 한니발군을 막기 위해 동원된 병력은 5만 명 정도였다. 한니발군의 2배가 넘었지만 전투력에서는 한니발군이 앞섰다. 한니발군이 승리를 거두었고, 로마군의 끈질긴 방어가 계속되었다. 전투는 해를 넘겨 기원전 217년까지 이어졌다. 카르타고의 군대는 이탈리아 반도 중부의 아펜니노 산맥을 넘어 로마를 향해 진격을 계속했다. 한니발군은 '로마 연합'의 가맹국을 중점적으로 공격하고 약탈했다. 이를 막기 위해 로마군이 대응하면 싸워서 승리를 거두는 식의 전술을 사용했다. 천재적인 한니발의 용병술과 전술 앞에서 로마군은 승기를 잡지 못하고 계속 밀렸다.

그러나 전쟁은 쉽게 끝나지 않았다. 로마는 카르타고군에 정면으로 대응할 힘이 없었고, 한니발은 카르타고의 식민지를 보호해야 하는 부담 때문에 로마에 대한 공격을 감행할 수가 없었다. 전쟁은 소강상태로 접어들었다. 로마군은 한니발군과 정면승부를 피하면서 카르타고군을 이탈리아 반도에서 고립시키는 작전을 구사했다. 기원전 214

년 카르타고 주력부대는 남동부 풀리아
Puglia에서 타렌툼으로 옮겨가 남부 해안
지대를 공략했다. 그러나 기원전 212년
로마군은 카푸아Capua*를 봉쇄하고 이듬
해 함락시켰다. 기원전 209년 로마의 맹
장 스키피오Scipio는 한니발의 근거지이
며 배후지인 스페인의 카르타고 노바를
공격, 함락시켰다. 또한 그해 로마군은
이탈리아 반도의 한니발의 마지막 점령
지 타렌툼을 되찾았고, 한니발을 서서히
반도 남쪽 끝으로 몰아냈다.

한니발의 흉상

한니발과 카르타고는 점차 어려움에 직면하기 시작했다. 기원전
207년 스페인에서 카르타고의 지원군이 침입해 한니발군과 합류하여
로마 시를 공격할 계획을 세웠다. 하지만 로마군이 메타우루스Metaurus
에서 카르타고 지원군에게 결정적인 승리를 거둠으로써 사실상 이탈
리아에서의 전쟁이 끝났다. 기원전 203년 결국 카르타고군은 이탈리
아에서 철수했고 한니발도 아프리카로 돌아가야만 했다. 제2차 포에
니 전쟁은 한니발 전쟁으로 불릴 정도로 그는 뛰어난 활약상을 펼쳤지
만 결국 로마의 끈질긴 저항을 이겨내지 못하고 패배하고 말았다.

제2차 포에니 전쟁이 벌어지는 동안 이탈리아 국외에서는 제1차 마
케도니아 전쟁기원전 214~205년이 벌어졌다. 칸나이Cannae 전투에서 로마

---

* 나폴리 북쪽 26킬로미터 지점에 있는 도시.

는 패배했지만 마케도니아와 카르타고의 동맹을 막을 수 있었다. 그리고 로마는 식량공급원인 사르데냐와 시칠리아 전투에서 카르타고를 물리쳤다. 기원전 210년에는 당시 로마에서 가장 뛰어난 장군인 대ᄎ 스키피오가 사령탑을 맡으면서 전세가 역전되기 시작했다. 스키피오는 카르타고군의 이탈리아 진출을 막지는 못했지만 기원전 206년 말 카르타고군을 무너뜨리고 스페인을 온전히 정복했다.

기원전 205년 콘술이 된 스키피오는 여세를 몰아 카르타고의 본거지를 공격하여 크게 승리했다. 한편 카르타고는 다시 한니발을 기용해 전투를 벌였으나 마지막 결전지인 자마Zama 전투*에서 로마군 기병의 활약으로 스키피오군이 승리를 거두었다. 전쟁에 패배한 카르타고는 제1차 전쟁 때보다 더욱 철저한 굴욕을 감수해야 했다. 아프리카에 있는 수도와 그 주변 지역을 제외한 모든 영토를 포기해야 했으며 제1차 포에니 전쟁 때의 세 배나 되는 전쟁 배상금을 지불해야 했다. 또한 카르타고는 지중해의 여러 섬과 함께 전함도 모두 로마에 넘겨주어야 했으며, 전쟁과 외교의 자주권도 포기해야 했다.

지중해 패권 장악 뒤의 혼란

그러나 로마의 카르타고에 대한 복수심은 이것으로 끝나지 않았다. 기원전 2세기 중반에 접어들면서 로마의 카르타고를 향한 보복 행위는

---

* 제2차 포에니 전쟁의 승패를 결정지은 전투. 리비우스에 따르면 이 전투는 나라가라(지금의 튀니지 사키야트시디유수프)에서 벌어졌다고 하는데, 오늘날 정확하게 확인되지는 않는다.

절정에 도달했다. 그 무렵 카르타고는 정복자 로마의 불쾌감을 불러일으키기에 충분할 만큼 과거의 번영을 거의 회복했다. 이렇게 되자 로마는 아예 카르타고를 멸망시키기로 작정한다. 기원전 149년 로마 원로원은 카르타고에 대해 카르타고 시를 포기하고 해안선에서 내륙으로 적어도 10마일 이상 떨어진 곳으로 이주하라는 내용의 최후통첩을 보냈다. 이는 카르타고에 대한 사형 선고나 마찬가지였다. 당연히 카르타고는 이 요구를 거부했다. 또다시 전쟁이 벌어졌다. 기원전 149년에서 기원전 146년까지 사이에 제3차 포에니 전쟁이 벌어진 것이다.[13]

카르타고에 대한 로마의 마지막 공격은 주민들이 살고 있는 가옥에 대해서도 예외를 허용치 않았다. 그곳에서 무자비한 학살이 자행되었다. 승리를 거둔 로마의 장군은 화염에 휩싸인 카르타고를 보면서 이렇게 되뇌었다고 한다. "장엄한 순간이지만, 이와 같은 운명이 언젠가 나의 조국에도 닥칠 것만 같은 이상한 느낌이 든다." 카르타고가 최종적으로 평정되자 항복해 살아남은 소수의 사람들은 노예로 팔려갔다. 한때 위용을 뽐내던 그 도시는 완전히 허물어졌으며, 그 땅은 소금이 뿌려진 채 갈아엎어졌다. 카르타고의 영토는 로마의 속주로 편입되었으며, 좋은 땅은 원로원 의원들의 사유지로 분배되었다.[14]

포에니 전쟁에서 승리함으로써 로마는 이제 지중해의 패권을 명실상부하게 장악할 수 있게 되었다. 우선 카르타고의 식민지였던 스페인 지역을 확보함으로써 엄청난 부를 가져왔으며, 장차 유럽 역사의 전개에 중대한 영향을 끼치게 되는 로마의 서유럽 팽창의 출발점을 열었다. 또한 전쟁은 로마로 하여금 동부 지중해 세력과 충돌을 일으킴으로써 급격한 영토 확장의 길을 열어주었다.

제2차 포에니 전쟁 동안 마케도니아의 필립포스^{Phillipos} 5세는 카르타고와 동맹을 맺고 시리아 왕과 함께 이집트의 분할 점령을 획책했다. 로마는 이를 저지하기 위해 동부 지중해에 군대를 파견했다. 로마는 그리스와 소아시아를 정복하고 이집트를 보호국으로 만들었다. 그렇게 해서 기원전 2세기가 끝나기 전 로마는 사실상 지중해 전역을 지배하게 되었다. 로마는 헬레니즘적인 동방을 정복하면서 그리스의 사상과 관습을 받아들이게 되었다. 이 새로운 문화는 로마인의 완강한 저항에도 불구하고 로마의 사회, 문화 등 여러 면에 커다란 영향을 미쳤다.

포에니 전쟁의 결과는 경제·사회적인 측면에서도 엄청난 영향을 미쳤다. 먼저, 전쟁 포로를 사로잡아 매각함으로써 노예의 수가 급격히 늘어났다. 다음으로 정복지에서 대농장 체계가 확립되고, 속주로부터 값싼 농산물이 공급됨으로써 소농들이 몰락했다. 몰락한 농민들과 노예노동으로 일자리를 잃은 노동자들이 도시로 몰려들어 불만 세력을 형성했다. 상인과 고리대금업자, 세금징수업자, 광산 개발업자, 도로 건설업자 등 중산층이 형성되었다. 또한 전쟁과 경제적 변화 과정에서 큰 부를 축적한 신흥 부자들 사이에 사치와 향락적인 생활 관습이 확산되었다. 이것들은 거의 사회·경제적인 혁명이라 할 만한 일들이었다.[15]

사회·경제의 혁명적인 변화를 겪으면서 로마는 종전의 자유농민을 주축으로 한 공화국에서 사치와 향락이 유행하는 화려하고 복잡한 국가로 변모되었다. 부는 과거에도 균등하게 분배되지 않았지만 빈부격차가 더욱 심해졌고, 사회적 위화감도 확대되었다. 국가에 대한 헌신과 규율을 존중하는 로마인의 건전한 이상은 쇠퇴하고 시민들은 점점 향락적인 삶에 도취했다. 이러한 사회적 변화에 위기감을 느낀 원로원의 일부 귀족들은 퇴폐적이고 향락적인 소비풍조를 억제하고 과거의 소박한 미덕을 회복하기 위해 많은 노력을 기울였다.

이 같은 운동의 중심 인물은 대大 카토Cato였다. 그는 신흥 부자들의 안락과 퇴폐 풍조를 비판했다. 그는 자신의 농장에서 몸소 고된 노동을 하고, 흙바닥에 석회조차 바르지 않은 검소한 주택에 살면서 로마인에게 모범을 보이고자 했다. 또한 그는 그리스의 지적 영향도 막으려고 애썼다. 그러나 그의 노력은 지속적인 영향력을 미칠 수 없었다. 역사의 시계 바늘을 뒤로 돌릴 수는 없었던 것이다.[16]

로마는 포에니 전쟁의 승리로 지중해의 패권을 장악했고, 엄청난 경제적 부를 누릴 수 있었다. 그러나 사회·문화적으로 심각한 부작용을 겪어야 했고 정치적으로도 엄청난 혼란을 겪어야 했다. 또한 내부적으로 격렬한 계급 투쟁을 경험하지 않을 수 없었다. 그러한 가운데 노예들의 반란이 빈번하게 일어나면서 로마를 한때 위기 속으로 몰아넣기도 했다. 스파르타쿠스의 반란 사건이 그것이다. 결국 로마에서는 정치적인 혼돈과 무질서, 음모와 암살 사건이 줄을 이었고, 공화정이 위기에 처하게 된다. 이렇게 혼돈 속으로 빠져들던 로마는 율리우스 카이사르를 통해 새롭게 정비된다.

7. 스파르타쿠스

인간 해방의 영웅인가 노예 반란 지도자인가

로마 시대 최대의 노예 반란 사건

스탠리 큐브릭Stanley Kubrick 감독이 연출한 영화 〈스파르타쿠스〉는 다음과 같은 내레이션으로 시작된다.

기독교라는 새로운 신앙이 로마의 무종교적 전제정치를 무너뜨리고 새로운 사회를 건설하기 전 마지막 세기까지 로마공화국은 문명사회의 최중심부에 확고하게 자리 잡고 있었다. 시인은 노래했다. '가장 아름다운 곳, 도시 중의 도시, 신들의 고향, 그대 빛나는 로마여!' 그러나 자부심과 권력이 절정에 달했음에도 불구하고 로마공화국은 치명적인 병마에 시달린다. 그것은 다름 아닌 노예제도였다.[1]

로마 사회는 노예제 사회의 기초 위에서 움직였다. 노예제도는 심각한 문제와 모순을 안고 있어서 노예 반란 등 사회적인 반발을 초래했다. 스파르타쿠스Sprtacus의 반란은 로마 사회가 안고 있던 이 같은 모순을 적나라하게 보여주는 사건이다.

로마에서 노예는 인간으로 인정되지 않았다. 그들은 주인을 위해 일하는 가축이나 말 같은 생산도구였을 뿐이다. 노예들 중에는 전쟁 포로로 교양을 갖춘 외국인도 있었다. 하지만 그들은 아테네에서 노예들이 누렸던 특권을 전혀 갖지 못했다. 노예주들은 노예의 기력이 왕성할 때 가능한 많은 노동력을 뽑아 쓴 다음, 나중에 늙고 병들어 쓸모없게 되면 국가에 부양을 맡겼다. 물론 일부 예외적인 경우도 없지는 않았다. 스토아 철학의 영향을 받은 키케로는 자신의 노예를 매우 좋아했던 것으로 알려지고 있다.

그러나 로마의 생산노동은 거의 전부 노예들이 담당했다. 그것은 어찌 보면 로마 문명의 비극이 아닐 수 없다. 노예들은 로마의 모든 식량 생산을 도맡았다. 극소수의 자유농민들이 식량을 생산하기는 했지만 그 양은 지극히 미미했다. 작업장에서 일하는 노동자들 가운데 적어도 80퍼센트는 노예 또는 노예 출신이었다. 노예 인구의 상당수는 비생산적인 활동에도 투입되었다. 잘 훈련된 검투사 노예들을 소유한 기업가들은 높은 수익을 올릴 수 있었다. 기업적인 노예주들은 검투사 노예를 정부나 야심적인 정치인들에게 대여해서 대중들의 오락거리로 만들었다. 사치스러운 생활과 함께 가내 노동에 종사하는 노예가 수천 명씩 고용되기도 했다. 부유한 사람들은 문지기, 가마꾼, 급사急使, 자녀들을 위한 가정 교사 등으로 노예를 거느렸다. 심지어 지체 높은 귀족들은 주인의 목욕 시중만을 들거나 신발만을 전담하는 노예를 따

※   로마 공화정에서는 우편제도가 없었기에 노예들을 소식을 전하는 전령으로 썼다.

로 두기도 했다.[2]

노예 반란은 이전에도 있었지만 스파르타쿠스의 반란이 가장 규모가 컸고, 로마 사회에 준 충격 또한 대단했다. 그러나 우리가 알고 있는 스파르타쿠스에 관한 많은 부분은 소설과 영화 등을 통해서 각색된 내용들이다. 실제로 스파르타쿠스에 관한 문헌 자료는 그다지 많지 않다. 그는 반란 사건이 진압되면서 금방 잊혀진 존재가 되었고, 역사에서는 단순한 노예 반란의 주모자로 끝나고 있다. 그가 자유의 투사, 노예 해방의 위대한 선구자로 자리 잡게 되는 것은 근대에 와서 벌어진 일이다.

스파르타쿠스 노예 반란 사건은 기원전 73년 스파르타쿠스의 지도 아래 7만 명의 노예들이 반란을 일으켜 3년여에 걸쳐 이탈리아 본토에서 로마 군대에 엄청난 피해를 입히면서 로마 시민들을 전율케 했던 사건이다. 스파르타쿠스는 결국 패배하여 피살되었고, 그에 가담했다가 사로잡힌 노예 6천여 명은 다른 노예들에 대한 경고의 의미로 도로를 따라 십자가에 매달린 채 처형되었다. 이 사건은 당시에는 로마인들에게 강한 인상을 심어주었겠지만 다시는 기억하고 싶지 않은 악몽처럼 시간의 흐름 속에서 묻혀졌다. 그 뒤 이 사건은 단지 그 반란 사건을 진압함으로써 로마를 위기에서 건진 로마의 장군들, 즉 크라수스Crassus와 폼페이우스Pompeius의 명예를 드높인 사건으로만 역사에 기록되었고, 승자들의 업적이라는 측면에서 하나의 일화로 언급되어왔을 뿐이다.[3]

영화 〈스파르타쿠스〉를 기획하고 제작했으며, 스파르타쿠스 역으로 주연까지 맡았던 커크 더글라스는 이렇게 말한 바 있다.

스파르타쿠스는 진짜 실존 인물이다. 그러나 역사책을 들춰보면 스파르타쿠스에 관한 내용은 딱 한 단락뿐이다. 로마는 수치심을 느꼈다. 이 사나이에게 완전히 파괴당할 뻔했으니까. 로마인들은 그를 묻어버리기를 원했다. 노예제도의 종말을 꿈꾸면서, 로마군을 향해 돌진한 노예 스파르타쿠스의 이야기에 나는 완전히 매료되어 버렸다.[4]

노예 반란군 지도자 스파르타쿠스

기원전 4세기 말까지 로마에는 노예가 많지 않았다. 대부분의 노예들은 로마인이거나 이탈리아 반도에 살고 있는 사람들로서 채무노예였다. 그러나 로마가 이탈리아 반도 바깥으로 세력을 확장하면서 전쟁 포로들의 숫자가 급격히 늘어나면서 사정이 달라졌다. 특히 기원전 326년에 '포이틸리우스 법'에 의해 부채노예가 금지되면서 노예들 중에서 외국인이 차지하는 숫자가 늘어났다. 전쟁 포로 외에도 반란을 일으켰다가 실패해서 잡혀 온 속주민들, 해적질이나 납치당한 사람들, 범죄자들, 부양이 힘들어 버려진 아이들, 그리고 노예의 자식들이 노예의 공급원이 되었다. 노예들은 다양한 일을 했지만 그들은 인간이 아니었다. 생물학적으로는 인간이지만 실제로는 노예주인의 재산이었을 뿐이다. 그들은 다른 재산과 마찬가지로 매매되었고, 노예의 자식이나 그 후손도 노예가 되었다.

노예들 중에서 가장 가혹한 처지에 있었던 자들은 광산 노예들과 검투사 노예들이었다. 특히, 전쟁 포로 출신이거나 유죄판결을 받은 노예들이 주종을 이루던 검투사 노예들의 상황은 최악이었다. 기원전 73년부터 3년여 동안 로마를 벌벌 떨게 만들었던 노예 반란의 주인공 스파르타쿠스는 검투사 출신이었다. 그러나 그의 초기 생애, 그러니까 출생 연도는 물론이고, 그의 부모나 출신지 등에 대해 정확히 알려진 사실이 없다. 플루타르코스는 이렇게 썼다.

> 스파르타쿠스는 유목 부족 출신의 트라키아인이었다. 정신이 위대하고 신체가 대단히 튼튼했을 뿐 아니라, 그의 신분에 기대할 수 있는 것보다 훨씬 더 똑똑하고 교양이 있었다. 트라키아인이라기보다는 그리스인에 더 가까웠다.[5]

반면, 아피아노스Appianos는 스파르타쿠스가 "한때 로마군에 복무 했었던 트라키아인으로, 투옥되었다가 검투사로 팔린 자"라고 말했 다. 따라서 그가 그리스 북동쪽에 위치한 트라키아 지방 출신인 것은 분명해 보인다. 트라키아는 북쪽으로는 다뉴브강, 동쪽으로는 흑해, 남쪽으로는 마케도니아 왕국까지 닿는, 오늘날의 불가리아와 거의 일 치하는 지역을 일컫는 로마식 이름이다.

스파르타쿠스의 반란은 기원전 73년 중부 이탈리아의 카푸아에 있 는 렌툴루스 바티아투스라는 부호가 운영하던 검투사 훈련소에서 시 작되었다. 플루타르코스에 따르면 대부분이 갈리아인과 트라키아인 이었던 2백여 명의 검투사 노예들이 탈출을 모의했으나 계획이 발각

2세기경에 활동한 그리스 출신의 역사가로 『로마사』를 남겼다.

되자 78명이 도망치기로 했다. 그들은 처음에는 주방에서 탈취한 식칼과 쇠꼬챙이로 무장을 했고, 탈출하는 과정에서 다른 도시로 검투사들이 쓸 무기를 운반하던 수레를 만나 그걸 탈취해 무장을 했다. 그들은 베수비우스Vesuvius 산에 은신처를 마련했다. 이곳에서 스파르타쿠스를 포함허 오이노마우스Oenomaus, 크릭수스Crixus를 세 명의 지도자로 선출했다.

그러나 아피아노스에 따르면 이 반란 사건은 처음부터 스파르타쿠스의 주도면밀한 지휘 아래서 일어난 것이라고 한다. 스파르타쿠스는 검투사들이 관중의 유흥을 위해 목숨을 걸고 싸우는 비참한 노리개 인생을 살기보다는 자유를 얻기 위한 투쟁에 나서도록 70여 명의 동료들을 설득했다는 것이다. 또 오이노마우스와 크릭수스는 스파르타쿠스의 부하 장군이었다고 한다. 플루타르코스와 아피아노스는 약간 다른 주장을 펴고 있지만, 어쨌든 노예 검투사들이 반란을 일으킨 것은 노예 상태에서 벗어나서 자유를 얻기 위한 것이었다는 사실은 분명하다.

카푸아 검투사 훈련소를 탈출한 노예들은 베수비우스 화산 지역에 근거지를 마련한 후 주변 지역을 약탈하기 시작했다. 스파르타쿠스의 지도력은 이때부터 발휘되기 시작한다. 그는 약탈한 물품을 공정하게 분배하면서 추종자들의 인기를 얻었다. 이렇게 해서 초기부터 주변 지역에서 다른 노예들이나 불만 세력들이 스파르타쿠스 진영으로 모여들기 시작했다. 카푸아를 포함하여 캄파니아Campania 지역은 곡창지대였고 근처 해안가나 섬들에 로마 귀족들의 빌라농장가 있었다. 그 때문

※　나폴리 근처에 있는 화산으로, 주봉우리의 높이는 1281미터이다.

에 반란 초기 로마 원로원은 깊은 관심을 가졌다.

그러나 그들은 처음에는 사태의 심각성을 깨닫지 못했다. 노예들의 일시적인 난동 정도로 생각했던 것이다. 당시 소아시아에서는 미트리다테스 전쟁이, 스페인에서는 세르토리우스 전쟁이 진행 중이어서 대규모 병력을 보낼 수 없는 상황이었다. 그래서 원로원은 프라이토르법무관인 가이우스 클라우디우스 글라버G. C. Glaber에게 현지에서 긴급하게 징집한 3천여 명의 시민군으로 베수비오산을 포위하고 반란 노예들을 진압하도록 명령했다.[6]

그러나 노예들의 전력을 과소평가했던 로마군은 반란군의 기습을 받아 전멸했고, 법무관 푸블리우스 바리니우스P. Varinius가 이끄는 제2차 원정대도 대패했다. 초기 전투에서 승리를 거둔 반란군의 기세는 올라갔고, 인근 지역의 불만 세력들까지 가세하면서 그 숫자가 7만여 명에 이르게 되었다. 반란군은 기원전 73년 겨울을 보내면서 신입 가담자들을 훈련, 무장시키는 한편, 캄파니아 전역을 돌면서 마을과 농장들에서 식량을 약탈했다. 반란군의 사기는 최고조에 달했다.

그러나 이때 반란군 내부에서 분열이 발생했다. 세 명의 지도자 중 오이노마우스는 초기 전투에서 사망했다. 남은 스파르타쿠스와 크릭수스는 행동 방향에 대한 의견이 달랐다. 전력 면에서 크릭수스는 1만 명 정도를 지휘했으나 스파르타쿠스는 그 세 배 이상의 세력을 거느렸다. 하지만 두 사람의 의견 대립으로 반란군의 전세는 약화되기 시작했다. 플루타르코스는 이렇게 말하고 있다.

바로 그때 노예들 사이에 내분이 일었고, 반란 세력은 스스로 무너질 지경까지 되었다. 갈리아인과 게르만인인 크릭수스와 그 종족들은 무력으로 맞대결하기 위해서 적에게 직접 나가기를 원했다. 반면에 스파르타쿠스는 다른 길을 충고했다.[7]

기원전 72년 양 세력의 분열 내용은 분명하게 드러났다. 스파르타쿠스 세력은 갈리아 키살피나Gallia Cisalpina 를 향해 북진을 시작했다. 반면 크릭수스가 이끄는 세력은 이탈리아를 약탈하는 쪽을 원했다. 반란군의 분열로 이제 로마군의 입장에서는 초반 전투의 패배를 설욕할 수 있는 기회를 갖게 되었다. 로마군을 이끈 집정관 겔리우스Gellius는 우선 크릭수스와 3만 명의 추종자들을 공격했다. 크릭수스 부대는 가르가노Gargano 산 근처에서 3분의 2가 살해되며 무참히 패배했다. 크릭수스도 전사했다. 승전고를 울린 겔리우스는 곧바로 북쪽으로 이동하여 갈리아 키살피나로 북상 중인 스파르타쿠스 세력을 뒤쫓았다. 앞에서는 집정관 렌툴루스Lentulus가 이끄는 로마군이 스파르타쿠스군의 진로를 가로막으면서 협공할 계획이었다.

그러나 스파르타쿠스군은 처음에는 렌툴루스 군단을, 그리고 이어서 겔리우스 군단을 차례로 물리쳤다. 이로써 두 집정관의 포위 전략은 수포로 돌아갔다. 이때 스파르타쿠스는 크릭수스의 패배를 설욕하는 차원에서 3백 명의 로마군 병사들에게 검투시합을 시켜 죽을 때까지 싸우게 만들었다고 한다.

---

* 고대 로마 시대 켈트족이 살았던 아펜니노 산맥과 알프스 산맥 사이에 있는 이탈리아 북부 지역.

** 이탈리아 동쪽 해안으로부터 아드리아해로 돌출해 있는 풀리아 지방에 있는 산. 이탈리아 '장화(반도)'의 '박차'로 불리는 곳이다.

내부의 분열로 최종 목표에 실패하다

기원전 72년 스파르타쿠스군은 갈리아를 향해 북상을 계속했다. 그러나 그의 최종 목표가 무엇이었는지는 알 수가 없다. 아피아노스는 스파르타쿠스가 12만 명의 대병력을 이끌고 로마를 공격하려 했다고 말한다. 하지만 그는 로마를 공격하려다가 마음을 바꾸었다. 아직 반란군은 로마 시를 향해 전면전을 벌일 준비가 되어 있지 않았던 것이다. 주변 도시들의 지지도 받지 못하는 상태였다. 계획을 바꾼 스파르타쿠스는 가능한 빨리 북쪽으로 이동했다. 한편 전투에서 패배한 집정관들은 다시 군대를 보강하여 피케눔 지방에서 스파르타쿠스군과 교전했으나 또다시 패배했다. 스파르타쿠스군은 계속 북상하면서 무티나에서 그들을 저지하기 위해 파견된 갈리아 총독 가이우스 카시우스 롱기누스G. C Longinus가 이끄는 1만 명의 로마군과의 전투에서도 승리했다.

스파르타쿠스군의 최종 목적지가 갈리아나 게르마니아Germania였는지, 아니면 스페인이었는지 정확히 알 수는 없지만, 스파르타쿠스는 알프스산을 넘어 그들의 고향으로 가려고 했던 것으로 보인다. 어떤 이들은 그들이 트라키아로, 또 어떤 이들은 갈리아로 가려고 했을 것이라고 말한다. 하지만 고대의 자료들은 스파르타쿠스가 이탈리아를 떠나기를 원하지 않았던 내부의 반대 때문에 또 다시 계획을 바꿀 수밖에 없었다고 전하고 있다.

어쨌든 알프스산 근처까지 승승장구하며 북상한 스파르타쿠스와 그의 세력은 갑자기 방향을 남쪽으로 돌린다. 그러나 그것은 최대의 실책이었다. 그들이 승리에 도취되어 더 많은 약탈을 하려 했는지, 아니면 이탈리아 남부로 이동하여 시칠리아로 건너가려 했는지, 아니면 또 다른 계획이 있었는지는 알 수가 없다.

기원전 71년 노예 반란은 새로운 국면을 맞이한다. 로마 원로원은 로마군의 잇단 패배 소식에 크게 놀라 반란군 평정의 책임을 마르쿠스 리키우스 크라수스에게 주었다. 그는 기원전 73년 법무관에 임명된 적이 있었으나 장군으로서의 명성은 얻지 못했다. 크라수스는 부하 장군 뭄미우스Mummius에게 2개 군단을 주어 스파르타쿠스 세력을 추격하도록 했다. 그러나 성급하게 전공을 세우려던 뭄미우스는 오히려 역습을 당해 크게 패배했다. 스파르타쿠스 세력은 크라수스 군대에 쫓기면서 기원전 72년 말 시칠리아를 코앞에 두고 메시나 해협 근처 레기움에 진을 쳤다. 스파르타쿠스는 배를 타고 시칠리아로 건너가려 했던 것이다. 시칠리아는 두 번이나 노예 반란이 일어난 곳이어서 일단 건너갈 수만 있다면 그곳에서 노예들을 반란에 끌어들일 수 있다고 판단했기 때문이다. 스파르타쿠스 세력은 배를 얻기 위해 킬리키아 해적들과 거래를 했다.

그러나 기원전 71년 해가 바뀌면서 사태가 스파르타쿠스에게 불리하게 돌아갔다. 해적들은 약속을 어기며 배를 주지 않았고, 8개 군단을 거느린 크라수스가 스파르타쿠스 세력을 칼라브리아Calabria에 고립시키기 위해 성벽을 쌓기 시작한 것이다. 한편 원로원은 크라수스의 요청에 따라 스페인에 나가 있던 폼페이우스가 세르토리우스Sertorius 반란을 진압하자 군대를 이끌고 이탈리아로 돌아오도록 했고, 동쪽에서는 마케도니아 총독 루쿨루스Lucullius 군대를 소환했다. 이 소식을

〈내려진 엄지(Pollice Verso)〉, 장 레옹 제롬 그림

들은 스파르타쿠스는 폼페이우스 군대가 보강되기 전에 크라수스와 협상을 통해 전쟁을 끝내려 했다.

그러나 크라수스는 이에 응하지 않았다. 어쩔 수 없이 스파르타쿠스는 다시 크라수스가 쌓아놓은 성벽을 돌파하는 수밖에 없었다. 이 과정에서 노예들은 1만 2천 명이나 목숨을 잃었다. 로마군은 단 7명이 죽었을 뿐이다. 스파르타쿠스 세력은 다시 북쪽으로 이동했고, 그 뒤를 크라수스의 군대가 추격했다. 스파르타쿠스군과 크라수스군은 브루티움의 산악 지역에서 최종적으로 결전을 치렀다. 이 전투에서 노예들은 대부분 전사하거나 포로가 되었다.

플루타르코스는 스파르타쿠스가 자신의 말의 목을 베고 크라수스를 향해 돌진하다가 백부장 두 명을 살해하고 포위당한 상태에서 장렬하게 전사한 것으로 전한다. 아피아노스는 스파르타쿠스의 최후에 대해서는 알려진 것이 없고, 그의 시체도 발견되지 않았다고 말한다. 아마도 마지막 전투에서 전사했을 것으로 추정하고 있을 뿐이다. 모든 포로들은 카푸아에서 로마로 올라가는 아피우스 도로를 따라 세워진 십자가에 처형되었다. 크라수스는 반란 노예들의 시체를 그대로 두도록 명령했다. 그 때문에 여행자들은 수년 동안 십자가에서 죽어간 노예들의 시체를 보아야 했다고 한다.[8]

폼페이우스의 군대는 전투를 치르지 않았다. 하지만 그는 군대를 이끌고 남하하다가 크라수스의 포위망을 뚫고 탈출했던 5천 명의 노예들을 공격해서 전멸시켰다. 그는 그걸 전공으로 내세우며 로마로 개선했다. 폼페이우스와 크라수스는 노예 반란을 진압한 대가로 정치적 명성을 얻었다. 그들은 기원전 70년 나란히 집정관직에 입후보했고, 로마 근교에 주둔한 군단의 힘을 과시하며 콘술이 되었다.

초기의 성공에도 불구하고 스파르타쿠스의 노예 반란은 왜 실패했을까? 사실 현재의 자료로 보아서는 그들의 목표가 무엇이었는지 정확히 모르기 때문에 이 문제에 대한 명쾌한 답을 내리기 힘들다. 그러나 이들은 3년여에 걸쳐 이탈리아 반도 전체를 뒤집어놓으며 로마의 대부대와 전투를 벌여 여러 차례에 걸쳐 대승을 거두었고, 한때 강력한 세력을 떨쳤다. 하지만 이들은 반란을 계속하는 동안 끊임없이 분열과 갈등을 일으켰다. 결국 분열 때문에 그때그때의 목표, 즉 로마 공격, 알프스를 넘는 것, 시칠리아로 건너가려는 것 등을 달성할 수가 없었다.

스파르타쿠스는 다른 지도자들오이노마우스, 크릭수스, 간니쿠스, 카스투스과의 의견 차이를 좁히지 못했고, 그 결과 결정적인 승리를 거두고도 목표를 이루지 못했다. 그들이 내분에 시달린 가장 중요한 이유는 아마도 노예들의 출신과 종족 차이였던 것으로 보인다. 반란 노예들은 스파르타쿠스와 같은 종족인 트라키아인들 뿐만 아니라 갈리아인, 게르만인 등 다양한 종족과 집단으로 구성되어 있었으며, 스파르타쿠스는 이들을 완전히 장악하지 못했던 것이다.[9]

근대에 만들어진 인간 해방의 이미지

로마 시대 스파르타쿠스는 단순한 반란 노예들의 우두머리에 불과했다. 그리고 반란이 진압된 뒤 한동안 역사 속에서 그들은 잊혀진 존재가 되었다. 그러나 스파르타쿠스의 반란 사건은 근대 시대, 특히 18세기 이후에 새로운 조명을 받기 시작했다. 노예 반란 사건의 지도자 스파르타쿠스는 노예 상태를 거부하고 인간 해방을 꿈꾼 혁명 운동의 선구자로서, 시대를 앞서간 혁명 영웅의 상징으로 큰 주목을 받았다. 계몽 사상가 볼테르는 스파르타쿠스를 역사 속에서 유일한 전쟁의 지도자로 보았다. 그는 이렇게 말했다. "스파르타쿠스 전쟁은 정의의 전쟁이었고, 인류 역사상 유일하게 정당한 전쟁이었다."

하지만 그를 결정적으로 '부활'시킨 것은 과학적 사회주의, 즉 공산주의 사상의 창시자인 칼 마르크스Karl Marx였다. 그는 스파르타쿠스를 고대 시대가 낳은 최상의 동지라고 추켜세웠다. 그는 이렇게 말했다. "스파르타쿠스야말로 위대한 장군이고, 고귀한 인물이며, 고대 프롤레타리아의 진정한 대표자다."

또한 20세기 독일 사민당에서 활동하던 칼 리프크네히트와 로자 룩셈부르크는 스파르타쿠스를, 시대를 앞서간 프롤레타리아 영웅이라고 찬사를 보냈다. 로자 룩셈부르크는 이렇게 말했다. "나의 이상은 모든 사람을 사랑하면서 살 수 있는 그런 사회 질서다. 그것을 추구하면서, 그리고 이러한 이상의 이름으로 나는 언젠가 중요할 수 있게 될지도 모른다." 그들은 1916년 사민당을 탈당해서 '스파르타쿠스단'을 조직해 활동하면서 《스파르타쿠스브리펜》이라는 잡지를 발간했다. 이같은 전통의 연장선 위에서 남미의 혁명가 체 게바라 역시 스파르타쿠스의 찬양자가 되었다.[10]

나아가 고대 사회를 노예제 사회로 규정한 마르크스의 사상 이론 체계에 따라 구소련의 역사가들은 20세기 중반 스파르타쿠스의 반란을 노예제 사회의 모순을 타파하기 위해 봉기한 노예들의 전쟁으로 승격시키고 그 역사적 의의를 부각시키려 했다. 이와 함께 서방 세계에서도 1960년대 사회사 연구가 주류를 이루면서 기원전 133년부터 기원전 70년까지 이탈리아에서 일어난 세 번의 노예 전쟁에 대한 연구 성과가 나오기 시작했고, 스파르타쿠스의 반란은 '제3차 노예 전쟁'으로 이름 붙여졌다.

스파르타쿠스의 반란은 또한 역사 연구를 넘어서 소설과 영상 등의 매체를 통해서 대중적으로 익숙한 주제가 되었다. 한때 공산주의 종주국이었던 구소련에서는 스파르타쿠스가 고대 사회의 계급 투쟁 역사

＊　'스파르타 서간(편지)'이라는 뜻이다.

를 가장 실증적으로 보여주는 인물로서 주목받았다. 그는 특히 발레의 소재로서도 주목받았는데, 최근에는 우리나라 무대에서도 여러 차례 상연된 바 있다.[*]

그러나 스파르타쿠스는 사회주의, 공산주의 진영에서만 각광받은 것이 아니다. '자유의 투사'라는 그의 이미지는 제2차 세계대전 이후 강력한 세계 제국으로, 소련과 더불어 초강대국으로 군림하던 미국에서도 매우 인기 있는 소재였다. 스파르타쿠스는 미국에서 한때 남북 전쟁 직전의 급진적 노예폐지론자 존 브라운John Brown, 1800~1859년에 비유되기도 했다.

스파르타쿠스를 대중적으로 널리 알리는 데 결정적인 역할을 한 것은 좌파계열 작가였던 미국인 소설가 하워드 패스트Howard Fast, 1914~2003년가 1951년에 쓴 소설 『스파르타쿠스』였다. 유대계 영국인 이민자 아버지와 유대계 우크라이나 이민자 어머니 사이에서 태어난 패스트는 가난을 딛고 작가가 되어 주로 억압받는 자들, 사회적 불의에 저항한 자들에 대한 글을 썼다. 그는 1944년 미국 공산당에 입당해 활동했고, 하원을 경멸한 죄로 하원의 반미활동조사위원회에 의해 3개월 동안 구금되어 복역하던 중 소설 『스파르타쿠스』를 집필했다.

하워드 패스트는 1951년 공산주의 활동과 복역 사실이 문제가 될 것 같아서 커닝햄E. V. Cunningham이라는 필명으로 자신이 직접 만든 출판사에서 이 소설을 출간했다. 1950년대 초 미국에서는 소위 '매카시선풍'으로 공산주의자들에 대한 대대적인 비판 여론이 비등했고, 하

---

[*]　　발레 〈스파르타쿠스〉는 구 소련의 하차투리안이 작곡한 것을 유리 그리고로비치의 안무로 2001년 8월 26일 국립발레단이 초연했으며, 그 뒤 한국에서 여러 번 공연되었다.

워드는 블랙리스트에 이름이 올라 있었다. 그럼에도 그는 공산당 기관지 《데일리 워커》에서 일했으며, 1953년에는 스탈린 평화상을 수상하기도 했다.[11]

하워드 패스트는 이 소설을 쓰면서 먼 과거만을 바라보지는 않았다. 그가 살고 있던 시대, 그러니까 '매카시 선풍'이 사회를 휩쓸고 있던 미국을 바라보았던 것이다. 패스트는 영화 〈스파르타쿠스〉의 안내 책자에서 이렇게 썼다.

> 로마에 맞서 위대한 노예 반란을 이끌었던 스파르타쿠스의 이야기다. 내가 이 소설을 쓴 이유는 우리가 살고 있는 이 시대에 그것이 매우 중요한 이야기라고 판단했기 때문이다. 역사적인 의미에서 비슷하다는 점 때문만은 아니다. 옛적에 일어난, 자유를 위한 투쟁에 관한 이야기에는 뭔가 끌어낼 희망과 힘이 있기 때문이다. 그리고 스파르타쿠스가 한 인간의 시대를 산 것이 아니라, 전 인류의 시대를 산 인물이기 때문이다. 나는 독자들에게 희망과 용기를 주려고 이 작품을 썼다. 그리고 이 작품을 집필하는 과정에 나 자신도 희망과 용기를 얻었다.[12]

그러나 무엇보다도 우리에게 스파르타쿠스의 명성을 가장 강력하게 각인시켜준 것은 패스트의 소설을 각색해서 만든 스탠리 큐브릭 감독의 영화 〈스파르타쿠스〉 였다. 이 영화에는 커크 더글라스스파르타쿠스, 로렌스 올리비에크라수스, 트리 커티스안토니우스, 진 시몬즈바리니아, 찰스 로

※ 우리나라 극장에서 개봉되었을 때의 제목은 '스팔타카스'로 표기되었다.

튼그라쿠스, 피터 유스티노프바티아투스, 존 케빈카이사르 등 당시 힐리우드 최고의 유명 배우들이 대거 출연했다. 이 영화에서 주인공 스파르타쿠스는 단순한 노예 반란의 우두머리가 아니라 비인간적인 억압과 압제에 저항하는 영웅으로 다시 태어났다. 자유의 전사, 인간 해방의 영웅이라는 스파르타쿠스에 대한 우리들의 생생한 이미지는 어쩌면 이 영화의 성공에 크게 힘입은 것인지도 모른다.

사실 나도 40여 년 전 고등학교 입학 시험을 치르고 난 다음, 읍내 극장에서 우연히 이 영화를 본 적이 있다. 그런데 그때 스파르타쿠스가 마지막에 십자가에 매달려 죽어갈 때 진 시몬즈가 자신의 갓난아기를 보여주자 커크 더글라스가 "프리덤, 프리덤" 하며 외치던 장면이 지금까지도 강렬한 기억으로 남아 있다. 스파르타쿠스는 그때부터 '자유를 위한 전사'로 내 머릿속에 각인되었다. 나는 그 뒤 대학에서 경제사를 배우면서 스파르타쿠스의 반란이 가지는 의미를 좀 더 체계적으로 정리할 수 있었는데 그 내용들은 기억에서 지워진 지 상당히 오래된 반면 영상 이미지는 아직도 그대로다.

8. 율리우스 카이사르

로마의 구원자인가, 아니면 독재자인가?

카이사르, 루비콘강을 건너다

기원전 49년 1월 12일, 51세의 율리우스 카이사르Julius Casesar는 루비콘Rubicon강을 건너 로마로 향했다. 루비콘강은 큰 강은 아니었지만 로마의 속주였던 갈리아 키살피나와 로마 제국의 경계선이었다. 갈리아 총독°이었던 카이사르가 이 강을 건넌 것은 불법이었다. 당시 로마 법에 따르면, 군대를 거느리고 속주를 떠나 이탈리아로 들어오는 지휘관이 무장한 채 이 강을 건넌다면 돌이킬 수 없는 전쟁을 선언하는 것으로 간주한다고 되어 있었다. 그가 무장한 병사를 이끌고 이 강을 건넌 것은 로마 원로원과 정적 폼페이우스를 제거하기 위한 군사 행동을 개시했음을 의미했다. 그것은 곧 로마에서 내전이 시작되었다는 말이기도 했다.

카이사르는 강을 건너기 직전 강가에 우뚝 서서 한동안 말없이 강물을 내려다보았다. 그러고 나서 그는 참모들에게 이렇게 말했다. "이미 엎질러진 물이다. 이 강을 건너면 인간 세계가 비참해지고, 건너지 않으면 내가 파멸한다." 그러고는 그를 처다보는 병사들에게 큰 소리로 외쳤다. "나아가자, 신들이 기다리는 곳으로, 우리의 명예를 더럽힌 적이 기다리는 곳으로. 주사위는 던져졌다!"[1]

카이사르가 루비콘강을 건넌 행동은 후세 사람들에게 운명적 결단을 상징하는 이미지로 각인되었다. 그래서 우리도 종종 '루비콘강을 건넜다'는 말을 사용하곤 한다. 이 말은 곧 "이미 모든 것은 끝났다, 그러니 더 이상 말하지 말라."는 의미로 사용된다. 어떤 일을 할 때 결심이나 결단의 의미로도 사용된다. 돌이킬 수 없는 결단, 인생에는 누구나 한 번쯤은 이런 기회를 갖게 마련이다. 이런 기회조차 가져보지 못한 사람은 불행하거나 무능한 사람일까, 아니면 진정으로 행복한 사람일까?

강을 건넌 카이사르의 군대는 번개처럼 이탈리아 반도를 타고 행군했다. 그의 군대는 기습작전으로 마을을 공격했고, 적들은 칼을 빼기도 전에 성문을 열어주었다. 그가 가는 곳마다 정적 폼페이우스의 군대들은 교전하는 척하다가 사로잡히고 말았다. 일단 한 번 사로잡혔다 풀려나면 그 뒤에는 어느 쪽 편을 들든지 상관이 없었다. 풀려난 병사들은 대부분 카이사르의 군대로 넘어갔다. 로마에 있던 카이사르의 적들은 공황 상태에 빠졌다. 그들은 이탈리아 전역의 마을과 도시에서 침입자로부터 공화국을 지키기 위해 일어서리라고 기대했다. 하지만 카이사르는 아무런 저항도 받지 않고 전격적인 기습작전을 성공시키고 있었다. 그들은 국민의 생각을 오판하고 있었다는 사실을 깨달았다.

사실 카이사르의 최대 정적이며 실력자인 폼페이우스는 카이사르가 그토록 신속하게 공격할 것이라고는 예상하지 못했다. 봄이 되기까지는 카이사르가 부대를 집결시키지 못할 것이라고 생각했다. 그러나 카이사르는 군대가 집결할 때까지 기다리지 않고 자신의 수중에 있던 제한된 군대만 이끌고 재빨리 행동하여 이탈리아의 도시들을 점령했다. 폼페이우스를 비롯한 카이사르의 정적들은 허를 찔린 채 이탈리아 내에서 군대의 소집을 끝내지 못했으며, 결국 카이사르의 진군을 저지하지

빈의 예술사 박물관에 있는 카이사르 흉상

도 못했다. 이제는 폼페이우스의 군대가 스페인에서 로마로 오기를 기다릴 시간이 없었다. 로마 원로원은 당장 혼란에 빠졌다. 폼페이우스가 성벽 밖에 주둔시켜둔 군단 두 개로는 카이사르의 11개 군단을 도저히 대적할 수 없는 상황이었다. 상황이 급박하게 돌아가면서 원로원의 파벌들 사이에 원색적인 비난이 벌어졌다. 폼페이우스는 고통스러운 결정을 내리지 않을 수 없었다.[2]

폼페이우스는 공화국을 방어하기 위해서는 로마를 포기해야 한다고 말했다. 군단을 철수시켜 배를 타고 동쪽으로 간 뒤, 그리스에 있는 동맹국의 힘을 빌려 제대로 된 군대를 모집할 수 있을 것이라는 이야기였다. 그는 로마에 남는 사람은 배신자, 카이사르의 도당으로 간주될 것이라고 말했다. 폼페이우스의 결정은 의원들을 절망에 빠뜨렸다. 그들은 자신들이 소중히 아끼던 공화국의 모든 것, 신전, 도시에 있는

신들의 집, 그리고 무엇보다도 재산을 포기해야 한다는 것을 알고 있었기에 굴욕과 환멸이 더욱 심했다.

로마라는 도시 자체가 없으면 공화국이 무슨 소용이 있단 말인가? 그들은 폼페이우스에게 항의했다. 소小 카토Cato the Younger, 기원전 95~46년 는 의원들의 손실과 로마의 운명에 대해 마치 곡이라도 하듯이 비탄을 늘어놓고 울부짖었다. 갈 것인지 말 것인지를 결정하지 못한 키케로는 굴욕스럽게도 거지처럼 걸어가야 한다고 불평을 늘어놓았다. 그럼에도 그들에게는 선택의 여지가 없었다. 그들은 막다른 골목에 내몰렸으며 떠나는 길밖에 다른 길이 없다는 것을 알았다.[3]

카이사르의 적들은 밤을 도와 서둘러 짐을 꾸려 로마를 떠났다. 가난한 시민들은 이들의 도주를 비난했다. 하지만 도주자들은 그러한 비난에 개의치 않았다. 그들은 엄청난 탈주 대열을 이루며 남쪽으로 향했다. 그들의 행선지는 브룬디시움오늘날의 부린디시이었다. 브룬디시움 항구는 이탈리아 반도의 발 뒤축 부분에 있는 곳으로 그리스로 건너가는 최단거리 항로의 출발 지점이었다. 카이사르의 군대도 그곳을 겨냥하며 신속하게 추적했다.

그러나 그의 부대가 도시 외곽에 도착했을 때 이미 대다수의 신병들과 원로원 의원들이 배를 타고 아드리아해를 건너고 있었다. 폼페이우스는 2개 군단을 거느리고 뒤에 남아서 먼저 떠난 배들이 되돌아오면 그것을 타고 철수하려고 했다. 카이사르의 군대와 폼페이우스의 군대 사이에 공방전이 벌어졌다. 폼페이우스 군대는 위기에 처했

※   로마 공화정 말기의 정치가로 공화정을 수호하기 위해 카이사르에 대항한 것으로 유명하다.

지만 카이사르의 추격을 뿌리치고 배를 타고 그곳에서 철수할 수 있었다.

카이사르는 루비콘강을 건넌 지 두 달이 채 되기도 전에 이탈리아 전체를 장악했다. 폼페이우스는 자신의 최정예 병력과 다수의 원로원 지도급 의원들을 대동하고 탈출했다. 카이사르는 함대를 보유하지 못해 그를 추격할 수 없었다. 3월 18일 카이사르는 로마로 돌아와 남아 있는 원로원 의원들이 모두 모이도록 설득했다. 그는 원로원 의원들에게 관용적인 태도를 보여주었으며, 중립적인 의원들과 폼페이우스에 회의를 품었던 의원들을 깜짝 놀라게 만들었다. 하지만 일부 의원들은 아직 가면을 벗지 않아서 그럴 뿐 악명이 자자한 본색을 결국은 드러낼 것이라고 믿었다.[4] 하지만 어찌 됐건 로마는 이제 카이사르의 손에 들어왔다. 그는 이제부터 본격적으로 적들을 추격하여 내전을 종결지을 생각이었다.

내전의 서막이 열리다

기원전 146년 제3차 포에니 전쟁이 끝난 다음부터 기원전 30년경까지는 로마 역사상 가장 불안한 시기 중 하나였다. 로마는 정복 전쟁을 벌이면서 뿌린 폭력의 씨앗을 이 시기에 거두어들여야 했다. 격렬한 계급 투쟁이 벌어졌고, 독재자들 사이에 필사적인 투쟁과 함께 전쟁, 반란 등이 빈발했다. 여기에 노예들도 한몫 거들었다. 그들은 기원전 104년 시칠리아에서 먼저 한바탕 난리를 쳤다. 다시 기원전 73년에는 스파르타쿠스가 이끄는 7만여 명의 노예 반란군이 3년여에 걸쳐 이탈리아 반도를 휩쓸며 공포 속에 몰아넣었다.

그러나 그보다 더욱 심각한 것은 지태계급 내부에서 벌어진 심각한 계급 투쟁과 권력자들의 투쟁이었다. 이것은 시오노 나나미의 표현처럼 일종의 '승자의 혼미'일 수도 있었다.

로마의 인구 조사를 보면 기원전 159년까지 계속 인구가 늘어났으나 그 뒤부터는 줄어들었다. 기원전 159년 32만 8천 316명이던 인구가 기원전 147년에는 32만 2천 명, 다시 기원전 136년에는 31만 7천 명으로 줄어들었다. 이 기간 동안에 큰 전쟁이 없었는데도 인구가 줄어든 것은 이유가 있었다. 로마의 인구 조사에 등장하는 숫자는 전체 인구가 아니라 병역에 징집될 수 있는 시민의 숫자였다. 병역에 종사할 수 있는 최소한의 재산을 가진 시민 수가 줄어든 것이다. 병역 자격을 가진 재산의 하한선을 1만 2천 5백 아스^{당시 화폐 단위}에서 6천 4백 아스로 낮추었음에도 병사를 징집하기 어려워 4천 5백 아스까지 다시 낮추었지만 시민 수가 줄어든 것이다.[5]

이 일은 자유농민들이 몰락하면서 발생한 것이다. 이것은 당시 로마 사회가 그만큼 빈부격차가 커지고 있었으며 사회적인 문제가 심각해지고 있음을 보여주는 것이었다. 로마는 주변을 평정하고 지중해의 패권을 장악한 상태에서 제국으로 발전하고 있었지만 내부적으로 심각한 계급갈등을 불러올 수 있는 여건을 만들고 있었다.

로마 내부의 계급 투쟁의 첫 단계는 그라쿠스^{Gracchus} 형제의 개혁을 위한 투쟁에서 시작된다. 그라쿠스 형제는 로마의 자유지향적인 시민들을 대표하는 인물로서 중산계급과 영향력 있는 상당수 의원들의 지지를 얻고 있었다. 그들은 귀족 가문 출신이었음에도 승자가 된 로마에 나타나기 시작한 여러 병폐들을 치유하기 위한 개혁 작업을 추진했다. 그들은 로마의 가장 큰 문제가 자유농민의 몰락에 있다고 보았고 국가 소유의 토지를 빈민에게 분배하는 처방을 내놓았다. 그러한 개혁의 첫 깃발을 든 것이 바로 형인 티베리우스^{Tiberius} 그라쿠스였다.

티베리우스는 기원전 133년 호민관으로 선출되었는데, 당시의 국유지 임차나 토지 소유 한도를 최대 640에이커로 제한하는 법안을 제안했다. 보수적인 귀족들은 이 법안에 격렬히 반대하며 동료 호민관 옥타비우스^{Octavius}로 하여금 거부권을 행사하도록 종용했다. 그러자 티베리우스는 옥타비우스의 호민관직을 박탈했고, 임기가 끝나자 다시 재선을 기도했다.

그러나 이러한 조치는 모두 국법 위반이었다. 보수파 원로원 의원들은 이를 빌미 삼아 폭력을 행사했다. 그들은 철봉으로 무장한 뒤 선거가 진행되는 동안 마구 날뛰면서 티베리우스와 그를 따르던 3백 명을 살해했다.⁶ 이렇게 살해된 사람들 가운데 칼에 찔려 죽은 사람은 아무도 없었다. 모두 철봉에 맞아 죽은 것이다. 보수파들은 살해한 시체를 유족들의 간청도 뿌리친 채 테베레강에 던져버렸다.

이것은 놀라운 사건이었다. 양식 있는 원로원 의원들은 경악을 금치 못했다. 왕정 시대에 왕이 바뀔 때마다 유혈사태가 일어나는 경우는 있었지만 공화정으로 바뀐 뒤 약 4백 년 동안 이처럼 동포끼리 피를 흘리며 싸운 적은 없었다. 그런데 평민층의 권리를 지킨다는 이유로 '신변불가침권'까지 부여받고 있던 호민관이 재직 중에 살해된 것이다. 심각한 문제가 아닐 수 없었다. 원로원은 평민들의 분노를 막기 위해 증오의 대상이 되고 있던 스키피오 나시카*를 동방으로 보냈다. 사실상 해외 추방이었다. 또한 농지법은 그대로 존속시키기로 했다.

로마인들은 기원전 133년 여름에 일어난 이 불행한 참극을 과거사로 돌리며 곧 잊혀지기를 바랐다. 그러나 이 사건은 그 후 1백 년 동안 이어질 '로마 내전'의 단초가 되었다. 내전은 카이사르와 폼페이우스 사이에만 일어난 것이 아니었다. 기원전 133년부터 폼페이우스와 카이사르의 전쟁을 거쳐서 옥타비아누스가 안토니우스와 클레오파트라의 연합군을 격파한 기원전 31년까지 1백 년 동안 로마는 여러 내전을 겪어야 했다. 이 또한 포에니 전쟁과는 다르지만 로마인에게는 '전쟁'이었다. 차이점은 적이 '밖'이 아니라 로마인 자신인 '안'에 있었다는 점뿐이다.[7]

계속되는 계급 투쟁과 정치적 혼미

티베리우스는 죽었지만 그의 진단이 옳았다는 것은 그 뒤 인구가 늘어난 것에서 바로 확인되었다. 기원전 31만 7천 33명이던 인구는 그라쿠스 개혁 2년 후인 기원전 131년 31만 8천 823명을 기록했으며, 개혁 8년 후인 기원전 125년에는 39만 4천 736명으로 늘어났다. 하지만 티베리우스 그라쿠스의 농지 개혁은 계속 도전받았다. 그 일을 추

---

* 제2차 포에니 전쟁의 영웅인 스키피오 아프리카누스(大스키피오), 제3차 포에니 전쟁의 영웅인 스키피오 아프리카누스(小스키피오)와는 다른 인물이다. 기원전 138년에 집정관을 지냈다.

진하는 실무기관의 활동도 점차 쇠퇴되었다. 이런 가운데 형 티베리우스의 유지를 이어받은 동생 가이우스Gaius 그라쿠스가 정치의 전면에 등장하면서 다시 한번 로마를 뒤흔들어놓게 된다.

기원전 123년 호민관에 선출되고 기원전 122년에 재선된 가이우스는 평민들의 권익을 옹호하기 위한 개혁과 투쟁을 과감하게 전개했다. 그는 먼저 형 티베리우스의 유작인 '농지법'을 재승인했다. 10년 동안 유명무실해졌던 농지법을 민회에서 다시 가결하여 되살리고자 했다. 또한 그는 자작농 장려 정책과 더불어 빈민과 실업자들을 위한 복지정책도 추진했다. 이를 위해 테베레 강가에 거대한 공영 곡물창고를 건립해서 곡물가를 안정시켰다. 또한 원로원 의원들이 독점하고 있던 배심원을 중산계급인 기사들로 구성하려 했다.

원로원 의원이기도 한 집정관은 임기를 마치면 속주의 총독에 취임했지만 이들의 전횡과 부정부패는 심각한 문제였다. 그럼에도 불구하고 원로원 의원들로 구성된 배심원단은 속주에서 독직 혐의를 받은 총독을 심문하면서 무죄 평결을 내리기 일쑤였다. 그는 이 문제를 척결하고자 했다. 나아가 가이우스는 로마의 동맹자 출신자들에게도 시민권을 획득할 수 있도록 하는 '시민권 개혁법'을 제출했다.

당시 토마에는 두 종류의 시민권이 있었다. 하나는 투표권과 항소권까지 갖는 완전한 시민권이고, 다른 하는 투표권과 항소권이 없는 불완전한 시민권이다. 전자는 '로마 시민권'이었고, 후자는 '라틴 시민권'이었다. 이 두 종류 외에 '로마 연합' 동맹시 주민들이 있었는데, 이들을 통틀어 '이탈리아인'이라고 불렀다. 그밖에도 속주민이 있었는데 이들은 모두 로마에 직접세를 낼 의무를 가진 자들이었다. 반대로 로마 시민과 라틴 시민, 그리고 이탈리아인은 모두 로마 국가에 대해서는 직접세를 내지 않았다. 가이우스는 '라틴 시민'에게는 '로마 시민권' 취득을 인정하고, '이탈리아인'에게는 '라틴 시민권' 취득을 인정했다.

그러나 이렇게 되면 이탈리아인 전체가 언젠가는 로마 시민으로 격상될 수도 있는 일이었다. 로마와 로마 동맹의 유지 방식이 최선이라고 믿는 기득권자인 로마 시민과 보수적인 원로원이 이를 받아들일 리 없었다. 결국 가이우스 개혁파와 원로원 보수파 사이에 심각한 갈등과 충돌이 벌어졌다. 보수파 원로원은 가이우스를 국가의 공적으로 선포했고, 집정관들에게 공화국을 수호할 모든 조치를 취할 권한을 부여했다. 크레타 출신의 궁수와 마케도니아 출신의 중무장 보병을 거느린 집정관 루키우스 오피미우스의 뒤에는 무기를 휴대한 원로원 의원들이 무장한 노예들까지 데리고 그라쿠스파를 공격했다. 개혁파 지지자들은 금방 무너졌고, 도망치다가 살해되었다. 결국 가이우스 그라쿠스는 자살했고, 그를 지지했던 추종자 3천여 명이 살해되는 참극이 연출되었다.[8]

가이우스 그라쿠스의 죽음 뒤 모든 개혁 조치는 원상회복되었다. 이로써 그라쿠스 형제의 개혁 조치는 거의 다 물거품으로 끝났다. 그가 추진한 개혁 조치들은 70년 뒤에나 현실화될 수 있었다. 실제로 그걸 현실화시킬 수 있는 무기와 힘을 갖고 있었던 카이사르에 의해서 비로소 가능했던 것이다.

그렇다면 그라쿠스 형제의 개혁 조치는 아무런 의미가 없었던 것일까? 그것은 아니다. 그들의 개혁은 로마가 지금까지 걸어왔던 시대가 끝나고 새로운 시대가 시작되고 있음을 알리는 징표였으며, 새로운 시대에 로마가 걸어가야 할 이정표를 보여주는 것이었다. 달리 말하면 로마는 제국으로 발전하면서 더 이상 과거의 틀 속에서 국가를 운영하는 것이 불가능하며, 따라서 근본적인 변화와 개혁을 요구하고 있었던 것이다. 그러나 로마의 귀족계급과 보수주의자들은 편협한 사고 속에서 그 방안을 찾지 못하고 있었다.

마리우스의 권력 장악

그라쿠스 형제의 몰락 이후 연이어 로마의 지배권을 장악한 것은 대외 전쟁에서 명성을 얻은 두 명의 장군이었다. 그 첫 번째 인물은 마리우스Marius였다. 그는 기원전 107년 처음 집정관직에 올랐고, 그 뒤 여섯 차례나 재선되었다. 하지만 그는 군인으로서는 뛰어난 능력을 발휘했지만 정치가로서는 큰 역량을 발휘하지 못했다. 로마 주변부의 한미한 가정에서 태어난 마리우스는 "당면 문제를 정치적으로 생각하고 대책을 세우는 교육도 받지 못했고, 그럴 만한 교양도 없었"다. 하지만 그는 야심이 있었고 일찍부터 직업 군인의 길을 걸어서 최고위직에까지 올랐다. 따라서 그는 로마 군단의 수준이 양적, 질적으로 저하되는 문제점을 알고 그 개혁을 시도했다.

마리우스는 집정관이 되자 정규 군단 편성을 기존의 징병제에서 지원병제로 바꾸었다. 이에 따라 로마 병역은 시민의 의무가 아니라 선택에 따른 직업이 되었다. 마리우스의 호소에 응해 지원병이 된 사람들은 대부분 농지를 잃은 실업자들이었다. 시민병에게 병역에 종사하는 동안 지급되던 경비는 지원병들의 급료가 되었다. 마리우스는 당시의 많은 실업자들을 군대로 흡수했다. 그렇다고 해서 로마의 다른 사회 계층이 군대와 멀어진 것은 아니었다. 실업자들만 군대에 지원한 것은 아니었다. 공화정 로마에서 정치적 출세를 지망하는 자들은 최소한 10년의 군단 경험을 쌓아야 했기 때문이다.[9]

마리우스는 군제 개혁을 통해 많은 지지자를 확보했다. 그의 개혁으로 전쟁터에 나갈 필요가 없어진 하층민들, 그의 휘하에 지원한 무산자계급 출신 병사들이 그의 열렬한 지지자였다. 그렇게 해서 마리우스를 지지하는 '민중파'가 형성되었다. 마리우스는 누미디아의 유구르타와 갈리아 지방 원정에서 군사적 능력을 보여주었고, 그 성과를 배경으로 집정관에 선출되었으며 군제 개혁도 추진할 수 있었다.

그러나 기원전 100년, 평민 세력과 원로원의 충돌로 호민관 사투르니누스Saturninus가 살해당하는 유혈사태가 일어나자 그는 위기를 맞았다. 마리우스는 조정자 역할을 하려 했으나 원로원 귀족과 평민 세력 어느 쪽으로부터도 지지를 받지 못했다. 마리우스가 다시 재기한 것은 로마 동맹시 전쟁이 일어나면서였다. 그는 이 전쟁에서 노익장을 과시하며 군인으로서의 능력을 보여주었다.

기원전 88년, 술라Sula가 집정관에 선출된 뒤 동맹시의 응징 문제를 두고 내부적으로 심각한 갈등이 생겨 내전이 일어났다. 이때 술라는 사상 최초로 군대를 로마 시내에까지 끌고 왔다. 술라는 쿠데타로 권

지금의 알제리 지역에 있던 누미디아는 대략 기원전 3세기부터 북아프리카에 존재하던 왕국으로 나중에 로마의 속주가 되었다. 로마 당시에는 서쪽으로 마우레타니아(현재 알제리의 서해안) 속주, 동쪽으로 아프리카(현재 튀니지) 속주, 북쪽으로 지중해, 남쪽으로는 사하라 사막과 경계를 이루는 지역을 말한다.

력을 장악했지만 폰투스의 미트라다테스 6세가 반란을 일으키는 바람에 다시 그리스 원정을 떠나야 했다. 이때 마리우스는 아프리카까지 도망쳐야 했다. 하지만 술라가 그리스로 떠난 뒤 기원전 87년 내부 충돌 과정에서 마리우스는 다시 권력을 장악했다. 그는 이때 피의 보복을 벌여 원로원 의원 50명과 기사계급 1천 명을 살해했다. 마리우스는 기원전 86년 일곱 번째이자 마지막으로 집정관에 올랐으나 선출된 지 13일 만에 사망하고 말았다.

잔혹한 독재자 술라의 권력 장악

마리우스의 사후 로마는 한동안 권력을 놓고 무력 각축을 펼쳤으나 최종적으로 권력을 장악한 것은 술라 펠릭스Sulla Felix, 기원전 138~78년였다. 로마에서 벌어진 2년간의 내전 끝에 승리한 술라는 군대를 동원한 협박 끝에 기원전 82년 종신 독재관이 되었다. 권력을 장악한 술라는 민중파에 대한 무자비한 숙청 작업에 돌입했다. 이때 4천 명의 삼니움족 병사들이 학살되었고 마리우스의 무덤은 파헤쳐졌으며 그의 유해는 테베레강에 던져졌다. 마리우스의 전승 기념비도 파괴되었으며 마리우스의 양손자도 살해되었다.

마리우스나 킨나Cinna와 연루된 이른바 '민중파' 인사들은 술라가 직접 작성한 '살생부'에 이름이 오르면 어디에서도 살아남을 수 없었다. 술라의 살생부에는 80명 가까운 원로원 의원과 1천 6백 명의 기사경제인를 포함하여 모두 4천 7백 명의 이름이 올라 있었다. 그들에게 주어진 운명은 재판도 없이 살해되고 살해되지 않더라도 재산을 모조리 몰수당하는 것이었다. 그들 모두가 자손에 이르기까지 로마의 공직에서 추방되었다. 폼페이우스와 카이사르도 똑같이 살생부에 올랐다. 술라는 그들의 목숨을 살려주는 대신 자신이 지명한 사람과 결혼하라고 했다. 폼페이우스는 이에 응했지만 카이사르는 이를 거부함으로써 끝없는 도망자 신세가 되어야 했다.[10]

81년 민회는 술라 지지파 집정관 두 명을 선출했다. 그와 함께 술라의 국정 개혁이 시작되었다. 독재관이 제출하는 법안은 재무관이나 호민관의 경우와 달리 민회에서 의결할 필요가 없었다. 술라의 법안 제출이 곧 정책으로 결정되었다. 술라는 무엇보다 원로원의 권위를 회복시키는 데 일차적인 역점을 두었다. 반면 호민관이 되는 자는 다른 관직에 진출할 수 없도록 함으로써 호민관의 권한을 크게 약화시켰다. 이렇게 하면 야심 있고 능력 있는 전도유망한 젊은이들이 이 자리를 노리지 않을 것이고, 호민관의 질은 당연히 낮아질 것이라고 보았다. 또한 호민관이 평민층을 등에 업고 원로원에 대항하는 자리가 될 수 없을 것이라고 생각했다. 술라의 개혁은 한 마디로 소수 귀족 주도의 공화정체제의 회복이었다. 그것은 철저한 '보수 개혁'이었다. 어쩌면 '보수 혁명'이라고 말하는 것이 옳을지도 모르겠다. 다른 관점에서 보면 그것은 개혁이 아니라 과거로의 퇴행이며 '반동'이라고도 말할 수 있었다. 하지만 정치적 안정을 이룰 수 있다는 점에서 보수주의자에게는 꼭 필요한 일로 여겨질 수도 있었다.

그 외에 다른 개혁들이 전혀 없었던 것은 아니었다. 술라는 자신과 같은 야심가가 등장하면 로마 공화정이 몰락할 것이라는 생각으로 원로원의 권위를 강화하기 위해 원래 3백 명이었던 원로원을 6백 명으로 늘렸으며, 민회의 법안에 대한 거부권도 부활시켰다. 그는 부유한 이탈리아인을 원로원에 새로 받아들여 원로원의 정치적 기반을 넓혔다. 또한 그는 속주 총독들이 원로원의 허락도 없이 군대를 이끌고 속주의 경계를 넘을 수 없도록 하여 총독에 대한 원로원의 통제권을 강화했다.[11]

술라는 3년 동안 독재관을 지낸 뒤 그 자리를 사임하고 정치에서도 은퇴하여 1년간의 은둔생활 후 기원전 78년에 사망했다. 그는 보수적이었고 무시무시한 독재자였지만 권력에 대한 욕심이 강했던 것은 아니었다. 그의 개혁은 로마의 정치적 안정을 위해 하루 빨리 혼란을 끝내려고 했던 것이었겠지만 그렇게 해서 정치적 안정이 찾아오는 것은 아니다. 역사와 시대의 흐름을 역행하면서 독재정치를 펴더라도 일시적인 안정은 가능하겠지만 그것이 지속되기는 어려운 것이다. 그런 사실은 곧바로 드러나고 만다.

카이사르와 폼페이우스의 동맹

술라가 사라진 마당에 그의 '반동'이 유지될 것이라고 믿는 것은 어리석은 일이었다. 그가 퇴장하자 인민의 대의를 옹호하려는 지도자들이 등장해 각축을 벌였다. 기원전 78년 집정관 마르쿠스 레피두스 M. Lepidus가 에트루리아 지역에서 토지를 몰수당한 농민을 규합, 자신의 군대에 합류시킨 뒤 로마로 진군했다. 그는 호민관의 권한 강화 등 여러 가지 개혁을 원로원에 요구했다. 원로원은 이를 진압하기 위해 폼페이우스에게 비상 임페리움을 부여했다. 기원전 73년에는 스파르타쿠스의 노예 반란이 일어났고, 이를 진압하는 과정에서 폼페이우스와 크라수스가 실력자로 부상하게 된다.

로마 지배층은 이처럼 사회적인 혼란이 계속되자 한동안 협력하며 이에 대처했다. 그러나 대내외적으로 급박한 위기가 일단 종식되자 다시 분열하며 권력 투쟁을 벌였다. 기원전 70년 스파르타쿠스의 반란을 진압하는 과정에서 공을 세운 폼페이우스와 크라수스가 집정관에 선출되면서 술라의 반동은 다시 허물어지기 시작했다. 원로원은 이견을 보였으나 결국 호민관의 권한을 다시 부활시키는 데 합의했다. 기원전 67년 폼페이우스는 지중해 해적 소탕을 위한 비상 임페리움을 획득했다. 그는 해적 소탕에 성공한 후 다시 미트리다테스 전쟁을 위한 비상 임페리움을 확보하게 된다. 기원전 폼페이우스는 동방원정에서도 대승을 거두고 로마로 귀환했다. 그러나 보수적인 원로원 의원들은 퇴역병 정착을 위한 폼페이우스의 농지법과 그가 정비한 동방 속주체제를 인정하지 않았다.[12]

기원전 60년 스페인 속주 총독으로 나갔던 카이사르가 귀환했다. 그는 다음해 집정관에 출마할 작정이었다. 그가 집정관이 되기 위해서는 폼페이우스와 크라수스의 지원이 절대적으로 필요했다. 그러나 폼페이우스와 크라수스는 기원전 70년 함께 집정관을 역임한 뒤 사이가 나빠졌다. 카이사르 입장에서는 한쪽 손을 잡으면 한쪽 손을 놓아야 할 형편이었다. 그러나 그렇게 해서는 집정관이 될 수 없었다. 카이사르는 양쪽에 동시에 손을 내밀었다. 자신의 집정관 선출을 도와주면 폼페이우스에게는 그의 퇴역병 정착을 위한 농지법을 통과시켜주기로 했고, 크라수스에게는 재정 문제를 두고 협력관계를 약속했다. 카이사르는 폼페이우스와의 경쟁 심리를 이용해서 크라수스를 끌어들이는 데 성공했다. 그렇게 해서 세 사람이 맹약을 맺게 되었다. 기원전 60년 봄부터 여름 사이에 '제1차 삼두정치三頭政治*'가 성립된 것이다.[13]

기원전 59년 카이사르는 마르쿠스 비불루스Bibulus와 함께 집정관에 선출되었다. 집정관이 된 카이사르는 호민관 바티니우스의 도움을 받아 폼페이우스의 퇴역병 토지법안을 통과시키고 동방 속주체제도 인정하게 만들었다. 또한 카이사르는 삼두정치의 힘으로 이탈리아 북부와 일리리아Illyria, 그리고 프랑스 남부 등 3개의 속주 총독으로 5년간 부임함으로써 4개 군단을 모두 거느릴 수 있게 되었다. 이때 카이사르는 자신의 만딸 율리아를 폼페이우스에게 시집보내 동맹관계를 더욱 확실히 다졌다. 폼페이우스는 47세, 율리아는 22세로 나이 차이가 컸고, 정략 결혼이었지만 그들의 결혼생활은 행복했다고 알려진다.[14]

카이사르 역시 원로원의 유력자 루키우스 피소의 딸을 아내로 맞아들였다. 하지만 폼페이우스와 달리 바람둥이였던 카이사르는 결혼 중에도 계속 다른 여자를 넘보았다고 한다. 어쨌든 이렇게 해서 카이사르와 폼페이우스의 힘은 가장 강력해졌다. 이들의 힘을 저지하기 위해 키케로**와 소小 카토가 동분서주했지만 삼두정치를 당해내지는 못했다.

---

* 카이사르, 폼페이우스, 크라수스 사이에 맺어진 비공식 협약이다. 삼두정치를 Tresviri 혹은 Triumviri라고 표현한다.
** 로마 시대의 정치가, 웅변가, 문학가, 철학자다. 로마 공화정을 지키려고 율리우스 카이사르에 맞섰으나 내전에서 승리한 카이사르는 그를 살려주었다. 하지만 그는 2차 삼두정치 과정에서 안토니우스의 부하에게 살해당한다.

카이사르와 폼페이우스는 한동안 경쟁자이면서도 협력관계를 돈독하게 유지했다. 그들은 서로를 필요로 했지만 대중의 지지를 얻기 위해 경쟁하는 관계였다. 폼페이우스는 시리아와 팔레스타인의 정복에 나서 명성을 얻었다. 갈리아 총독으로 부임한 카이사르는 갈리아 전쟁을 통해 로마의 영역을 확대하며 자신의 능력을 마음껏 과시했다. 폼페이우스와 크라수스는 기원전 55년 다시 집정관에 선출되었다. 카이사르의 권력도 신분도 안정적이었다 그러나 이로부터 3년 뒤인 기원전 52년 카이사르와 폼페이우스의 동맹관계가 전환점을 맺었다. 두 사람을 연결시켜주던 카이사르의 딸 율리아가 출산을 하다가 죽었으며, 아이도 며칠 뒤 죽었다. 이보다 더 중요한 사건은 카이사르의 동지였던 클라우디스의 죽음과 그 뒤에 일어난 일이었다.

클라우디스는 민중파 호민관으로서 카이사르의 요구를 충실히 대변하고 있었다. 그런데 그가 경쟁 파벌 폭력배들의 칼에 찔려 죽었다. 이에 분노한 그의 지지자들, 그러니까 상점 주인, 부랑자, 행상인, 도시 빈민층 사람들이 로마 길거리에 수천 명씩 모여들어 도시를 난장판으로 만들었다. 이 무렵 로마에는 치안을 확보할 경찰이라는 것이 없었다. 겁에 질린 의원들은 긴급사태를 진정시키고 질서를 회복하기 위해 폼페이우스에게 도움을 요청했다. 원로원 회당이 불타버린 것을 보면서 그들은 지금까지 그렇게도 경멸하고 불신하던 폼페이우스에게 굴욕을 무릅쓰고 간청했다. 원로원은 그를 단독 집정관으로 임명해 도시의 무질서를 끝내달라고 요청했다. 폼페이우스는 지휘권을 받아 쥐었고, 자신의 군대를 동원해 로마 시내의 소요를 평정했다.[15]

카이사르의 갈리아 평정과 로마 진격

카이사르는 갈리아 키살피나, 일리리아, 프로빈키아 총독으로 부임한 뒤 기원전 58년부터 기원전 51년까지 갈리아 전쟁을 치렀는데, 이 7년간의 전쟁을 통해 갈리아 전역을 장악하여 로마의 속주로 편입시키는 엄청난 업적을 쌓았다. 그는 전쟁 내용을 『갈리아 전쟁기』로 기록하여 후대에 남겼다. 『갈리아 전쟁기』는 원래 전쟁터에서 원로원에 보낸 현지 보고서를 정리하여 묶은 것이지만 역사자료로서는 말할 것도 없고, 문학적으로도 높은 평가를 받고 있다. 후대의 수많은 역사가, 작가들은 그의 이 기록을 참고하여 로마의 역사를 새롭게 정리했다.

『갈리아 전쟁기』는 모두 8권으로 이루어져 있으며 각권은 기원전 58년부터 기원전 51년의 각 1년 동안 일어난 일을 기술하고 있다. 다만, 제3권은 57년과 56년을 모두 다루고 있다. 제1권부터 제7권은 카이사르가 직접 서술했고, 제8권은 카이사르의 부장 아울루스 히르티우스*가 기록했다. 카이사르는 특유의 간결하고 우아하면서도 함축적인 문체로 기술했는데, 일인칭 서술이 아니라 "카이사르는 이렇게 했다."라는 식으로 썼다.

카이사르는 특히 기원전 52년 갈리아에서 엄청난 전공을 세우며 폼페이우스의 명성을 무색케 했다. 이 무렵 로마가 흔들린다는 소식을 전해들은 갈리아인들은 대규모 부대를 조직하여 로마군에 대항했다. 그러나 카이사르는 숫적인 열세와 불리한 지형조건 속에서도 과감하

---

*   그는 카이사르가 죽은 뒤 집정관까지 지낸다.

고도 천재적인 전술 구사와 효율적인 포위 작전, 부하들의 용감성 덕분에 "로마 역사 전체에서 가장 큰 승리"를 거두었다.

그 전투를 통해 광대한 갈리아 전체가 로마의 속주로 편입되었다. 나중에 그곳에서 매년 4천만 세스테르티우스Sestertius*의 공물을 로마에 바치게 된다. 갈리아 정복으로 속주 총독인 카이사르 또한 엄청난 부를 확보할 수 있게 되었다. 그는 전례 없는 영광을 얻었고, 총독 개인의 사병이나 다름없는 로마 군단 열 개를 만들어냈다. 카이사르의 힘은 로마에 직접 미치지 않았을 뿐 폼페이우스를 능가하고 있었다.[16]

이제 카이사르와 폼페이우스는 동맹자에서 경쟁자로 바뀌었다. 폼페이우스와 카이사르의 동맹관계는 기원전 50년 중반 확실하게 정리되었다. 폼페이우스는 로마 원로원 귀족들과 한패가 되어 카이사르를 압박하기 시작했다. 로마에서는 카이사르의 적들이 그가 속주 총독의 임기를 끝내고 돌아오기만을 기다리고 있었다. 그가 속주 총독 자리를 그만두고 군사지휘권을 내려놓는 순간, 그의 적들은 그를 바로 기소할 것이 분명했다.

카이사르는 시민이 되어 적들의 공격 앞에 노출되지 않기 위해서는 기원전 49년에 속주 총독에서 바로 집정관으로 선출되어야 했다. 하지만 카이사르가 속주 총독 자리를 내놓고 무장해제한 상태로 로마로 돌아와서 집정관에 출마하는 것은 너무 위험했다. 카이사르가 적들의 공격을 피할 수 있는 방법은 속주 총독으로 있으면서 궐석으로 집정관에 선출된 다음 로마로 돌아오는 것이었다. 카이사르는 이것을 인정해준

※   고대 로마의 화폐 단위 중 하나.

다면 무기를 내려놓겠다고 그의 충실한 대변인이며 새로 선출된 호민관인 마르쿠스 안토니우스M. Antonius를 통해 로마의 적들에게 전했다. 그러나 로마의 원로원 보수파들은 카이사르의 제안을 받아들이지 않았다.

로마 원로원 보수파의 대변인인 집정관 렌툴루스Lentulus는 안토니우스와 그의 동료들을 밖으로 내쫓았으며, 카이사르의 동료들에게 엿새 안에 드시를 떠나지 않으면 죽이겠다고 최후 통첩을 보냈다. 안토니우스를 비롯한 카이사르의 동지들은 노예 차림을 하고 수레 뒤에 탄 후 로마를 탈출했다. 카이사르는 이것을 잘 이용했다. 그는 로마 시민을 위협하는 원로원이 이제 호민관을 위협하고 내쫓았으며 그것은 결국 로마 시민의 자유까지 모욕한 것이라고 선전했다. 카이사르는 굴욕당한 자신의 친구들을 병사들 앞에 그대로 내세웠다. 그리고 카이사르는 군대를 이끌고 루비콘강을 향했다. 이 강을 건너면 내전이 시작되는 것이다. 그는 알프스 저편에 있는 열 개 군단을 전부 동원하지 않았다. 가장 용감한 병사들로 구성된 부대를 먼저 동원했다.

왔노라, 보았노라, 이겼노라!

이탈리아를 장악한 카이사르는 다음으로 스페인 속주를 겨냥했다. 군대가 없는 지휘관보다 지휘관이 없는 군대를 공략하는 것이 더 쉽다고 본 것이다. 스페인 속주에는 폼페이우스의 군단이 있었지만 그는 그리스로 도주한 상태였다. 카이사르가 스페인으로 향하기 전에 한 가지 할 일이 남아 있었다. 그는 로마로 가서 원로원 의원들을 불러 모았다. 카이사르 앞에 나타난 의원들은 많지 않았다. 그들은 사흘 동안 온갖 핑계를 대며 늑장을 부렸으며, 카이사르의 요구를 들어주지 않았다. 마침내 카이사르의 인내가 한계에 이르렀다. 그는 처음에는 가능한 한 합법적으로 일을 처리하려 했다.

그러나 그게 도무지 통하지 않는다고 판단되자 공화국의 적인 폼페이우스와 전쟁을 치르고 있으니 국가 금고의 돈을 써야겠다고 일방적으로 통고했다. 그러자 호민관 메텔루스^{Metellus}가 그것은 불법이라고 말하자 지금까지 생애 전체를 호민관斗 연대하고 그들의 신성한 권한을 지키기 위해 노력했던 그가 이렇게 말하면서 메텔루스를 밀어냈다. "자네와 말싸움하기보다는 죽여버리는 편이 더 쉽다네." 공화국에 남아 있던 황금은 카이사르의 손에 들어갔다. 그가 도시를 떠나기 전에 한 마지막 불법행위는 자기를 대신하여 로마를 관리할 법무관을 임명하는 일이었다. 그리고 그는 서쪽을 향해 떠났다.[17]

카이사르는 스페인에서 폼페이우스의 군대를 물리치는 데 몇 달이 걸렸다. 카이사르는 자신의 군단병들을 신체의 극한까지 몰아붙이며 인내심을 요구했다. 그 사이 폼페이우스는 그리스에서 여유 있게 병사를 모집했다. 그의 금고 역시 상태가 좋았다. 동방의 세금 징수 회사에 금을 자기에게 넘기라고 강요한 결과였다. 카이사르는 폼페이우스가 유리한 조건에 있다는 걸 알고 있었지만 기원전 49년에서 48년 사이의 겨울에 브룬디시움으로 돌아왔다. 그동안 그의 부하 마르쿠스 안토니우스는 이곳에 함대를 모아두었다. 그들은 바로 폼페이우스를 상대하러 그리스로 향했다.

이제 로마 공화국의 운명은 갈림에 놓이게 되었다. 과거부터 지금까지 내려온 헌정 질서를 지킬 것인가, 아니면 카이사르 식의 새로운 질서를 따를 것인가? 엘리트의 자유를 보호하는 자인가, 아니면 평민의 자유를 보호하는 자인가?

1차 접전에서는 카이사르의 군대가 패배했다. 카이사르의 군대는 냉혹한 조건에서도 포위를 풀지 않고 버텼지만 폼페이우스군의 상태가 매우 좋았다. 첫 접전에서 패배한 카이사르는 자신의 군대를 더욱 혹독한 조건 속으로 내몰았다. 그는 자신의 부대를 내륙으로 끌고 나아갔다. 자신감에 차 있던 폼페이우스는 빠른 속도로 그 뒤를 쫓았으나 전투에는 나서지 않았다. 카토를 비롯한 원로원의 의원들은 폼페이우스를 재촉했다. 빨리 카이사르의 군대를 공격해서 끝장내라고. 그러나 폼페이우스는 인내하며 기다렸다. 카이사르 역시 폼페이우스가 공격하는 기회를 노리고 기다렸다. 카이사르는 전투의 미끼를 던졌으나 폼페이우스는 좀처럼 미끼를 물지 않았다.

기원전 48년 8월 9일, 그리스 파르살루스^{Pharsalus}에서 마침내 양측이 맞붙었다. 싸움은 카이사르의 승리, 폼페이우스의 패배로 결정이 났다. 폼페이우스 진영은 110개 대대의 중무장 보병 4만 5천 명, 기병 7천 명이었고, 카이사르 진영은 80개 대대의 중무장 보병 2만 2천 명, 기병 1천 경이었다. 카이사르 진영은 병력면에서는 반도 안 되는 열세였지만 전투력과 전술에서 앞섰다. 처음에는 폼페이우스가 우세한 듯 보였으나 카이사르의 전술이 성공하면서 전투의 승패는 금방 갈리고 말았다. 폼페이우스는 부대조차 제대로 추스르지 못하고 달아나야 했다. 그 전투에서 폼페이우스 휘하 병사 2만 4천 명이 포로로 잡혔다.

카이사르는 포로들에게 다시 한번 관용을 베풀었다. 그에게 맞서 싸운 귀족들도 사면했지만, 그 중 많은 수가 다시 세력을 규합해 그에게 대항하기 위해 달아났다.[18]

폼페이우스는 아내와 만나 키프로스에서 배를 타고 피난처를 구하기 위해 이집트로 떠났다. 그곳에서 혹시 새 군대를 모집하여 다시 카이사르와 싸울 수 있을지 모른다고 생각했다. 하지만 그건 착각이었다. 폼페이우스는 이집트의 알렉산드리아에 발을 디디자마자 암살되었다. 이집트 왕궁의 유력한 환관 한 명이 카이사르와 우호관계를 맺기 위해서는 그의 적을 살해하는 것이 가장 좋겠다고 판단한 것이다. 폼페이우스의 잘린 머리를 받아든 카이사르는 눈물을 쏟았다. 그리스 파르살루스 전투의 승리와 폼페이우스의 죽음으로 내전은 카이사르에게 유리한 방향으로 진행되었지만, 원로원 세력의 저항을 완전히 소탕하기 위해서는 북아프리카와 스페인 원정이 남아 있었다.

카이사르는 아프리카 원정에서 이집트의 여왕 클레오파트라를 만나 그녀와 사랑에 빠졌다. 클레오파트라는 카이사르의 아이를 임신했다. 카이사르는 그녀의 궁전에서 한동안 머물며 이집트 정치에도 관여했다. 그런 다음 카이사르는 소아시아로 군사 원정을 떠났다. 이 원정에서 그는 가는 곳마다 승리를 거두었다. 그가 어찌나 신속하게 승리를 거두었든지 전황을 보고할 수 없을 정도였다. 그래서 "왔노라, 보았노라, 이겼노라!"라는 이야기가 유행하게 되었다.[19] 북아프리카와 스페인 원정도 마무리되었다. 이제 그에게 도전할 사람은 아무도 없었다.

카이사르 독재와 그의 최후

　기원전 46년 로마로 돌아온 카이사르는 호화로운 개선식을 네 차례나 거행하며 승리를 자축했다. 그의 고참병들에게 종신연금이 주어졌고, 로마 시민 모두에게 현금이 배분되었다. 기원전 49에서 44년 사이 카이사르는 집정관과 독재관에 각각 네 차례씩 선출되었다. 그는 직위를 이용하여 필요한 공화국 개혁과 평민의 자유 회복을 추진했다. 퇴역병과 도시 빈민들을 이탈리아와 외국 속주에 정착시키기 위해 1년간 임대료를 유보하는 법령 등 개혁 조치들을 취했다. 그러나 그것은 보수파가 두려워했던 혁명적이고 급진적인 개혁과는 거리가 멀었다. 카이사르는 보수적인 조치를 취하는 것도 잊지 않았다. 그는 군중들이 모여 권력을 위협할 수 있는 가능성을 없애기 위해 허가 없이 클럽이나 학교에서 집회하는 것을 금지했던 것이다.

　카이사르는 평민 가문에서 새 인물을 뽑아 원로원 의원과 기사 계급의 수를 늘리는 일도 했다. 카이사르는 원로원 숫자를 술라의 개혁 이후 6백 명이었던 것을 9백 명으로 늘렸다. 카이사르 덕분에 신분 상승을 하게 된 사람들은 그에게 점점 더 많은 찬사를 보냈다. 기원전 46년에는 임기 10년의 독재관, 다시 2년 후인 기원전 44년에는 종신 독재관이 되었다. 그것은 군대를 동원한 엄포의 결과였지만 그 후 그의 정치적 혜택을 입은 층이 많았기 때문에 그러한 위협은 별 문제가 되지 않았다. 그에게는 자신의 권력을 돋보이게 할 온갖 칭호가 덧붙여졌다.

　기원전 44년 1월, 그에게 왕관과 왕의 칭호를 주어야 한다는 이야기가 나왔으나 그는 짐짓 거절했다. 하지만 종교 행사와 조각상들을 보면 그가 자신의 신격화를 은근히 즐기고 있었음을 알 수 있다. 같은 해 2월, 다시 그가 종신 독재관 직위에 오르는 데 동의하자 이제 로마 시민들은 카이사르가 첫 번째 황제로 등극하는 현실을 받아들여야 할 것처럼 여기기 시작했다.

카이사르는 원로원의 정치 엘리트들과 관계를 쌓아가면서 그들과 함께 국가를 다스리면서 공화국의 진정한 개혁을 향해 나아가기보다는, 그리고 평민들의 자유를 향상시키기보다는 자신의 명예와 존엄성을 높이는 일을 더욱 중요하게 여기는 것처럼 보였다. 따라서 내전은 끝났지만 자유에 대한 논쟁은 끝나지 않았다. 공화국의 앞날에 대한 고민이 끝난 것도 아니었다. 카이사르의 종신 독재관 임명은 그러한 불길을 다시 한 번 타오르게 만들었다[20]

기원전 44년 3월 15일, 원로원 회의가 있는 날이었다. 카이사르는 3월 18일 파르티아Partia 원정을 눈앞에 두고 있었다. 따라서 카이사르가 절대로 빠질 수 없는 중요한 회의였다. 회의가 시작되기 전 원로원 회당 바깥에서 갑자기 한 의원이 마르쿠스 안토니우스를 만나 긴 대화를 하기 시작했다. 힘이 세고 튼튼했던 그는 자신이 의도적으로 붙잡혀 있다는 사실을 알지 못한 채 대화 속으로 빨려들었고, 한 무리의 의원들이 카이사르에게 다가가서 그를 에워쌌다. 마치 청원이라도 할 것이 있는 것처럼 행동했기 때문에 카이사르는 그게 무얼 의미하는지 미처 깨닫지 못했다. 그때 의원 중 한 명이 칼을 꺼내서 카이사르를 향해 찔렀다. 나머지 의원들도 칼을 꺼내 찔렀다. 그들은 카이사르를 23번이나 찔렀다. 그 중 두 번째 상처가 치명적이었다고 한다. 카이사르는 토가 자락을 몸에 감으면서 쓰러졌고, 잠시 후 숨을 거두었다. 그가 죽은 곳

은 그의 오랜 정적이었던 폼페이우스 입상의 발치였다고 알려진다.[21]

카이사르의 암살범들은 모두 14명이었다. 여기에는 카이사르의 평생의 애인이었던 세르빌리아의 외아들 마르쿠스 브루투스M. J. Brutus도 포함되어 있었다. 그의 외삼촌은 카이사르의 중요 정적 가운데 한 명이었던 카토였다. 그는 카이사르 덕분에 죽을 고비를 여러 번 넘기고 살아남았다. 폼페이우스의 편에 가담했다가 카이사르의 배려로 살아남아서 어머니 품에 돌아올 수 있었고, 카이사르의 지원 아래 법무관도 되었으나 결국은 그를 죽이는 일에 가담했다. 그가 처음부터 주모자였던 것은 아니다. 그를 음모에 끌어들인 것은 실질적인 주모자였던 카시우스 롱기누스였다.

이외에도 갈리아 원정 시절 카이사르의 참모였던 데키무스 유니우스 브루투스 알비누스D. J. Brutus Albinus도 있었다. 그는 카이사르의 참모 중 가장 군사적 재능이 뛰어난 인물로 평가되었다. 카이사르가 죽으면서 "브루투스 너마저!"라고 했다고 전하는데, 이때 부르투스는 카이사르의 친구인 마르쿠스 부르투스가 아니라 바로 데키무스 브루투스를 의미한다는 주장도 적지 않다. 실제로 카이사르의 죽음이 알려진 뒤 서민층의 분노도 마르쿠스 브루투스보다 데키무스 브루투스에게 집중되었다고 한다.

이들은 왜 카이사르를 암살했을까? 카이사르는 황제 칭호를 거부하고 있었지만 이미 권력은 한 사람의 손에서 움직이고 있었다. 이미 로마의 공화정은 껍데기만 남아 있는 상태였다. 카이사르에 의한 일인 지배체제는 기정사실로 굳어지고 있었다. 14명의 암살자들은 카이사르를 통해서 로마 초창기의 왕정체제를 보았다. 그건 받아들일 수 없는 일이었다.

　카이사르를 암살한 의원들은 마르쿠스 브루투스를 앞세워 밖으로 나왔다. 그리고 그들은 이렇게 외쳤다. "자유는 회복되었다!" "폭군은 죽었다!" 그러나 거기에 응답하는 소리는 들리지 않았다. 이미 의원들이 달아나면서 "카이사르가 살해되었다!" 라고 외쳐댔기 때문에 시민들은 집으로 도망쳐 숨죽이고 있었다 시민들의 무반응에 암살자들은 공포에 휩싸였다. 이건 무얼 의미하는 것일까?

　암살자들은 카이사르가 죽음으로써 이제 자유는 회복되었고, 로마 공화정도 옛날로 돌아갈 수 있을 것이라고 여겼다. 키케로를 비롯한 모든 귀족의원들도 그렇게 생각했다. 그러나 그것은 잘못된 판단이었다. 카이사르의 죽음은 단지 독재자의 죽음뿐만 아니라 공화국체제가 끝났음을 알리는 조종이나 마찬가지였다.

　이제 광대한 로마 제국은 과거의 대중 선거와 로마 광장에서의 집회로 이루어지는 공화국체제로는 성공적으로 통치할 수 없는 상황이 되었다. 로마 제국은 황제가 다스리는 제정체제로 넘어가는 상황이었다. 그러나 그것은 그냥 될 수 있는 일이 아니었다. 치밀한 전망과 냉혹하면서도 무자비한 사고를 할 수 있는 사람이 필요했다. 그래야 로마제국을 더 이상 전쟁과 혼란 속으로 몰아넣지 않고 평화로운 제국으로 만들어갈 수 있을 것이었다. 그 일은 카이사르의 죽음으로 그의 후계자인 아우구스투스의 몫으로 떨어졌다.

9. 아우구스투스

'로마의 평화' 시대가 찾아오다

야누스 신전의 문이 닫히다

기원전 31년 9월, 그리스 서해안 앞바다에서 치러진 '악티움Actium 해전'에서 안토니우스와 클레오파트라Cleopatra 연합군은 옥타비아누스Octavianus가 이끄는 로마군에 패배했다. 이듬해 기원전 30년 8월, 이집트로 달아난 두 패배자 가운데 안토니우스는 칼로 자결하고, 클레오파트라는 폐쇄된 지하 감옥에서 독사에 물려 살해되었다. 그리고 기원전 29년 8월, 옥타비아누스는 로마로 개선했다. 로마는 사흘 동안 화려한 개선식으로 열광의 도가니 속에 잠겼다. 시민들의 열광은 33세의 승자가 이룩한 승리보다 마침내 내전이 끝났다는 데 대한 기쁨에서 나온 것이었다.

옥타비아누스는 야누스Janus 신전의 문을 닫게 했다. 로마는 제2대 왕 누마 시대부터 전쟁 상태에 있을 때는 전쟁의 신 야누스에게 바쳐진 신전의 문을 열어두는 전통을 계속 유지하고 있었다. 야누스 신전의 문이 닫혔다는 것은 공식적으로 전쟁이 끝났음을 알리는 표시였다.

야누스 신전의 문이 닫힐 기회는 이보다 전에도 있었다. 기원전 45년에 벌어진 문다Munda 전투에서 카이사르가 폼페이우스파 세력의 마지막 저항을 격파하고 개선했을 때였다. 하지만 그 반 년 뒤 카이사르의 암살 사건이 일어나면서 로마는 내전 상태에 빠졌고, 야누스 신전의 문은 14년 뒤에나 닫히게 되었다. 야누스 신전의 문은 결국 카이사르가 지명한 그의 후계자 옥타비아누스에 의해 닫혔다.[1]

기원전 46년, 북아프리카의 탑수스에서 폼페이우스파를 무찌른 뒤 귀국한 카이사르가 시정의 기본방침으로 삼은 것은 '클레멘티아관용'였다. 그런데 기원전 30년, 최고의 권력자가 된 옥타비아누스가 시정의 방침으로 천명한 기본방침은 '팍스평화'였다. 그것은 팍스 로마나Pax Romana, 즉 '로마에 의한 평화'의 시작을 의미했다. 이 팍스 로마나는 공화정이 아니라 제정이 된 로마에 의해 시작되었다. 공화정을 죽인 것은 카이사르였고, 카이사르는 공화정을 되살리려는 공화주의자들에 의해 죽었다. 카이사르를 죽인 자들에게 복수하고 카이사르가 만들고자 했던 제정 로마를 만든 것은 옥타비아누스였다. 옥타비아누스는 이제 '아우구스투스Augustus, 존엄자'라는 칭호로 불리며 로마 제정의 초대 황제로 등극한다. 그리고 거기서부터 2백 년 동안 로마에 의한 평화가 계속된다.[2]

그렇다면 기원전 44년 카이사르가 암살되고 33세의 젊은 황제가 등극하게 되기까지 14년 동안 로마에서는 무슨 일이 있었던 것일까? 전쟁이 처음 시작될 때 19세의 청년이었던 옥타비아누스는 어떻게 치열한 전투 경험과 노련한 정치 경력을 가진 쟁쟁한 인물들을 모두 물리치고 최고의 권력을 장악할 수 있었을까?

카이사르가 살해된 다음 공개된 유언장에는 옥타비아누스가 후계 자이자 상속자로 지정되어 있었다. 카이사르는 옥타비아누스를 상속인으로 지명했고, 양자로 삼았으며, 성까지 물려주겠다고 유언했다. 유언장이 공개되자 가장 실망한 사람은 안토니우스였다. 무엇으로 보아도 카이사르가 후계자를 지명한다면 오른팔인 자신이 적격이라고 생각하고 있었다. 그는 카이사르와 전장을 함께 누빈 심복이었으며, 종신 독재관과 집정관을 겸하고 있던 카이사르의 동료 집정관이기도 했다. 카이사르와 내연관계면서 그와의 사이에 아들 카이사리온 Caesarion을 낳은 클레오파트라도 실망했다. 카이사르의 유언장에는 그의 아들에 대한 언급은 한 마디도 없었다.[3]

옥타비아누스는 카이사르와 혈육관계로 보아도, 다른 관계로 보아도 그다지 가까운 관계는 아니었다. 옥타비아누스는 카이사르의 누이동생의 딸의 아들이었다. 그러니까 카이사르에게 옥타비아누스는 여동생의 외손자이고, 옥타비아누스에게 카이사르는 외할머니의 오빠, 즉 외종조부가 되는 셈이다. 그런데도 왜 카이사르는 옥타비아누스를 후계자로 지명했을까? 시오노 나나미는 『로마인 이야기』에서 그 이유를 이렇게 설명하고 있다.

카이사르 자신은 평시와 전시 양쪽에 대처할 수 있는 재능을 갖고 있었다. 안토니우스에게는 전시에 필요한 군사적 재능밖에 없다. 반면에 옥타비아누스는 평시의 통치능력을 갖고 있었다. 카이사르는 그것을 꿰뚫어보고 있었다. 방어를 위해 노력하지 않고는 평화도 성립될 수 없다고 생각하는 카이사르는 군사적 재능이 모자란 옥타비아누스를 그대로 후계자로 삼는 것은 부당하다고 판단했다. 그래서 옥타비아누스에게 모자란 면을 보충하기 위해, 출신은 비천하지만 성실하고 군사적 재능이 뛰어난 아그리파라는 젊은 병사를 골라서 옥타비아누스에게 붙여주었다. 아그리파는 옥타비아누스와 동갑이었다.[4]

한 마디로 카이사르가 혜안을 가졌다는 이야기다. 시오노 나나미는 카이사르를 워낙 좋아하는 작가여서 그런 평가를 내렸다고 생각된다. 물론 카이사르가 선견지명이 있었고, 옥타비아누스가 재능이 있었던 것은 분명하다. 실제로 옥타비아누스는 카이사르의 선견지명에 어울리게 난국을 정리하고 로마에 평화를 가져오기 때문이다. 그러나 시오노 나나미의 저서는 책을 읽는 재미와 흥미를 준다는 점에서 뛰어나지만 역사적 사실과 해석에서는 적지 않은 문제점도 있다는 생각이 든다. 이를테면 카이사르에 대한 그녀의 평가는 편향된다고 느껴질 정도로 예찬 일변도다. 그밖에도 많은 사람들이 여러 가지 문제점들을 지적하고 있다.[*]

옥타비아누스, 절대 권력자가 되다

카이사르 살해 사건이 발생하고 나서 정국 향배의 결정적인 키를 쥔 것은 안토니우스였다. 그는 현직 집정관이었고, 군사적 경험과 정

---

[*] 시오노 나나미의 『로마인 이야기』에 대한 종합적 비판에 대한 자세한 내용은 엔하위키 미러(로마인 이야기 비판)를 참고할 수 있다.

치적 연륜도 있었다. 원로원 보수파와도 대화 가능한 조건이었다. 반면 암살 사건을 일으킨 의원들은 그 다음에 처리해야 할 행동 수순을 정확히 갖고 있지 않았기 때문에 금방 수세에 몰렸다. 로마 민중들은 카이사르의 암살에 환호하기보다는 분노했다. 귀족들의 자유나 공화주의라는 이상보다는 자신들의 생활 안정과 정치적 평화가 더 중요했던 것이다. 이런 상황에서 옥타비아누스는 혼자 힘으로는 아무것도 할 수 없다는 사실을 깨닫고 안토니우스, 레피두스와 손을 잡았다. 이들의 동맹을 제2차 '삼두정치'라고 부르는데, 이것은 공개적인 것이었다.

2차 삼두정치가 시작됨으로써 키케로가 그렇게도 지키려 했던 공화정체제는 사실상 끝장났다. 그들은 모두 무력을 소유하고 있었고, '살생부'를 만들어 반대파를 피로써 숙청하는 작업에 나섰다. 기원전 43년 한겨울, 로마와 이탈리아에서 피의 숙청이 진행되었다. 2천 3백 명의 살생부가 발표되었고, 그들을 처형하는 작업이 진행되었다. 그 과정에서 키케로도 안토니우스가 보낸 자객에 의해 살해되었다. 그는 사실 카이사르의 암살과 아무런 관계가 없었지만 2차 삼두정치의 희생양이 되고 말았다. 그들은 도망친 암살자 브루투스와 카시우스 등을 추격했다. 결국 브루투스는 기원전 42년 그리스 필리피Philippi 근방에서 옥타비아누스와 안토니우스 연합군에게 패배해 자살함으로써 생을 마감했다.

카이사르의 암살범과 동조자들을 제거한 뒤 안토니우스와 옥타비아누스는 당연히 경쟁자가 될 수밖에 없었다. 그러나 당장은 그들도 갈라서지 않았다. 아직은 함께 할 일들이 있었기 때문이다. 우선 그들은 동부와 서부로 나누어 속주들을 평정하는 작업에 들어갔다. 동부는 안토니우스가, 서부는 옥타비아누스가 맡았다. 그런데 동부를 맡은 안토니우스에게 복병이 등장했다. 클레오파트라였다. 그녀는 과거 카이사르의 애인이었고 그의 아들까지 낳았지만 이제는 동맹국의 여왕으로서 로마의 실력자 안토니우스에게 잘 보여야 할 처지였다. 결국 두 사람은 사랑에 빠지고 만다. 어쩌면 사랑에 빠진 것은 클레오파트라가 아니라 안토니우스였는지도 모른다. 클레오파트라와 사랑에 빠진 안토니우스는 이집트와 연합해서 옥타비아누스와 대결을 벌이게 된다.

기원전 31년 9월 2일, 그리스 남부 프레베자^{Preveza}만 바깥 바다에서 벌어진 '악티움 해전'이 안토니우스와 클레오파트라, 그리고 옥타비아누스의 운명을 갈랐다. 이 해전에서 안토니우스와 클레오파트라 연합 함대는 패배했다. 그후 안토니우스는 북아프리카 키레나이카^{지금의 리비아}로 갔다. 그는 더 이상 희망이 없다는 것을 알았다. 그는 기원전 30년 7월 31일, 옥타비아누스가 보낸 기병대와의 전투에서 패배한 뒤 자결함으로써 생을 마감했다. 그의 나이 51세였다.

하지만 클레오파트라는 아직도 왕국을 유지할 수 있을 것이라는 희망을 버리지 못했다. 그녀는 자신이 물러날 테니 아들의 즉위를 인정해 달라는 편지를 옥타비아누스에게 보냈다. 옥타비아누스는 무장을 해제하는 것이 선결 문제라고 답했다. 이집트를 평정한 옥타비아누스는 카이사르와 클레오파트라 사이에서 난 아들 카이사리온을 살해했다. 안토니우스와의 사이에서 난 나머지 세 아이들은 모두 로마로 보내졌다. 옥타비아누스는 카이사르의 아들만 죽였을 뿐이고 나머지 아이들은 모두 살려주었다. 카이사르의 아들은 옥타비아누스 자신 하나로 충분했던 것이다. 클레오파트라는 독사에 물려 생을 마쳤다. 이로써 기원전 333년에 시작된 프톨레마이오스 왕조는 기원전 30년 클레오파트라 여왕을 끝으로 막을 내렸다. 그 뒤 이집트 왕국은 옥타비아누스 개인의 영지가 되었다.[5]

옥타비아누스는 이제 로마 제국의 유일한 지배자가 되었다. 그는 약 60개 군단에 이르는 엄청난 군대를 지휘하는 총 사령관이었다. 기원전 29년 로마로 개선한 그는 절대 권력자의 위치에 올라 있었다. 그는 기원전 82년의 술라, 기원전 46년의 카이사르와 마찬가지로 절대적인 힘을 갖고 있었다. 술라는 정적에 대한 무자비한 숙청을 단행했다. 카이사르는 '관용클레멘티아'을 베풀었다. 최종적인 승리 후에는 옥타비아누스도 카이사르의 조치를 이어받았다.

절대 권력자가 된 옥타비아누스가 일차적으로 단행한 개혁은 군비를 삭감하는 일이었다. 계속되는 내전으로 군대는 늘어나 50만 명에 육박했다. 이 대부대를 계속 유지하는 것은 재정적으로 부담이 되었고, 평화를 선언한 마당에 대병력을 유지해야 할 이유도 없었다. 하지만 로마군 병사들을 빈손으로 제대시킬 수는 없었다. 일자리를 마련해주고 퇴직금도 지급해야 했다. 이를 제대로 처리하지 못하면 사회적 불안정이 조성될 수 있었다. 재원은 이집트 프톨레마이오스 왕가의 보물을 처리해서 마련했으나 그것만으로는 부족했다. 옥타비아누스는 자신의 개인 재산을 내놓았다. 군대를 줄이는 사업은 하루아침에 갑작스럽게 진행할 수는 없었다. 순차적으로 줄여서 최종적으로 28개 군단 16만 8천 명까지 군사력을 줄였다.[6]

옥타비아누스는 국세조사도 실시했다. 기원전 28년 집정관이었던 옥타비아누스와 아그리파Agrippa는 국세조사를 실시했으며, 그가 살아 있는 동안 기원전 8년과 기원후 14년에도 실시했다. 조사 결과는 로마 시민권을 가진 17세 이상의 성년 남자였는데 그 숫자는 기원전 28년 406만 3천 명, 기원전 8년 423만 3천 명, 기원후 14년 493만 7천 명으로 기록되고 있다. 또한 옥타비아누스는 영묘靈廟 건설에도 나섰다. 훗날 '황제묘'라고 불리게 될 대토목사업이었다. 35세의 젊은 권력자가 죽음을 염두에 둔 대형묘지를 건설하는 것은 일반인들에게 왕정복고를 위한 것이라는 의심을 불러일으킬 수도 있었다. 그는 이런 점을 감안해서 원로원을 회유하는 일도 잊지 않았다.

이전까지는 원로원에서 토의한 내용을 포로 로마노Foro Romano* 벽면에 공개했었는데, 기원전 28년 옥타비아누스가 이제부터는 공개하지 않겠다고 발표했다. 원로원에서 발언한 내용이 다음날 곧바로 로마 광장 벽에 공개되는 것에 대해 의원들이 부담을 느끼고 있었기 때문이다. 이것은 당연히 원로원의 지지를 받았다. 그 대신 수도 로마에서 결정된 공적 사항, 즉 원로원 의결 사항이나 공직 선거 결과를 자세히 기록하여 본국 지방자치단체나 속주의 식민도시에 거주하는 로마 시민에게 알리는 관보를 발행했다.

'아우구스투스'의 칭호를 얻다

옥타비아누스가 한 개혁 가운데 중요한 것은 원로원의 재편성이다.

---

* 카피톨리나 언덕과 팔라티노 언덕 사이의 저지대로 고대 로마의 생활 중심지였다. 이곳에서 사법, 정치, 종교 등의 활동이 활발히 전개되었다.

술라는 원로원 의원을 3백 명에서 6백 명으로 늘렸으며, 다시 카이사르가 6백 명에서 9백 명으로 늘렸다. 안토니우스는 카이사르 살해 뒤 원로원의 숫자를 더 늘렸고, 그 때문에 1천 명이 넘었다. 옥타비아누스는 이를 6백 명까지 줄였다. 그러나 원로원 수를 줄이는 일은 당연히 반발이 따랐다. 옥타비아누스는 일부 의원들은 설득하여 자진 사퇴를 권고했고, 일부는 강제적인 방법을 동원해 관철했다. 하지만 이런 조치가 오히려 공화주의자 입장에서 보면 원로원을 존중하고 있는 것으로 비춰질 수도 있었다. 원로원의 가치가 높아지는 것이었으니까 말이다.

기원전 27년 1월 23일, 절대 권력자 옥타비아누스는 원로원 의원들 앞에서 공화정체제로의 복귀를 선언했다. 그는 『신격 아우구스투스 업적록』*에서 이렇게 기록하고 있다. "내가 일곱 번째 집정관이 된 해 기원전 27년에, 그때까지 시민 모두의 동의에 의해 절대권력을 부여받아 내전을 종식시켰으므로, 이제 나는 그동안 행사했던 권력들을 포기하고 원로원과 로마 시민의 손에 되돌려주었다."[7]

그러나 그가 내려놓은 것은 삼두정치권, 이탈리아 서약**, 세계적 합의*** 등이었다. 그는 집정관직을 갖고 있었고, '임페라토르'와 '프린켑스제1시민'라는 칭호를 가졌다. 이것들은 그가 내려놓은 것보다 훨씬 중요하고 실제적인 것들이었다. 임페라토르는 로마에서 개선장군을 부르는 경칭이었지만 나중에는 황제 칭호로 사용된다. 이 칭호를 그는 양

---

* 로마 제국 첫 황제 아우구스투스가 자신의 업적을 기록한 글이다.

** 안토니우스와 싸우는 과정에서 이탈리아 반도의 모든 시민에게 요구한 서약. 옥타비아누스를 '로마 국가를 지키기 위해 적 이집트를 공격하는 군대의 총사령관'으로 추대하고 그에게 충성한다는 내용이다.

*** 이탈리아 반도뿐만 아니라 서쪽의 속주에까지 충성 서약의 특권을 부여한 것을 말한다.

아버지인 카이사르에게서 물려받았으며, 이것은 사실상의 제정帝政을 의미했다. 일반적으로 학자들은 이 시기를 원수정元首政, Principate 시대 또는 제정 초기라고 불러, 공화정 시대기원전 6세기~기원전 27년, 격동의 시대기원후 180~284년, 절대군주정의 제정 말기기원후 284~610년 등의 시대와 구분하고 있다.[8]

옥타비아누스가 공화정체제 복귀를 선언한 지 사흘 뒤 원로원은 그에게 '아우구스투스'라는 존칭을 부여할 것을 결의했다. '존엄한 존재'라는 의미다. 고대 로마에서 아우구스투스라는 말은 신성하고 경배를 받아 마땅한 인물이나 장소를 의미하는 말에 불과했고, 무력이나 권력을 연상시키는 의미는 전혀 없었다. 그러니 사람들에게 너무 자연스럽게 받아들여질 수 있었다. 이는 그의 치밀한 계산과 공작의 결과였다.

이러한 존칭과 함께 그의 집 현관 양쪽에 서 있는 기둥을 월계수 가지와 잎으로 장식하고, 현관문 위에 '시민관'을 놓았다. 또한 절대권력자가 되었으면서도 공화정 복귀를 선언한 것을 높이 평가하여 그 사실

기원전 27년 옥타비아누스는 '공화정의 재건'을 선포했다. 그는 내란 평정을 위한 전권을 반납하고, 원로원에서 첫째 자리인 프린켑스(Princeps, 제1시민)의 지위와, 아우구스투스 (Augustus, 존엄자)라고 하는 칭호를 받았을 뿐 표면상으로는 독재관에 취임하는 것도 거부했다. 그러나 그는 공직에 따르는 직권을 장악했다. 호민관에는 취임하지 않았으나, 호민관의 직권을 얻어서 민회(民會)에서의 입법을 지배했고 프로콘술(Proconsul, 대리집정관)의 직권에 의해서 많은 속주를 관리했다. 그 밖에 선전(宣戰), 강화, 공직 입후보자의 지명권을 가졌다. 이 같은 권력 집중은 결국 군사력과 경제력의 덕분이었다. 옥타비아누스는 수도의 근위병 9천 명, 속주군 30만 명을 움직였고, 그가 관리하는 속주로부터의 수입을 국고(國庫)가 아닌 원수금고(元首金庫)에 넣었다. 이러한 지배체제, 즉 원수정이 존속할 수 있었던 것은 종래의 귀족계급의 특권을 인정함으로써 노빌레스(Nobiles, 상층부)를 지배할 수 있었고, 최대 규모의 식민지를 확보함으로써 병사를 통제할 수 있었기 때문이다. 또한 이러한 귀족과 군대의 지배를 바탕으로 제정 수입으로 에퀴테스(Equites, 기사계급)를 거느렸으며, 로마를 전쟁 없는 평화로운 사회로 만들면서 모든 신민을 통치할 수 있었다. (위키 백과, 글로벌 세계대백과사전 참고)

을 새긴 황금 방패를 원로원 의사당 안에 안치하도록 결정했다. 특히 시민관과 방패는 깊은 의미가 있었다. 로마에서 시민관은 로마 군단에서 아군 전우를 구조한 사람에게 수여되는 훈장으로 상록수인 떡갈나무 잎으로 짰다. 아우구스투스가 바란 것은 월계관보다 시민관이었다. 그는 전투의 공로를 인정받는 월계관보다 내전을 수습해서 국가를 자멸의 위기에서 구한 공로를 나타내는 시민관이 훨씬 더 자신의 이미지를 강화는 것이라고 보았다.[9]

아우구스투스는 해외 속주 총독과 호민관의 권한을 종신 보유했다. 하지만 그는 독재관 자리를 거부했다. 독재관이 되지 않고도 그는 얼마든지 절대 권력을 유지할 수 있었기 때문이다. 그랬기 때문에 형식적으로 원로원이 유지되었고, 칭호 또한 왕이 아니라 프린켑스, 임페라토르, 아우구스투스 등으로 불렸다. 하지만 그는 사실상 황제처럼 권력을 사용할 수 있었다. 물론 아우구스투스는 난폭하고도 거친 독재자가 아니었다. 그는 가능한 설득을 통해서 자신의 정책을 폈던 것이다.

기원전 23년 그는 집정관 직위에서도 물러난 다음, 두 명의 집정관 사이에 앉아서 원수정을 시작했다. 그는 원로원을 주재할 권한도 얻었으며, 기원전 12년에는 로마 종교의 대제사장인 폰티펙스 막시무스 Pontifex Maximus가 되었다. 원로원 선거와 민회 선거 등 공화국의 제도들은 그대로 유지되었지만 그는 필요한 인물들을 미리 지목해서 선출하도록 만들었다.[10]

아우구스투스는 기원전 31년부터 기원후 14년까지 44년에 걸쳐 로마와 이탈리아 반도, 그리고 속주들을 통치했다. 그는 초기 정치적 분쟁과 권력 투쟁으로 발생한 내전을 무력으로 진압, 권력을 확고히 한 뒤에는 군사력을 바탕으로 하면서도 여론과 설득에 의한 정치를 폈다. 로마 역사에서 그는 정치적으로 카이사르에 못지 않은 비중을 갖는 인물이다. 그는 새로운 화폐제도를 시행하고, 황제임페라토르가 직접 주관하는 중앙집권적인 재판제도를 창설했으며, 여러 도시와 속주들에 대해 지방자치를 폭넓게 허용하는 등의 각종 개혁을 단행했다. 그는 관리의 임용자격으로 경험과 지성을 중시했다. 그는 속주 총독들에 대해 직접 지배권을 행사하면서 독직과 부정부패 등에 대해서는 엄격하게 대처했다. 또한 부패의 온상이 되고 있던 징세 청부제도를 폐지하고 고정 봉급을 받는 징세관을 자신의 대리인으로 파견했다. 그는 정치 개혁뿐만 아니라 사회악을 척결하고 질서를 바로잡기 위해 법률 정비에도 많은 노력을 기울였다.[11]

아우구스투스가 이룩한 업적들 중 많은 부분은 카이사르가 추진하려고 했던 일들이었다. 공화정 시대 브수적인 원로원은 로마가 제국으로 발전하기 이전 상태의 세계에서 벗어나지 못하고 있었다. 로마는 로마 시민과 귀족만을 위한 국가가 아니라 주변 세계를 통합하여 다스리는 제국이었다. 아우구스투스 시대 로마가 거느린 속주는 중요 지역만 살펴보아도 그리스, 시리아와 이집트, 스페인, 라인강과 도나우강을 국경으로 하는 갈리아와 게르마니아, 그리고 브리튼섬의 광대한 지역에 걸쳐 있었다. 이러한 제국을 통치하기 위해서는 그에 걸맞는 사고와 제도가 정비되어야 했다.

그러나 공화정 시대 원로원의 귀족 엘리트 중심적인 정치 방식으로서는 광대한 속주와 동맹 국가들을 거느린 로마 제국을 통치할 수 없었다. 기원전 130년경부터 시작되어 기원전 30년에 종결지은 로마의 혼돈과 계급 투쟁, 내전은 로마가 세계 제국으로 변모하기 위해 내부적으로 어떻게 변화해야 할 것인지를 두고 일어난 몸살이었다. 이러한 진통을 정리하기 시작한 것이 카이사르였고, 그가 암살됨으로써 이룩하지 못한 과업을 이어서 마무리 지은 것이 아우구스투스였다.

제정은 최선이었을까?

아우구스투스는 대제국으로 발전한 로마가 무리 없이 통치를 유지할 수 있는 기반을 닦았다. 그는 내란을 종결지었고, 새로운 시대에 어울리는 통치체제를 정비했다. 그는 더 이상 소수의 귀족들이 지배하는 과두정이 아니라 대제국을 체계적이고 조직적으로 움직일 수 있는 정치체제를 마련하기 위해 많은 노력을 기울였다. 그는 겉으로는 공화정 복귀를 선언했지만 실제로는 황제를 정점으로 한 단일한 군사, 정치 체제를 구축했다. 그러나 대제국을 주먹구구로 움직일 수는 없는 법이다. 그는 한 사람의 감정이나 판단에 모든 것이 좌우되지 않도록 하기 위해 다양한 방식의 기관과 기구, 법과 제도를 정비했다.

그렇다면 아우구스투스 시대에 로마가 공화정에서 제정으로 넘어간 것은 어떻게 보아야 할 것인가? 그것은 역사의 필연이었을까, 아니면 우연이었을까? 그것은 발전이었을까, 아니면 퇴보였을까? 우리들의 일반적인 생각으로는 여러 사람이 다스리는 공화정에서 한 사람의 절대 권력자가 다스리는 제정으로 넘어간 것은 퇴보한 역사처럼 보인다. 많은 역사가들도 지금까지 그렇게 평가해왔다. 『로마제국 쇠망사』를 쓴 에드워드 기번이 그랬고, 토인비도 아우구스투스의 업적은 로마의 쇠망을 늦추었을 뿐이라고 평가했다.

역사학자들이 제정에 대해서 비판적인 평가를 내리는 가장 중요한 이유는 정치적 자유다. 공화정 시대에는 정치적 자유가 있었지만 제정 시대에는 정치적 자유가 없었다는 것이다. 정치적 자유가 원로원, 민회 등에서 절대 권력을 쥔 황제 일인에게 넘어갔다는 것이다. 이에 대해서 시오노 나나미는 이렇게 반박한다.

공화정 시대의 로마에서는 누구나 이런 자유를 누리고 있었을까. 공화정 로마의 정치체제는 아테네와 같은 직접민주정이 아니었다. 민회는 있었지만, 실제로는 원로원이 국정을 결정하는 소수지도체제였다. 역사상으로는 과두정이라고 부른다. 술라의 개혁 이전에는 300명, 이후에는 600명의 원로원 의원만이 국정을 결정할 자유를 누리고 있었던 셈이다. 제정 시대에 이 자유를 잃은 것은 이 600명뿐이다. 로마제국의 전체 인구는 6천만 명이었다.

카이사르가 생각한 제정, 그리고 그의 뒤를 이은 아우구스투스가 속임수까지 쓰면서 교묘하게 확립한 제정은 효율적으로 기능하는 세계 국가의 실현이었다고 나는 생각한다. 그 증거로, 심정적으로는 공화주의자였던 타키투스조차 속주에서는 제정에 대한 평판이 더 좋았다고 쓸 수밖에 없었다. 요컨대 원로원 의원 600명한테는 평판이 좋지 않았지만, 6천만 명한테는 호평을 받았다는 것이다. 바로 그렇기 때문에 '팍스 로마나'는 오랫동안 계속되었다.[12]

이러한 평가가 전혀 일리가 없는 것은 아니라고 생각된다. 하지만 나나미의 평가는 일부를 과장하고 있다는 점에서 비판되어야 할 것이다. 아우구스투스가 공화정 시대의 혼란을 극복하고 통치의 안정을 마련했다고 해서 반드시 황제 지배체제가 원로원 지배체제보다 나은 근거가 될 수는 없는 것이다. 그것은 아우구스투스 이후의 여러 황제들이 저지른 실정을 살펴보면 쉽게 답이 나온다.

© Till Niermann

바티칸 미술관에 전시되어 있는 옥타비아누스의 조각상

황제들 중에는 유능하고 훌륭한 통치자도 있지만 형편없는 통치자도 얼마든지 있는 것이다.

그렇다면 역시 공화정의 지속이 답인가? 그 또한 쉽게 단정하기 어렵다. 이미 카이사르와 아우구스투스의 내전에서도 보았듯이 공화정 말기는 그 모순이 다양한 방식으로 노정되고 있었다. 더 이상 소수 귀족들이 권력을 독점한 상태에서 벌이는 끊임없는 권력 투쟁은 오히려 로마 제국을 위기에 빠뜨릴 위험성이 다분히 있었다. 따라서 술라 같은 독재자가 등장했고, 카이사르 같은 인물이 등장해 로마 공화정을 개혁하고자 했다. 그럼에도 답을 찾지 못했다. 그리고 결국은 아우구스투스가 등장해 혼란을 마무리하고 새로운 체제를 마련했으며, 그 결과 안정과 번영의 시대를 열었다.

그렇다면 답은 역시 어쩔 수 없지만 제정으로 받아들여야 하는 것일까? 로마사 연구의 세계적인 권위자인 애드콕 교수는 『케임브리지판 고대사』에서 "한 사람이 통치하는 국가 형태는 그 시기의 로마에는 정치적 필요가 되어 있었다."면서 그러한 정치형태를 확립한 주인공 아우구스투스에 대해 이렇게 평가했다. "아우구스투스는 알렉산드로스 대왕이나 카이사르 같은 압도적 두뇌를 갖고 있지는 않았다. 하지만 당시의 세계는 바로 그와 같은 인물을 필요로 하고 있었다."[13]

그러나 그 또한 흔쾌히 받아들이기 어려운 점이 있다. 시간이 많이 흘렀지만 우리는 근대에 와서 다시 민주주의를 대안적인 정치제도로 받아들였다는 것을 생각해야 한다. 고대 로마의 공화정이 과두정이기는 하지만 제정보다는 민주적 요소가 강했던 것은 사실이다. 그런 점에서 민주적 가치의 중요성을 쉽게 부인할 수는 없을 것이다. 아우구스투스의 조치가 당시 상황에서 가장 현실적이고 선택할 수 있는 최선 가운데 하나라고 하더라도 "한 사람이 통치하는 국가 형태는 그 시기의 로마에는 정치적 필요로 되어 있었다."는 식의 평가는 올바른 것이라고 보기는 어렵다.

'팍스 로마나'가 실현되다

아우구스투스 이후 로마는 제정으로 나아갔다. 아우구스투스가 사망하자 원로원은 카이사르에게 부여했던 것처럼 '신격神格'을 부여했다. 그렇게 해서 '신격 아우구스투스'가 되었다. 아우구스투스의 뒤를 이은 것은 그의 양아들인 티베리우스Tiberius였다. 아우구스투스는 자신의 핏줄을 가진 인물에게 자신의 직위를 넘겨주려 무던히도 애썼으나 그 뜻을 이루지 못했다. 그의 핏줄은 딸 하나뿐이었고, 그 딸에게서 난 손자들도 모두 요절하는 바람에 결국 자신과 결혼하면서 아내 리비아가 데려온 아들에게 권력을 넘겨주었다. 티베리우스의 뒤를 아우구스투스의 증손자 칼리굴라Caligula가 이었고, 칼리굴라가 암살당한 후에는 클라우디우스Claudius, 네로Nero가 뒤를 이었다. 이들은 모두 로마 역사에서 형편없는 황제들로 기록되고 있다.

네로는 핏줄을 남기지 않아서 그 다음 황제를 둘러싸고 내전이 일어나 기원후 69년에는 4명의 군인 황제가 등장했다. 이 내란의 최종 승자는 로마 군대 100인 대장의 손자이며 귀족과는 거리가 먼 기사계급 출신의 베스파시아누스Vespasianus가 차지했다. 그때부터 로마 황제는 유서 깊은 귀족 가문의 손에서 멀어졌다. 기원후 96년 베시파시아누스의 둘째 아들 도미티아누스Domitianus가 살해되면서 이 가문의 역사는 끝났다. 그 뒤 황제 계승권이 원로원 의원인 네르바Nerva에게 넘어갔다. 네르바는 혈통에 의한 황제 계승을 없애고 후계자를 양자로 입적해 제위를 넘겨주는 방식을 채택하게 된다.

그렇게 해서 핏줄이 아니라 능력 있는 사람이 황제가 되는 시대가 열렸다. 그 결과 트라야누스Traianus, 하드리아누스Hadrianus, 안토니누스 피우스Antoninus Pius, 마르쿠스 아우렐리우스Marcus Aurelius로 이어지는 '5현제 시대'가 열렸다. 이들 중 네르바를 제외하고 나머지는 모두 속주 출신이었다. 이 시기 로마는 이탈리아의 로마를 넘어 코스모포탈리즘세계주의을 시대정신으로 삼고 있었다. 그 증거가 바로 황제의 계승에서 나타난, 로마를 넘어선 속주 출신의 등극이다. 그러나 이 같은 황금기도 마르쿠스 아우렐리우스가 자신의 아들인 콤모두스Commodus에게 제위를 넘겨주면서 막을 내린다.[14] 동시에 콤모두스의 즉위와 함께 로마의 평화도 막을 내린다.

아우구스투스 시대로부터 마르쿠스 아우렐리우스 시대에 이르는 약 2백 년 동안 로마는 광대한 영토를 비교적 평화롭게 지배했다. 이를 두고 '팍스 로마나Pax Romana'라고 한다. '로마에 의한 평화', 또는 '로마의 평화'라는 뜻이다. 이는 로마 제국이 전쟁을 통한 영토 확장을 최소화하면서 유례없는 태평성대를 누렸던 1~2세기의 시기를 말한다. 그것은 로마 제정이 부활된 아우구스투스 황제 통치 시기부터 시작되었기 때문에 '아우구스투스의 평화Pax Augusta'로 불리기도 한다.

지중해는 로마의 단일한 지배권 아래 놓이게 되었으며, 2백 년간 단 한 번의 해전도 없었다. 그것은 역사상 전무후무한 일이었다. 분명 이것은 로마가 이룩한 가장 인상적인 업적 가운데 하나였다. 에드워드 기번의 말처럼 "로마 제국은 지구상의 가장 아름다운 부분과 가장 문명화된 부분을 차지"하고 있었다. 이 기간 동안 지중해뿐만 아니라 육지에서도 브리튼섬의 스코틀랜드 국경에서부터 라인강과 도나우강, 그리고 페르시아 국경에 이르기까지 경쟁 세력이 없는 단일한 지배권이 확립되었다.[15]

또한 팍스 로마나가 장기간 유지되면서 속주의 유력자들이 점차적으로 로마의 문화에 동화되어 갔으며, 그것은 그 지역의 문명화를 촉진했다. 역사적으로 보면 로마군의 정복로를 따라 로마 문화가 확산되었으며 그것은 그 후 유럽 공통의 문화적 기반이 되었다.

그러나 실제로는 팍스 로마나의 시기에도 군사적인 충돌은 계속 되었다. 황제들은 이따금 발생하는 속주의 반란에 대처해야 했으며, 국경 지역에서는 소소한 교전이나 대규모 정복 전쟁이 벌어지기도 했다. 정복 전쟁은 아우구스투스에서 시작되어 클라우디스, 트라야누스로 이어졌고, 그 기간 동안 로마의 영토는 팽창을 거듭했다. 아우구스투스는 어떤 황제보다도 많은 영토를 확장했다. 그가 파견한 장군들은 중부 유럽으로 진군하여 오늘날의 스위스와 오스트리아, 불가리아 지방까지 정복했다. 그러나 로마 군대는 지금의 중부 독일에서 패배함으로써 더 이상 확장하지 못하고 라인강과 도나우강을 로마의 북방 경계선으로 확정지었다. 그 후 클라우디우스 황제는 서기 43년 브리튼섬을 정복하기 시작했으며, 2세기 초에는 트라야누스 황제가 도나우강을 건너 다키아지금의 루마니아 지방을 로마의 영토로 편입시켰다.

또한 트라야누스는 파르티아와 전쟁을 치러 메소포타미아 지역을 정복했으나 페르시아의 강력한 반발을 불러왔다. 그의 뒤를 이은 하드리아누스 황제는 이곳의 방어에 많은 힘을 쏟지 않을 수 없었다. 이처럼 로마 제국은 최대의 팽창을 거듭했지만 '팍스 로마나'의 마지막 황제 마르쿠스 아우렐리우스는 통치 후반기를 대부분 게르마니아 전선 등 최전선에서 지내야 했다. 그 뒤 3세기부터 로마는 더 이상 팽창할 수 없었고, 지배 영역이 줄어들기 시작했으며 내부적으로 심각한 내전에 빠지는 등 쇠퇴를 경험하게 된다.[16]

로마의 평화는 로마 제국의 지배를 받아들이는 사람들에게는 태평성대였지만, 로마 제국의 지배를 거부하던 사람들에게는 '로마군의 폭력'을 의미했다는 점도 잊어서는 안 될 것이다. 그것은 속주들과 주변 국가들을 로마군의 힘으로 제압하는 '힘에 의한 평화'의 강요였다. 여기에 착목하여 역사가들은 '팍스 로마나'라는 개념을 사용하여, '강대국의 폭력에 의한 가짜 평화'의 신조어를 만들어냈다. 팍스 아메리카나Pax Americana, 팍스 브리태니카Pax Britanica, 팍스 유로피아나Pax Europeana, 팍스 게르마니카Pax Germanica, 팍스 몽골리카Pax Mongolica, 팍스 오토마나Pax Ottomana, 팍스 시니카Fax Sinica 등이 그것이다. 여기서 우리는 '팍스 로마나'의 두 얼굴, 즉 '강대국의 힘에 의한 평화'가 갖고 있는 양면성을 볼 수 있다.

10. 예수 그리스도

기독교, 로마의 종교를 넘어 세계 종교가 되다

예수 그리스도의 등장과 그 영향력

한 민족의 역사에서 중요하지 않은 시기가 없지만, 유대 민족의 역사에서 기원전 1세기경부터 기원후 2세기경 사이의 시기는 어느 때보다 중요하다. 이 사이에 유대인 나사렛 예수를 구세주로 모시는 그리스도교가 탄생하며, 유대 민족이 자기 땅에서 완전히 추방되어 디아스포라의 삶을 살게 되기 때문이다. 유대 민족의 입장에서 본다면 자기 땅으로부터의 추방과 두 차례의 디아스포라가 가장 중요한 사건이겠다. 하지만 시야를 넓혀 인류 전체의 관점에서 본다면 나사렛 예수의 등장, 즉 그가 이웃사랑과 하느님 나라를 설파하다가 로마 제국의 정치범으로 몰려 십자가에서 처형당해 죽은 사건이 더 중요한 의미를 갖는다.

'예수 그리스도Jesus Christ'로 불리는 예수의 이 이름에는 두 가지의 뜻이 들어 있다. 예수라는 이름은 히브리어 '여호수아Joshua'를 그리스어로 번역한 것으로, 나사렛으로 알려진 예수의 고향에서 흔한 남자이름이었다. 이것은 야훼, 즉 하나님을 뜻하는 '여'와 구원을 뜻하는 '호수아'가 합쳐진 것이라고 한다. 그리스도는 '기름 부음 받은 이'이라는 뜻을 가진 히브리어 '메시아messiah'의 그리스어 번역이다. 예수가 평범한 이름이라면 메시아는 특별한 이름이다. 마치 이스라엘의 통일을 이룩하고 부강한 나라로 만들었던 그 옛날 다윗David 왕처럼 다시 한 번 이스라엘을 도탄에서 구해낼 인물의 의미를 담고 있기 때문이다.[1] 그러나 예수는 그와는 다른 삶을 살았다.

예수의 등장과 죽음 이후 그의 제자들에 의해 성립되기 시작한 그리스도교는 초기에는 로마 제국에서 승인받지 못했을 뿐만 아니라 때로는 많은 순교자들이 나타날 정도로 심각한 박해를 받기도 했다. 하지만 기원후 313년 그리스도교는 로마의 콘스탄티누스Constantinus 황제의 '밀라노 칙령Edict of Milian'에 의해 공식 인정을 받게 되었으며 포교의 자유를 획득한다. 나아가 기원후 380년 2월 27일 로마 황제 테오도시우스Theodosius 1세는 '테살로니카Thessalonica 칙령'을 발표하고 그리스도교를 로마 제국의 국교로 선포하기에 이른다.

로마의 국교가 됨으로써 그리스도교는 로마 제국이 통치하던 모든 지역에서 받아들여지게 되었으며, 이 지역에 사는 모든 사람들의 정신적 지주가 되었다. 이후 중세 시대 그리스도교는 유럽 전체를 지배하는 정신 세계가 되었으며, 세속 권력을 능가하는 막강한 힘을 갖게 되었다. 기독교가 로마의 국교가 된 이후 유럽, 나아가 그것의 확장판인 근대 이후의 서구 세계는 그것을 빼놓고 논할 수 없는 상황이 되었다. 오늘날 현대 세계의 주도권은 기독교 정신에 뿌리를 둔 서구가 쥐고 있으며, 현대 이후 서구의 영향력이 절대적으로 작용하고 있는 한국 사회 역시 기독교의 영향력이 가장 강한 상태다.*

　지금까지의 인류 역사에서 예수 그리스도만큼 커다란 영향을 미친 인물은 별로 없다. 세계적으로 막강한 영향력을 자랑하는 이슬람교의 창시자인 무함마드가 비교 대상이 될 수 있겠지만 현재까지의 세계 역사로 놓고 볼 때는 예수의 영향력을 능가한다고 보기는 어렵다. 예수보다 몇백 년 일찍 태어나 인류의 정신세계에 획기적인 변화와 혁명적인 영향을 미쳤던 석가모니가 있지만 그 영향력 면에서는 역시 예수에 못 미친다. 공자나 소크라테스, 플라톤, 아리스토텔레스, 마르크스 같은 위대한 사상가, 철학자가 있지만 역시 비교하기 힘들다. 알렉산드로스, 카이사르, 나폴레옹, 칭기즈칸 같은 위대한 정복자, 영웅들도 마찬가지다. 아마 앞으로도 상당히 오랫동안 예수 그리스도는 그 영향력을 유지할 것으로 보인다.**

기원전 1세기의 유다 국가

　그러면 이처럼 역사적으로 중요한 의미가 있는 예수라는 인물을 낳

---

*　2005년 통계청 발표자료에 따르면 우리나라의 종교 인구는 전체 인구 가운데 53퍼센트(종교 있음)였으며 불교가 43퍼센트, 개신교가 34.5퍼센트, 가톨릭이 20.6퍼센트였다. 개신교와 가톨릭을 합치면 55퍼센트 이상으로, 전체 종교 인구의 반 이상이 기독교도인 것이다. 뿐만 아니라 정확한 통계는 없지만 대체로 사회 지도층 인사의 다수가 기독교라는 점을 감안하면 한국 사회에서 예수 그리스도의 영향력은 막강하다고 말할 수 있겠다.

**　이러한 평가는 지극히 주관적인 것이기는 하지만, 근대 이후 서구의 영향력이 압도적이었고, 현재까지 미국을 중심으로 한 서구의 영향력이 세계를 주도하고 있음을 감안하면 이러한 판단은 크게 잘못된 것이라고 보기는 어려울 것이다.

은 이스라엘, 즉 유다 국가의 상황은 어떠했을까? 예수는 어떤 시대적 배경 속에서 탄생했을까?

기원전 1세기 말은 유대인의 역사에서 매우 힘든 시기였다. 유대인들은 기원전 538년 페르시아의 바빌론 정복으로 예루살렘으로 돌아와 성전을 재건할 수 있었다. 페르시아의 통치 시기 유대인은 페르시아 총독 치하에 있었으나 실질적인 행정권은 유대인 고위 성직자들이 갖고 있어서 독립성을 유지할 수 있었다.

기원전 333년 알렉산드로스가 페르시아 심장부를 공격했고, 뒤이어 페르시아는 멸망했다. 유다 왕국도 강연히 알렉산드로스의 치하에 들어갔다. 기원전 323년 알렉산드로스가 33세의 젊은 나이로 죽자 그의 제국도 분열되었다. 그의 핵심 부하 장군들이 각기 하나씩 왕국을 차지해 4~5개 왕조로 분열되었으며, 그 뒤 60여 년 동안 계승 전쟁을 벌인다.

유다와 예루살렘은 이집트를 중심으로 한 프톨레마이오스 왕조의 통치를 받았다. 프톨레마이오스 왕조는 대대로 유대인들에게 우호적이었다. 이 기간 동안 유대인들은 『토라』로 불리는 모세오경창세기, 출애굽기, 레위기, 민수기, 신명기을 그리스어로 번역했다. 기원전 300년경에 만들어진 이 『구약성서』를 '70인역Septuagint'이라고 부른다. 이 번역 작업에 유대인은 72명이 참여했지만 편의상 70인역이라고 부른다. 오늘날 우리가 읽는 『구약성서』의 순서는 이때 정해진 것이다.[2]

기원전 200년에는 알렉산드로스의 또 다른 부하가 세운 셀레우코스 왕조가 지배하던 시리아 왕국이 유다를 정복했다. 유대인들은 시리아 왕국의 안티오쿠스Antiochus 3세가 이집트의 프톨레마이오스 왕조를 공격하는 데 협조한 덕분에 기원전 2세기 초 자치 행정을 허락받았다. 그러나 이때부터 유대인들은 총독을 겸하는 대제사장 자리를 놓고 내분에 휩싸였다. 그리스화에 동조하는 헬라^{Hella}파와 이를 반대하는 정통파 사이의 대립이었다.

그런데 시리아의 안티오쿠스 4세가 반란을 이유로 주민들을 대량 학살하고 유대인의 종교의식을 금지하는 일이 발생했다. 이에 유대인들이 봉기하면서 기원전 166년 시리아와 유다 사이에 최초의 종교전쟁이 벌어졌다. 유대인들은 마카비^{Maccabi} 5형제를 중심으로 게릴라전을 벌이며 끈질기게 저항했다. 결국 유대인들은 시리아의 대공세를 물리치고 마침내 기원전 164년 예루살렘 자치령을 성공시켰다. 이렇게 해서 하스모니안^{Hasmonian} 왕조가 탄생했다. 마카비 가문의 조상 하스몬의 이름을 따서 지은 것이다. 그리하여 예루살렘은 이후 1백 년간 하스모니안 왕조에 의해 통치되었다.

기원전 142년 유대인들은 면세특권과 화폐 주조권을 확보했으며, 시리아군도 팔레스타인에서 철수함으로써 명실상부한 독립 국가가 되었다. 그 뒤 유다의 영역은 기원전 103년 알렉산더 얀네우스 치세 아래서 최고에 달했다. 하지만 기원전 90년경 얀네우스 왕은 세력을 북동쪽으로 확대하려다가 실패해 대부분의 병력을 잃었으며 내부적으로 바리새파^{Pharisees}의 반란까지 겪어야 했다. 얀네우스는 6년에 걸쳐 잔혹하고 야만스럽게 반란 세력을 진압했다. 이 과정에서 바리새파 유대인 5만 명이 목숨을 잃었다. 기원전 76년 얀네우스 왕이 죽고 그의 부인 살로메 알렉산드라^{Salome Alexandra}가 왕위에 올랐다. 그녀는 재위 기간이 9년밖에 되지 않았으나 폭넓은 사회 개혁을 실시했다.[3]

기원전 63년 유다 왕국의 하스모니안 왕조는 제국으로 발전한 로마의 속국이 되었다. 로마에 대항하여 전쟁을 벌이다가 망하기보다는 로마에 편입되어 자치권을 확보하는 것이 현실적이라고 판단해 시리아에 주둔하고 있던 폼페이우스에게 화평을 요청했다. 유다 왕국은 로마의 행정관이 통치하는 유다이아^Judaia 주가 되었다. 이로써 지중해의 패권을 놓고 다투던 페니키아, 그리스, 유다 등이 모두 로마의 속주가 되었다.

로마 시대로 불리는 이 시기는 폼페이우스가 이스라엘을 접수한 때부터 시작되어 7세기에 무슬림이 팔레스타인을 점령할 때까지 약 7백 년간 계속되었다. 그러나 그 사이 유대인은 두 번의 반란 실패로 2차에 걸쳐 이산^디아스포라을 겪어야 했고, 결국 자신들의 터전에서 완전히 쫓겨나 세계를 유랑하는 신세로 전락하고 만다.

두 차례의 반란과 디아스포라

전면적인 국정 재편을 통해 새로운 로마 제국의 통치 구조와 패권을 확립하려 했던 율리우스 카이사르는 유다 왕국에 폭넓은 자치와 관용 정책을 폈다. 먼저 유대인 최고 제사장에게 유다의 최고위 자리를 돌려주었다. 통치권을 돌려준 것이다. 다음으로는 예루살렘 성벽을 재건하는 것도 허락했다. 군사적인 방어력을 인정한 것이다. 나아가 로마가 제패한 뒤 몰수한 유다의 주요 항구 야파^Jaffa를 반환함으로써 해상권도 돌려주었다. 더욱이 로마군의 월동 숙영지에 식량을 공급해야

하는 의무도 동맹국 대우로 부담을 낮춰주었다. 영구적인 조치는 아니었지만 속주세도 면제해주었다.[4]

카이사르는 유대교를 인정해주는 종교적 관용도 베풀었다. 특히 카이사르는 그리스인과 경쟁관계에 있는 유대인에게 경제적으로 동등한 권리를 주었다. 이에 그동안 그리스계 상인에게 밀렸던 유대 상인들은 카이사르를 열광적으로 지지했다. 그들은 카이사르를 구세주처럼 여겼다. 카이사르가 이렇게 유다에 대해 관용 정책을 편 것은 그가 특별히 유대인에 호의적이어서 그랬던 것은 아니었다. 그는 광대한 로마 제국이 주변의 다른 민족을 하나로 통합하여 원활하게 통치하기 위해서는 그들의 문화와 종교를 인정하는 것이 필요하다고 보았던 것이다. 하지만 카이사르는 원로원 세력에 의해 암살되었고, 이로써 로마는 내전 속으로 빠져들었다.

카이사르가 후계자로 지목한 옥타비아누스는 내전을 승리로 이끌고 평화를 되찾았으며, 아우구스투스라는 칭호를 얻으며 절대 권력을 확보해 '팍스 로마나'의 기초를 다졌다. 아우구스투스와 그의 뒤를 이은 티베리우스 역시 기존의 대외 정책을 그대로 계승했다. 로마 제국은 점령지일지라도 반란을 일으키지 않는 한 자치권과 고유문화를 최대한 수용하고 인정했다. 또한 유대인의 유일신앙의 종교 행위를 인정하고 유다의 자치법도 인정해주었다. 유대인들이 율법에 따라 자국민을 재판할 수 있는 사법권을 인정한 것이다. 로마는 유대인들이 황제를 섬기는 것을 배교 행위라 해서 병역을 거부한 행위도 인정해주었다. 이처럼 초기 로마 제국은 유다를 특별 대우해주었다.[5]

그러나 유다에 대한 로마 제국의 이러한 관용과 특혜는 기원후 66년과 132년 두 차례의 대규모 반란과 전쟁 이후 완전히 사라지고 말았다. 유대인들이 로마 제국에 반기를 든 것은 여러 가지 복합적인 요인이 작용한 결과였다. 기원후 66년에 일어난 1차 봉기는 그리스인과 유대인 사이에 벌어진 소송에서 시작되었다. 소송에서 승소한 그리스인이 유대인을 학살하는 데도 로마군이 아무런 조치를 취하지 않았으며, 때마침 로마군이 예루살렘 신전을 모독하는 사건이 발생했다. 이에 분노한 유대인이 폭동을 일으켰고 이는 대규모 반란으로 발전했다. 유대인의 반란은 기원후 66년부터 70년까지 계속되었으나 결국 진압되었다. 이때 랍비^{rabbi}* '요하난 벤 자카이^{Johanan ben Zakkai}'의 지혜와 노력으로 유대교 학교인 '예시바^{Yeshivah}' 창설을 허락받음으로써 유대교가 말살되는 위기는 벗어났다.[6]

그러나 유대인은 심각한 박해를 피할 수 없었다. 반란 사건을 주도한 열심당과 자객당, 상급제사장, 대지주, 상인, 귀족 중심의 사두개파, 쿰란 수도원 중심의 에세네파**는 모두 소멸되었다. 이제 사두개파의 소멸로 예배를 이끌 제사장, 곧 사제가 없어졌다. 요하난 벤 자카이는 기원후 70년경 바리새파를 이끌고 텔 아비브^{Tel Aviv} 남동쪽 약 20킬로미터 지점에 있는 야브네^{Jabneh}로 가서 율법 중심의 유대교를 재건하고 율법학교를 열었다. 그의 노력으로 유다 왕국은 망했을지라도 유대 민족이 살아남을 수 있는 터전을 마련할 수 있었다. 그 뒤 바리새파의 유명한 랍비들이 등장해 유대 민족의 지도자로서 세계를 떠돌아다니

---

* 유대교에서 히브리 성서와 『탈무드』에 대한 학문적 연구를 거쳐 유대인 사회와 사람들의 영적 지도자나 종교적 교사가 될 자격을 얻은 사람을 말한다.
** 예수의 도래를 예언한 세례 요한이 속했던 파로 알려지고 있다.

는 유대인들을 이끌게 된다.

유대교와 그리스도교는 약간의 차이가 있었지만 하느님을 믿는 뿌리가 같았기 때문에 공동으로 예배를 보았다. 하지만 기원후 85년경 야브네에서 랍비 사무엘Samuel이 유대인들이 회당 예배 때마다 바치는 18조 기도문 가운데 이단자들을 단죄하는 12조 기도문에 나사렛 사람들 곧, 그리스도교도들을 덧붙이면서 그리스도교도들은 유대교 회당 예배에 더 이상 참석할 수 없었고, 이때부터 독자적인 종단으로 독립하여 활동하기 시작했다.[7]

기원후 132년에 일어난 2차 반란은 당시 로마 제국의 황제 하드리아누스가 예루살렘 바로 북쪽에 식민도시를 건설해 로마 10군단을 상주시킨 것과 할례割禮를 금지한 것이 원인이 되어 일어났다. 게다가 로마는 예루살렘 성전 자리에 주피터Jupiter 신전을 세우기까지 했다. 유대인들로서는 있을 수 없는 일이었다. 반란은 135년 최종적으로 진압되었다. 이 사건으로 숱한 유대인이 죽었고, 유대 전역이 폐허가 되었다. 살아남은 전쟁 포로들은 노예로 팔렸는데, 너무나 많은 유대인 노예들이 시장에 나오는 바람에 노예가 말 값보다도 싸졌다는 베들레헴 Bethlehem 구전이 있을 정도이다.

66년과 132년의 두 차례에 걸친 유대인의 대규모 반란으로 고대 유대 역사는 사실상 종지부를 찍었다. 그래도 70년 1차 반란이 진압되었을 때에는 유대인들에게 그대로 영토가 남아 있었다. 그러나 135년 2차 반란이 끝난 다음에는 유대인의 나라 자체가 역사의 무대에서 사라지고 말았다. 그들이 살던 이스라엘 땅의 이름도 하드리아누스 황제의 명에 따라 팔레스타인으로 바꾸었다. 이스라엘 땅에서 유대인들의 기억을 완전히 지우기 위한 조치였다. 이 사건 이후 유대교와 기독교도 완전히 분리되었다. 이때부터 유대인들은 2천 년 동안 세계 각지를 떠돌며 유랑의 시대를 살아야 했다.[8] 그들이 이곳 팔레스타인, 지금의 이스라엘 땅으로 되돌아와 다시 나라를 세운 것은 기원후 1948년이었다.

예수, 새로운 종교 사상의 전파자

예수는 도대체 어떤 인물이기에 인류 역사에서 이렇게 엄청난 영향력을 미치고 있는 것일까? 예수가 한 행동에는 어떤 것들이 있을까? 우리가 상식적으로 알고 있는 예수의 삶은 간단하다.

그는 기원전 2년경에 유대인 목수인 아버지 요셉과 어머니 마리아 사이에서 태어났다. 그의 조상은 거슬러 올라가면 다윗 왕에 이른다고 하지만,[9] 당시의 예수 부모의 직업으로 볼 때 그가 부유하거나 학식이 있거나 또는 사회적 지위가 있는 집안에서 태어나지 않았던 것은 분명하다. 어린 시절과 청년 시절은 정확히 그 행적을 알 수 없다. 아마도 그는 목수인 아버지를 따라서 목수 일을 배웠을 것이다. 그가 어떤 유대교 교리를 익혔는지, 어떤 수련 과정을 거쳤는지도 알 수 없다. 그가 공적인 삶을 살기 시작한 것은 30세 무렵으로 여겨지고 있다. 그는 2~3년 동안 열심히 자신의 주장을 펴면서 공생애를 살다가 33세쯤 되었을 때에 당시 유다 지역을 지배하고 있던 로마 제국의 정치범으로 몰려 재판에서 사형선고를 받고 십자가에 못 박혀 죽었다.

공생애의 삶을 사는 동안 예수는 당시 유대교 랍비들과 갈등하고 부닥치고 논쟁했다. 그는 유대인들이 가지고 있던 선민 사상을 부정했고, 자신은 인류 전체의 목자牧者라고 말했다. 그는 유대인이었지만 배타적인 선민 사상과 형식화된 율법에 대해 비판적이었다. 그는 유대인들이 생명처럼 소중하게 여기는 율법 대신에 그 자리에 '사랑, 믿음, 소망'을 놓았다. 그는 율법을 곧이곧대로 지키는 것이 중요한 게 아니라 하느님과 이웃에게 다가가는 것이 중요하다고 설파했다. 이는 당시 유대교의 주장과는 매우 다른 신선한 내용이었다. 예수는 십계명과 율법 정신을 묻는 바리새파의 질문에 다음과 같이 대답한다.

> 네 마음을 다하고 네 목숨을 다하고 네 정신을 다해 주 너의 하느님을 사랑해야 한다. 이것이 가장 크고 첫째가는 계명이다. 둘째도 이와 같다. 네 이웃을 너 자신처럼 사랑해야 한다는 것이다. 온 율법과 예언서의 정신이 이 두 계명에 달려 있다.[10]

예수는 그때까지 누구도 말하지 않았던 인류 전체에 대한 구원과 사랑을 이야기했으며, 자신의 이익이 아니라 다른 사람을 위한 희생과 봉사를 이야기했다. 그의 주장은 보통 인간으로서는 생각할 수도 없고, 설령 생각하더라도 그렇게 실천하는 것은 '바보'라고 여겨지는 내용을 몸으로 실천하라는 것이었다. 그는 강자가 아니라 약자를, 부자가 아니라 가난한 사람을, 권력자가 아니라 일반 서민들을 보살피고 옹호하고 지지했다.

예수가 설파한 내용이 지금은 우리에게 익숙한 것들이 되었지만 2천 년 전 그 시대의 사람들에게는 매우 생소한 이야기였다. 그야말로

'혁명적인' 주장이었다. 그는 심지어 로마 제국의 통치자와 지배로부터 벗어나기 위해 투쟁하는 열심당 사람들에게도 유대 민족의 해방, 구원이 아니라 인류 전체의 구원과 해방을 이야기해 미움을 받았다. 그는 분명 유대교를 받아들인 부모 밑에서 자랐음에도 유대교 랍비들의 주장을 반박했으며 심지어 가장 극렬한 비난의 말도 서슴지 않았다.

예수의 주장은 전통적인 유대교의 입장에서는 도저히 용납될 수 없는 것이었다. 예수는, 하느님의 응답은 '토라'에 대한 복종이 아니라 믿음이 깊은 자에게 주어진다고 말했다. 그러나 이것은 그들로서는 용납할 수 없는 이야기였다. 선택받지 못한 이방인이 자기들의 하느님을 모신다는 것은 있을 수 없었다. 유대인의 율법과 관습을 부정하는 예수의 주장은 유대인 공동체를 부정하는 것이며, 파괴하는 행위였다. 유대인들로서는 그것을 그냥 방치하고만 있을 수 없었다. 예수는 이단을 넘어선, 자신들의 종교와 공동체를 파괴하는 가장 위험한 적이었다. 그래서 유대인들은 예수를 로마 제국의 십자가로 내몰았다. 유대인들은 그러한 행위가 자신들에게 얼마나 지난한 고통을 가져다줄 것인지 그 당시에는 미처 몰랐다.[11]

예수는 결국 유대인 공동체를 파괴한다고 믿었던 전통적인 유대교인들과 그의 행위가 제국의 통치에 악영향을 미칠지도 모른다고 생각한 로마 관리들의 합작으로 십자가형을 선고받게 되었다. 로마 행정관 본디오 빌라도Pontius pilatus는 예수가 아무런 죄가 없다는 사실을 알고 그를 보호하기 위해 일단 구금했다. 하지만 유대인들은 예수를 처형

---

* 일반적으로 총독으로 알려져 있으나 이 시기 유다는 로마 제국의 속주가 아니라 로마의 행정관이 직접 다스리는 지역이었다.

하라고 계속적인 공격을 퍼부었다. 만일 그냥 예수를 풀어주었다가는 무슨 폭동이라도 일어날 것만 같았다. 그는 결국 유대인들의 위협에 굴복하고 말았다.[12]

그러나 예수는 유대인들의 이러한 행위조차도 용서하려 했다. 그는 자신들이 무슨 행위를 하는지 모른다면서 그들을 용서해달라고 말한다. 또한 그는 자신의 죽음을, 인류의 죄를 대신한 구원의 행동으로 표현했다. 예수가 십자가를 지고 골고다 언덕을 향해 가면서, 그리고 십자가에 매달려서 한 말들 중에는 다음과 같은 것들이 있다.

"아버지, 저들을 용서해주십시오. 저들은 자기들이 무슨 일을 하는지 모릅니다."

"내가 진실로 너에게 말한다. 너는 오늘 나와 함께 낙원에 있을 것이다."

"여인이시여, 이 사람이 어머니의 아들입니다."

"나의 하느님, 나의 하느님, 어찌하여 나를 버리셨나이까?"

"목마르다. 이제 다 이루었다. 아버지, 제 영혼을 아버지 손에 맡깁니다."

이웃과 인류 전체를 사랑했던 사람, 나사렛의 예수는 결국 십자가에서 죽었다. 그는 가난한 사람과 병든 자, 힘없는 자, 무거운 짐을 진 자, 박해받는 자, 외로운 자, 불의에 고통당하는 자를 사랑했다. 그들의 고통과 고난을 자신이 대신 짊어지려고 했다. 그래서 십자가 처형이라는, 당시로서는 가장 고통스럽고 무거운 형벌을 받고 인간의 아들로서의 육신의 삶을 마감했다.

레오나르도 다 빈치의 〈최후의 만찬〉 | 산타 마리아 델레 그라치에 성당의 수도원 식당에 있는 벽화

그리스도교 공동체의 탄생과 확산

예수의 육신의 삶은 기원후 30년 무렵에 끝났다. 그러나 그의 진정한 삶은 그때부터 시작된다. 그의 육신은 더 이상 우리가 볼 수 없는 곳으로 갔지만 그는 인류의 역사 속에 다시 부활했다. 그를 따랐던 추종자 무리들은 많이 있었지만 그가 로마 제국의 정치범으로서 십자가 처형이라는 가장 무거운 형벌을 받고 죽자 그의 제자들은 그를 부인하기에 바빴다. 그 제자들 가운데서도 수석 제자였던 베드로Peter마저 그를 부인하고 말았다. 하지만 예수가 부활했으며 그것을 제자들이 목격했다는 소문이 나돌았다. 베드로 또한 그렇게 믿었다. 이후 그는 자신의 행위를 부끄럽게 여기고 예수의 행적을 알리는 포교 활동에 나선다. 하지만 그도 결국은 네로 황제 시절 붙잡혀 십자가에서 순교당하고 만다. 베드로의 본명은 시몬Simon이었으나 예수가 '반석'이라는 뜻

의 '베드로'란 이름을 지어주었다. 다른 제자들도 순교한 예수의 이름으로 전도와 간증을 시작했고, 그의 사상이 점차 확산되어 가기 시작했다.

예수의 가르침이 정확히 무엇인지는 그리스도교인들 사이에서도 의견이 분분하다. 기독교의 믿을 만한 복음서로는 마르코, 마태, 루가, 요한 등의 4복음서가 있지만 가장 초기의 복음서도 예수가 죽은 지 한 세대 이상 지난 후에 쓰인 것이다. 예수의 제자들은 예수가 자신을 신의 거룩한 아들, 즉 그리스도라고 이야기했으며, 그는 인류의 죄를 위해 고난과 죽임을 당했다. 제자들에 따르면 예수는 무덤에 장사 지낸 뒤 사흘 만에 부활해 하늘로 승천했으며, 다시 한 번 세상을 심판하기 위해 세상에 올 것이라고 했다.

복음서에 기록된 내용을 중심으로 예수의 가르침을 정리해보면 대략 다음과 같다.[13]

첫째, 아버지 하느님에 대한 믿음과 인류에 대한 형제애.

둘째, "너희는 무엇이든지 남에게 대접받고자 하는 대로 너희도 남을 대접하라"는 황금률.

셋째, 원수에 대한 용서와 사랑.

넷째, 악을 선으로 갚을 것에 대한 설파.

다섯째, 자기 부정.

여섯째, 위선과 탐욕에 대한 정죄淨罪.

일곱째, 종교의 본질은 의식에 있지 않다.

여덟째, 심판과 종말의 날이 임박했다.

아홉째, 죽은 자들의 부활과 하늘나라의 수립.

기독교가 종교로서의 교리를 체계적으로 갖추는 것은 제자들이 아니라 새로운 인물에 의해서였다. 그는 처음 사울이라고 불리다가 후에 사도 바울Paul로 불리는 인물이다. 바울은 팔레스타인 출신이 아니라 소아시아 남동부 타르수스Tarsus 시에서 태어난 유대인이었다. 그는 태어날 때부터 로마 시민권을 갖고 있었고, 엄격한 바리새파 유대교인이었다. 그는 원래 기독교를 부정하고 박해하던 인물이었으나 회심하면서 기독교로 개종했고, 그 후 중동 전역을 돌면서 기독교를 전파하기 위해 전심전력을 다했다. 바울은 유대인만을 구원하기 위해 예수가 왔다는 것을 부인하고 기독교를 인류 보편의 종교로 논리화했다. 그는 예수가 '기름부은 자'라는 뜻의 그리스도이고, 신의 아들이며 인류의 죄를 씻어주기 위해 십자가에 못 박혔다는 논리를 정리했다.

또한 바울은 유대교의 율법적인 노력들, 그러니까 유대인의 의식행위가 중요한 것이 아니며 그것이 구원을 가져다주지도 않는다고 선언했다. 그는 원죄를 지닌 인간은 예수를 믿고 따름으로써 그리스도 안에서 구원받을 수 있다고 주장했다. 또한 그는 다가올 인간의 운명은 전적으로 신의 의지에 달려 있다고 했다. 왜냐하면 "옹기장이가 같은 진흙덩이를 가지고 하나를 둘로 나누어서 하나는 귀하게 쓸 그릇을 만들고 하나는 천하게 쓸 그릇을 만들어낼 권리"가 있듯이 신은 "당신의 뜻대로 어떤 사람에게는 자비를 베푸시고 또 어떤 사람에게는 완고하게도 하신다."는 것이다.[14]

예수가 하느님에 대한 믿음과 하느님 나라의 임박함을 선포했다면,

바울은 그리스도와 교회의 직무를 통한 개인적 구원을 위한 종교적 토대를 놓았다고 말할 수 있을 것이다. 바울 이후 기독교는 신자들이 그리스도에게 가까이 다가갈 수 있는 의식과 성사聖事를 발전시켰으며, 그와 같은 성사를 집전할 사제 조직을 발전시켰다. 그와 함께 성사를 집전하는 사제들은 하느님의 권능을 대신하여 초자연적인 권능을 부여받았다는 관념이 등장했고, 그에 따라 기독교는 고대의 그 어떤 다른 종교들 이상으로 성직자와 평신도 사이의 차별성을 강조하게 되었다. 이는 결국 후에 국가와 교회 사이의 권한을 놓고 다투는 근본적인 원인이 되었다. 기독교는 세속 사제 조직이 성사를 관장하고 내세의 구원을 강조하면서 그 교세가 크게 확장되었다.[15]

기독교인들은 처음 각지에 흩어져 있는 유대인 공동체들을 찾아다니며 전도 활동을 시작했다. 기독교는 각지에서 뿌리를 내리며 주변의 문명 세계에 전파되기 시작했다. 이러한 기독교 공동체들은 서로 대등하고 독립적인 관계를 유지했다. 그러나 예루살렘 교단은 그 권위와 우위권을 인정받았다. 그곳에는 부활한 그리스도를 목격한 사람들과 그 후손들이 모여 있었기 때문이다. 각 공동체들이 서로 연결될 수 있는 유일한 끈은 세례의식이었다. 세례의식은 새로운 이스라엘 백성으로 받아들인다는 상징적 의미이자, 예수가 체포되기 전날 저녁 제자들과의 마지막 만찬에서 거행된 의식을 재현하는 성찬식이었다.

각 지역 교파의 지도자들은 독립적인 권한을 행사할 수 있었다. 그들은 각지에 흩어져 있는 기독교 공동체들이 어떤 문제들을 조정할 때 회의를 열었다. 그들은 예수의 재림을 기다렸다. 그러다가 기원후 66년의 유대인 반란 사건으로 70년에 로마가 예루살렘을 함락하고 성전을 파괴하면서 많은 기독교인들이 다른 곳으로 뿔뿔이 흩어지게 되었다. 그 이후 예루살렘 기독교단의 영향력이 쇠퇴했고, 유대 지역에서 기독교는 활기를 잃어갔다. 기원후 2세기 초 팔레스티나 외곽에 기독교 공동체들의 수가 점차 늘어나면서 이를 관리하기 위한 성직자 체계가 발달하기 시작했다. 그 위계 직분은 후일 기독교의 기본체계가 되는 목사, 장로, 집사였다.[16]

기독교가 살아남을 수 있었던 이유는?

기독교는 그리스도의 죽음 이후 2백 년 동안 착실히 성장을 거듭했다. 기독교가 결정적으로 교세를 확장하는 것은 3세기에 이르러서였다. 기독교의 성장과 확장을 이해하기 위해서는 로마 제국의 정치적, 사회적 상황을 이해할 필요가 있다. 3세기 로마 제국은 정치적 혼란과 경제적으로 궁핍한 상황이 전개되면서 사람들은 현세의 삶에 대한 꿈을 잃어버리고 대신 내세에 대한 희망을 품게 되었다. 이 시기는 흔히 말하는 '고뇌의 시대'였다. 인간의 육체와 물질세계가 사악하며 나아가 무의미하다는 생각이 팽배하게 되었다. 신플라톤주의자인 플로티노스Plotinos는 "내가 나 자신으로 돌아왔을 때 나는 도대체 어떻게 해서 내가 육체를 가지게 되었는지 의아스러웠다."고 말하기도 했다.[17]

사회적으로 현세를 부정적으로 바라보는 사고가 팽배한 가운데 영적인 힘의 지배와 내세 구원을 강조하는 여러 종교들이 그 기반을 확산하기 시작했다. 그러한 종교들 가운데는 미트라 숭배, 영지주의, 이

시스 숭배와 같은 것들이 있었고, 기독교도 그 가운데 하나였다.

그러면 기독교는 어떻게 이러한 종교들을 물리치고 경쟁에서 승리할 수 있었을까? 『로마제국 쇠망사』를 쓴 에드워드 기번은 기독교가 로마의 탄압 속에서도 성장을 계속할 수 있었던 요인으로 다섯 가지를 들었다. 첫째, 단호하게 일신교를 관철한 것. 둘째, 영혼불멸로 상징되는 미래의 삶을 보장하는 교리를 세운 것. 셋째, 초기 기독교회 지도자들이 일으켰다는 수많은 기적. 넷째, 기독교에 귀의한 사람들의 순수하고 금욕적인 생활 방식. 다섯째, 규율과 단결을 특징으로 하는 독립된 사회를 구성하게 되었고, 그 기독교도 사회가 로마제국 안에서 국가 속의 국가가 되어간 것.[18]

또한 『불안의 시대의 이교도와 그리스도교』를 쓴 에릭 R. 도즈는 기독교의 성공 요인으로 네 가지를 들었다. 첫째, 기독교 자체가 가진 절대적인 배타성. 둘째, 기독교는 누구한테나 열려 있었다는 점. 셋째, 사람들에게 희망을 주는 데 성공했다는 점. 넷째, 기독교에 귀의하는 것이 현실 생활에서의 이익을 가져다준 점.

이 두 사람의 주장을 비교 정리하면서 시오노 나나미는 '기독교의 유연성'이 성공의 중요한 요인이었다고 생각한다면서 이렇게 말했다.

불안의 시대에는 오히려 불관용적인 가르침이 든든해 보인다면, 유대교도 다른 신을 일절 인정하지 않는 일신교였다. 그런데 3세기에 대두한 것은 유대교가 아니라 기독교였다. 그것은 무엇 때문일까?

나는 이렇게 생각한다. 기독교회는 다른 신의 존재를 인정하지 않는 일신교의 관점은 절대 양보하지 않았지만, 그밖의 다른 점에서는 로마제국에 상당히 양보한 게 아닐까. 그들이 보기에 부차적인 것에 대해서는 상당한 유연성을 발휘한 게 아닐까. 어쩌면 그들은 아무것도 양보하지 않았기 때문에 로마제국과 정면으로 부딪쳐 결국 옥쇄해버린 유대 국가를 보고, 거기에서 그런 유연성을 배웠을지도 모른다. 어쨌든 유대교와 로마제국은 정면으로 격돌했지만, 기독교는 어느새 로마제국 안에 침투해 있었다.[19]

그러면서 그는 기독교가 로마 제국에 양보한 것으로 '우상 숭배, 할례, 제국의 공직과 병역, 회색지대' 등 네 가지를 든다. 충분한 논란거리가 될 수 있겠지만 한편으로는 적절한 지적일 수 있겠다는 생각이 든다. 대결을 통해서만 모든 것을 성취할 수 없는 것은 어쩌면 종교 문제만이 아닐 것이다. 세상의 모든 일들이 일방적으로 관철되는 것은 없다. 아무리 강한 로마제국도 결국 양보와 타협을 이루지 않았던가. 그건 기독교도 마찬가지로 충분히 가능했던 일이다. 그러고 보니 "유연함이 딱딱함을 이긴다." "부드러운 것이 강한 것이다." "물보다 강한 것은 없다.上善若水"고 주장한 노자의 말이 생각난다. 만약 유대교도 유연함을 보였다면 세계 종교가 되었을까?

기독교, 세계 종교가 되다

무엇보다 기독교는 신흥 종교였고, 그래서 역동성이 매우 강했다. 그런 점에서 기원후 276년에서 400년경까지 기독교보다 더욱 더 신흥 종교였던 마니교가 기독교의 가장 중요한 경쟁 상대였다는 것은 전혀 이상하지 않다.

기독교는 역동성과 더불어 배타성을 갖고 있어서 그 내적 결속력이 강했다. 사실 많은 사람들이 기독교가 출현하기 이전에는 마치 현대인이 보험에 가입하듯이, 여러 종교에 적을 두었다. 그래야 더 큰 안전을 확보할 수 있다고 믿은 것이다. 그러나 기독교는 그와 같은 행위를 절대적으로 금지했다. 오직 유일신만을 섬길 것을 요구함으로써 필사적으로 절대적인 것을 갈구하던 당시 사람들의 마음을 사로잡을 수 있었다. 기독교는 또한 당시 유행하던 여러 종교 가운데 유일하게 현세의 악을, 악마의 지배를 받는 마귀들의 짓으로 설명할 수 있는 포괄적인 이론체계를 갖추고 있었다. 기독교 전파자들은 개종 작업을 진행하면서 소위 기적에 의한 마귀의 물리침을 기독교가 할 수 있다는 것을 강조했다.[20]

기독교가 힘을 갖게 되는 데는 신선한 교리, 배타성, 악마에 대한 논리적 설명 등이 크게 영향을 미쳤다. 하지만 기독교의 가장 큰 흡인력은 구원관과 사회적 약자에 대한 옹호, 그리고 조직체계에 있었다. 로마가 말기로 접어들면서 사회적 혼란이 계속되자 사람들은 내세의 구원에 가장 큰 관심을 갖게 된다. 다른 종교들도 내세를 약속했지만, 기독교의 내세관만큼 강렬하지 않았다. 기독교는 불신자들은 타오르는 불길 속에서 영원히 불태워질 것이며, 믿는 자들은 영원한 복락을 누릴 것이라는 경고를 했는데, 이것이 사람들을 두려움 가운데서도 강하게 빨아들이는 마력을 발휘했다.

또한 기독교는 처음부터 목수, 어부, 천막 제조공 등 비천한 자들의 종교로서 출발했기 때문에 사회의 모든 계층으로부터 개종자들을 확보할 수 있었다. 교세가 확장되면서 기독교의 가장 큰 힘의 원천은 로마제국 인구의 절대다수를 차지하는 하층과 중간계급에서 나왔다. 더욱이 기독교는 여성이 사제가 되는 것은 금했지만 여성이 예배에 참여하여 남성과 동등하게 구원의 희망을 찾을 수 있도록 배려했다. 반면 당시 경쟁관계에 있던 미트라 숭배는 여성을 종교 의식으로부터 철저히 배제했다. 결국 기독교는 교세 확장에서 매우 유리한 위치에 설 수 있었다.

이러한 여러 조건과 상황이 맞아 떨어져 기독교는 성공적으로 교세를 확장할 수 있었다. 이러한 기독교의 확장에서 마지막으로 중요한 역할을 한 것은 조직체계였다. 다른 신비스러운 종교들과는 달리 기독교는 3세기에 이르러 신앙생활을 지도할 목사, 장로, 집회와 같은 사제 조직체계를 발전시켰다. 뿐만 아니라 기독교인들은 신앙생활을 토대로 긴밀한 공동체관계를 유지했다. 그들은 반드시 종교적이라고 할 수 없는 봉사 활동을 했는데, 병자를 간호하고 노약자를 보호하며 장례식을 함께 힘을 모아 치렀다. 이러한 생활 공동체 활동을 통해 기독교인들은 온 세상이 무너져 내리는 것 같은 무참한 시대의 한가운데서 따뜻한 유대감과 강한 종교적 일체감을 찾을 수 있었다.

로마의 기독교 박해를 잔인하게 묘사하는 할리우드 영화들이 많이 있다. 하지만 실제로 로마 제국의 기독교 박해는 그다지 심하지 않았다고 보아야 할 것이다. 어떻게 보면 로마인들은 대체로 기독교에 대해 무관심했다고 말하는 편이 더 옳을 것이다. 일부 행정관들이 국가의 공식적인 신들에 대한 예배를 거부했다는 죄목으로 기독교인들을 박해했지만 일상적인 탄압은 아니었다. 때로는 가혹한 박해가 있었지만 그것은 간헐적인 것이어서 기독교에 치명적인 손상을 입힌 것은 아니었다. 오히려 그와 같은 박해가 기독교를 널리 알리는 결과를 초래했다는 것은 아이러니가 아닐 수 없다. 이런 점에서 본다면 순교자들의 피가 교회를 번창시키는 씨앗이 되었다. 그러나 그것도 지나치게 피를 많이 흘리지 않았기 때문에 가능한 일이었다.[21]

로마에 큰 화재가 있었던 네로 황제 시절, 화재의 원인을 기독교도에게 돌리며 박해했다고 알려져 있지만 그 정도는 심하지 않았다. 이런 오해는 모두 할리우드 영화의 효과가 크다고 말할 수밖에 없을 것이다. 그 후에도 여러 차례 박해가 있었으나 가장 심각한 박해는 4세기 초 디오클레티아누스Diocletianus 치세 말기에 일어났다. 그의 뒤를 이은 갈레리우스Galerius 또한 박해를 계속했지만, 이미 이 시기에는 기독교의 뿌리가 워낙 강해 박해만으로 뿌리를 뽑을 수 없는 상태가 되었다. 갈레리우스는 마침내 사태를 파악하고 죽기 직전인 311년 관용령을 선포하게 된다. 그 뒤 기독교에 대한 박해는 더 이상 없었다.

기독교의 최종적인 승리는 콘스탄티누스 1세에 의해 시작되어 테오도시우스에 의해 완성되었다. 콘스탄티누스 1세는 기독교를 제국의 공식종교로 받아들이지는 않았으나 기독교에 대해 강한 호감을 보였다. 그는 313년 '밀라노 칙령'을 발표해 기독교를 사실상 인정하고, 316년 제1차 '니케아 공의회'를 열어 그동안 다양한 사상으로 분화되어 있던 기독교의 교리를 정리하도록 했다. 콘스탄티누스 1세는 기독교를 통하여 정치력을 강화하고자 했다. 그는 기독교가 도덕적으로 극심하게 타락하고 종교적으로 분열된 로마 제국에 정신적 통일을 가져다줄 수 있을 것이라고 기대했다. 그 뒤 기독교적인 교육을 받고 성장한 그의 몇몇 계승자들은 과거에 일부 황제들이 기독교를 박해했던 것보다 더 혹독하게 기독교 외의 이교도를 박해했다.

콘스탄티누스 1세는 324년에서 330년 사이 로마 제국의 수도를 비잔티움Byzantium으로 옮기면서 새롭게 도시를 건설하여 콘스탄티노플Constantinople로 개칭했다. 새로 지어진 건물 가운데에는 교회도 포함되어 있었다. 그리고 380년 2월 27일, 테오도시우스 1세는 마침내 테살로니카 칙령을 선포하고 기독교를 로마 제국의 국교로 삼았다. 이로써 기독교는 로마 제국의 종교가 되었으며, 이후 유럽 전체의 종교가 되었다.

기독교는 이처럼 로마 제국의 공식적인 후원에 힘입어 최종적으로 승리했다. 로마 제국의 공인 후에는 출세를 노리는 관리들이 앞을 다투어 지배자의 종교를 받아들였다. 일반 대중들 또한 기독교가 국가의 공식 후원을 받게 되자 쉽게 개종했다. 삶이 고달팠던 하층계급의 사람들은 내세의 구원에 대한 갈망을 가졌고, 대거 기독교로 개종하게 되었다. 콘스탄티누스 1세가 개종할 당시 기독교도는 로마 제국 인구의 1/5 정도였을 것으로 추정되지만, 그 후 국가의 지원에 힘입어 급속히 늘어났다. 380년 테오도시우스 1세의 칙령으로 기독교가 로마의 공식국교가 되면서 다른 이교도들은 급속히 자취를 감추었다.

이것은 과연 예수 그리스도의 승리일까? 아니면 이를 받아들인 로마 제국의 승리일까?

11. 제국의 쇠퇴와 위기

제국의 쇠퇴와 위기는 어디서 왔나?

영화와 역사적 사실의 차이는?

팍스 로마나의 시대도 철인 황제 마르쿠스 아우렐리우스가 사망하면서 사실상 끝난다. 페르시아 영토를 대부분 차지하고 강국으로 등장한 파르티아 원정과 수시로 국경을 넘어오는 게르만족의 평정에 많은 시간을 보내며, 쉴 틈도 없이 전장을 누벼야 했던 마르쿠스 아우렐리우스의 죽음과 함께 '5현제의 시대'도 끝났다. 또한 그의 죽음과 더불어 유능한 인물을 양자로 삼아 후계자로 키워 황제 자리를 물려주던 전통도 끝났다. 그는 선임 황제들과 달리 자신의 아들인 콤모두스에게 황제 자리를 물려주었다. 콤모두스는 후대의 사가들에게 잔인하고 무능한 황제로 취급받는 대표적인 인물의 하나다. 많은 서양사가들이 마르쿠스 아우렐리우스가 그의 아들에게 황제 자리를 물려준 것은 큰 실책으로 보고 있다. 다음의 평가가 대표적인 경우라 할 수 있을 것이다.

마르쿠스 아우렐리우스는 선임 황제들의 관행을 깨뜨림으로써 향후 로마 역사에 치명적인 오점을 남겼다. 그는 로마의 황제들 중 가장 철학적이고 사려 깊은 인물이었지만, 자신의 아들 콤모두스가 얼마나 무능하고 패륜아인지는 미처 깨닫지 못했다. 부친의 희망대로 제위에 오른 콤모두스는 사악한 취미에나 탐닉하는가 하면 원로원을 공공연히 경멸하고, 게다가 어찌나 잔인하게 지배했는지 마침내 기원후 192년에 한 궁정 파벌에 의해 교살당하고 말았다. 그리고 그 후의 사태는 걷잡을 수 없이 악화되었다. 콤모두스의 뒤를 이을 분명한 후계자가 없었기에 여러 속주들의 군대가 제각기 황제 후보들을 옹립하고, 그 결과 내란이 뒤따랐다.[1]

영화 〈글래디에이터〉*는 이 문제투성이의 콤모두스 황제 시대를 배경으로 하고 있다. 마르쿠스 아우렐리우스는 아무래도 아들에게 믿음이 가지 않아서 막시무스 장군에게 황제 자리를 물려주려 한다. 이를 눈치 챈 콤모두스는 질투를 느껴 마르쿠스 황제를 살해하고, 황제에 오른 뒤 막시무스와 그의 가족들을 도두 죽이라고 명령한다. 가족을 모두 잃고 겨우 살아남은 막시무스는 노예로 전락하고, 투기장의 검투사가 된다. 그에게 남은 건 오로지 황제 콤모두스에 대한 복수의 일념뿐. 검투사로서 매 경기를 승리로 이끌면서 살아남은 그의 명성과 인기는 날로 높아간다. 로마로 돌아온 그는 아내와 아들을 죽인 콤모두스에 대한 복수를 다짐한다. 어느새 민중의 영웅이 된 막시무스는 기

---

* 거장 리들리 스콧 감독의 이 영화는 2000년이 제작, 상영되었고, 러셀 크로우(막시무스 역), 호아킨 피닉스 (콤모두스 역), 코니 닐슨(루실라 역), 올리버 리드 (프록시모 역), 리차드 해리스(마르쿠스 아우렐리우스 역) 등이 출연했다. 글래디에이터는 검투사를 뜻하는 라틴어 '글라디아토르(gladiator)'를 영역한 것이라고 한다.

회가 찾아오기를 기다린다.

콤모두스는 그가 아직 살아 있음을 알고 분노하지만 민중이 두려워 그를 죽이지 못한다. 드디어 막시무스는 예전의 부하들과 은밀히 만나 사랑하는 아내와 아들, 존경하던 황제를 살해한 난폭한 황제 콤모두스에 대한 복수를 결의한다. 아직도 막시무스를 사랑하고 있는 마르쿠스 황제의 딸 루실라도 동생 콤모두스를 배신하고 막시무스의 반란을 도우려한다. 마침내 그 날이 왔다. 막시무스가 출전하는 검투 경기의 날을 디데이로 삼아 거사를 일으키고, 콤모두스 황제는 반란 세력에게 살해된다. 그러나 러셀 크로우를 일약 세계적인 스타덤에 올려놓은 이 영화는 말 그대로 영화일 뿐 역사적 실제와는 거리가 있다.

이와 관련하여 시오노 나나미는 『로마인 이야기』에서 영화의 내용이 역사적 사실과 다르다는 것을 자세히 설명하고 있다.[2] 그녀가 주장하는 핵심 내용을 간단히 정리하면 다음과 같다.

먼저 영화 〈로마 제국의 멸망〉*이나 〈글래디에이터〉에서 콤모두스에 의해 아우렐리우스 황제가 살해되는 것으로 설정된 것은 역사적 사실과는 거리가 있다. 로마의 역사가이자 정치가 디오 카시우스의 저술에 "마르쿠스의 시의가 콤모두스의 총애를 받으려고 황제를 독살한 것 같다."는 이야기가 나오지만 이것도 마르쿠스가 죽은 뒤 10년이나 지나서 콤모두스의 실정이 드러나기 시작한 시기에 사람들의 입에 오르내리기 시작했다. 둘째, 앞의 황제들은 자신의 친아들이 없었기에

※ 앤서니 맨 감독의 이 영화는 1964년에 제작되었으며, 소피아 로렌(아우렐리우스 황제의 딸 루킬라 역), 스티븐 보이드(아우렐리우스 황제가 후계를 맡기려 한 장군 리비우스 역), 알렉 기네스(마르쿠스 아우렐리우스 역), 크리스토퍼 플러머(콤모두스 역) 등이 출연했다.

능력 있는 인물을 양자로 들여 자신의 후계자로 삼을 수 있었다. 하지만 아우렐리우스는 황제에 즉위한 해에 태어난 친아들 콤모두스가 있었고, 그가 15세일 때부터 공동황제로 삼았으므로 그를 황제의 자리에 올리지 않을 이유가 없었다. 따라서 만일 그를 대신하여 능력 있는 인물을 황제로 삼았다면 내란 상태를 피할 수 없었을 것이다. 콤모두스는 19세 때까지 황제로서의 결격 사유가 드러나지 않았다. 콤모두스의 성격이 변하기 시작한 것은 마르쿠스 사후 2년 뒤에 일어난 음모 사건 때문이었다.[3]

역사를 소재로 한 영화나 문학 작품이 역사적 사실과 다른 것은 어쩌면 당연한 일인지도 모른다. 특히 영화나 소설이 대중의 흥미를 자극하는 요소를 절대적으로 필요로 하는 대중예술이라는 점에서 분명히 역사적 사실과는 거리가 있다. 그럼에도 다수의 일반 대중들은 영화와 소설이 허구라는 점을 인지하지 못하는 경우가 많다. 대중에게 영향력이 큰 영화나 소설은 그 자체로 어떤 인물에 대한 고정된 평가를 낳을 가능성이 많다. 콤모두스에 대한 이미지나 평가를 고착화하는 데 이러한 대중 예술 작품들이 크게 기여했다고도 말할 수 있을 것이다.

로마 황제 가운데 악제惡帝로 정평이 나 있는 네로 또한 그러한 대표적인 경우라 할 수 있을 것이다. 네로는 일반적으로 폭군으로 악명이 높지만 실제로는 '금융과 외교, 그리고 대화재 이후 로마의 구획 정리 같은 면에서 상당한 업적을 이룩했다'고 평가받고 있다.[4] 영화나 소설을 통해 역사에 대한 이해를 넓히는 것은 좋은 일이지만 역사적 사실과 픽션의 경계는 구분하면서 보는 지적 교양은 필요하겠다.

무능하고 소극적인 콤모두스

후대의 역사가들이 로마의 쇠망이 시작되는 기점을 콤모두스로 보고 있는 것은 이유가 있다. 로마 시대부터 이미 콤모두스에 대한 평가는 최악이었다. 콤모두스가 악평을 받기 시작한 것은 야만족과 강화협정을 맺으면서부터였다. 그는 황제가 된 뒤 오랫동안 싸웠으나 끝내 결정적인 승리를 거두지 못했던 게르마니아 전선에서 평화협정을 맺고 도나우강 북쪽지대를 포기했다. 180년에 맺은 이 평화협정은 굴욕적이라고 비판받았지만, 몸젠은 『로마사』[5]에서 콤모두스의 결단이 "60년의 평화"를 낳았다고 말했다. 실제로 180년부터 240년까지 도나우강에서는 대규모 전쟁이 일어나지 않았다.[6]

그러나 그 뒤 콤모두스는 황제로서의 역할을 제대로 하지 못한다. 그를 의심 많은 인간으로 만든 결정적 사건은 황제가 된 2년 뒤인 182년에 일어난 암살 음모 사건이었다. 이 사건의 주모자는 친누나인 루킬라였다. 콤모두스보다 열한 살이 많았던 그녀는 콤모두스에게 어머니 같은 존재였다. 하지만 이 사건으로 루킬라는 카프리섬으로 귀양 갔다가 살해된다. 그녀는 죽어서도 황제 일가의 묘소인 '하드리아누스 영묘'에 매장되지 못했다. 관련자들은 모두 참수형에 처해졌다. 이 사건은 21세의 황제 콤모두스를 의심의 포로로 만들었다. 그 때문에 근위대장 파테르노와 집정관 경험이 있는 유력한 원로원 의원이 6명이나 처벌받았다. 4명은 사형, 2명은 추방형이었다. 마르쿠스 밑에서 군단장으로 활약한 퀸틸리우스Quinctilius 형제도 사건에 연루되었다. 형은 콤모두스의 매형이었는데, 그는 수도에 있다가 재판도 받지 않은

채 살해되었고, 동생은 아슬아슬하게 도망치는 데 성공했다.[7]

그 뒤 콤모두스는 제국의 통치에 관심을 기울이지 않았고, 그를 대신하여 그 역할을 한 것은 페렌니스라는 근위대장이었다. 그는 근 5년간 콤모두스 황제를 보필하며 사실상 제국을 이끌었다. 하지만 그리스 출신의 해방 노예였던 하인 클레안드로스의 고자질에 놀아난 황제 콤모두스는 의심병이 도져서 결국 그를 살해하고 말았다. 페렌니스와 그의 아내와 누이, 그리고 두 아들까지 모두 자객에 의해 죽었다. 콤모두스는 이 사건을 감추기 위해 황제 암살 음모가 사전에 발각된 것은 자기가 행운아라는 증거라면서, 앞으로 자신의 공식 이름에 행운아를 뜻하는 '펠릭스'를 덧붙이겠다고 공표했다. 당시 원로원 의원이었던 역사가 디오 카시우스Dio Cassius는 페렌니스에 대해 이렇게 평가했다.

야심가이기는 했지만 뇌물이 통하지 않는 청렴한 사람이었다. 정책은 온건하고 무리가 없었다. 원로원을 대하는 태도가 고집스럽고 강경했던 것은 사실이지만, 유능한 공직자였다고 말할 수 있다. 그런 비참한 죽음이 아니라 좀 더 행복한 죽음을 맞을 자격이 충분했다.[8]

페렌니스의 죽음 이후 로마 제국의 키는 해방노예 출신의 클레안드로스가 잡았다. 최측근이 된 클레안드로스는 거의 공공연하게 매관매직을 했다. 그에게 제동을 걸 수 있는 사람은 콤모두스 황제를 제외하면 근위대장뿐이었다. 이 무렵 콤모두스가 근위대장을 자주 갈아치운 것이 그러한 증거라고 할 수 있다. 닷새 만에 물러난 사람도 있고, 심지어 여섯 시간 만에 쫓겨나 최단 기록을 세운 사람까지 있었다고 한다.

로마 쇠퇴의 출발점이 되다

187년 두 번째 황제 암살 음모가 발각되었다. 실제로 그런 사실이 있었는지 아니면 클레안드로스가 콤모두스의 피해망상을 부추긴 결과인지는 알 수가 없다. 주모자로 지목된 마메르티누스와 부루스는 모두 콤모두스의 매형과 매제였다. 그들은 재판도 받지 못한 채 살해되었다. 그래도 누이들한테는 손을 대지 않았다. 누이들을 죽이지는 않았지만 바람을 피운 아내 크리스피나는 간통죄로 카프리섬에 유배되어 그곳에서 살해되었다. 콤모두스의 폭주는 멈출 수 없는 상태가 되어버렸다.

179년에는 측근 클레안드로스가 성난 군중에게 살해되는 사건이 일어났다. 노골적인 치부에 정신이 없었던 그는 로마인에게 무상으로 배급해야 할 밀을 빼돌려 시장에다 팔아먹었다. 이에 화가 난 군중 시위대가 콤모두스 황제의 저택에까지 밀려왔고, 공포에 사로잡힌 황제는 클레안드로스를 저택에서 밀어내 성난 군중에게 제물로 바쳤다. 클레안드로스가 살해된 다음에는 콤모두스의 애첩 마르키아, 클레안드로스를 대신한 황제의 침실 담당 하인 에클렉투스, 그리고 근위대장 아이밀리우스 레토의 세 사람이 영향력을 행사하게 되었다.

이렇게 되자 유능한 사람들이 모두 황제 주변에서 배제되거나 스스로 떠났다. 나중에는 속주 총독과 군단장에게 보내는 공문서를 쓸 사람이 없어서 황제가 보낸 서한에 'vale발레'라고만 적혀 있었다고 한다. '발레'는 '잘 있어라·안녕·몸조심해라' 등 여러 가지 뜻을 내포하는 인사말로, 편지 말미에 덧붙이는 관례적인 용어였다고 한다.[9]

이러고도 로마 제국이 큰 이상 없이 돌아갔다는 것은 어찌 보면 이상한 일이다. 이건 아무래도 속주의 총독들과 전선의 군단장들이 유능하게 자기 역할을 하고 있었기 때문에 가능했을 것이다. 여기서 우리는 잘 짜여진 체제는 상층이 무능해도 하부관리들은 유능할 수 있다는 사실을 확인하게 된다. 중하급 관리들은 황제의 무능과 상관없이 자기 역할을 했고, 잘 조직된 로마 제국은 톱니바퀴처럼 맞물려 큰 고장 없이 돌아갔던 것이다.

　하지만 이런 상황이 언제까지 지속될 수는 없었다. 콤모두스 황제는 연일 검투 시합장을 찾았고, 심지어 자신이 직접 프로 검투사와 겨루기도 했다. 콤모두스는 이제 "병약해서 건강과는 거리가 멀었던 아버지 마르쿠스 아우렐리우스를 경멸하고, 자신의 친아버지는 유피테르 신이며 자기는 그 아들 헤라클레스의 환생이라면서 '로마의 헤라클레스'를 자칭하게 되었다." 사자 가죽을 머리에 뒤집어쓰고 오른손에는 곤봉을 든 조각상을 만들게 한 것도 그 무렵이었다. 그 때문에 그가 마르쿠스 아우렐리우스의 자식이 아니라 황후 파우스티나와 검투사 사이에 태어난 사생아라는 전설까지 생기게 되었다. 하지만 그건 이치에 맞지 않는 이야기였다. 시오노 나나미의 주장을 한번 들어보자.

　따라서 (콤모두스가) 친아버지가 검투사라고 말하기는커녕 그런 생각조차 하지 않았을 것이다. 콤모두스가 '아버지'로 생각하고 싶어 한 것은 그리스 · 로마의 최고신 유피테르그리스에서는 제우스였다. 그래도 어쨌

　로마 신화 최고의 신으로 그리스 신화의 제우스에 해당한다. 영어식인 주피터(Jupiter)로 더 많이 알려져 있다.

든 '착란'인 것은 다름이 없다. 콤
모두스가 이런 위인이라면, 오늘
날까지 높은 평가를 받아온 마르
쿠스 아우렐리우스가 그렇게 어
리석은 아들에게 제위를 물려줄
리가 없다고 믿는 것도 심정적으
로는 이해가 간다. 이런 믿음을 바
탕으로 많은 소설이 씌어졌고 영
화도 두 편 제작되었다. 이것만 보
아도 로마 황제들 가운데 후세가
가장 좋아하는 황제는 마르쿠스

로마제국 제17대 황제 콤모두스의 조각

아우렐리우스임을 알 수 있다. 하

지만 같은 핏줄이라고 사는 방법까지 비슷하다고 할 수는 없다. 형은 똑
똑한데 아우는 어리석은 경우도 있듯이, 아버지는 현명한데 자식은 미
련한 경우도 있을 수 있다.[10]

192년 12월 31일 밤, 이 형편없는 황제는 결국 비참한 최후를 맞이
한다. 황제의 애첩 마르키아와 침실 담당 하인 에클렉투스의 암살 음
모에 콤도두스의 레슬링 코치인 나르키소스가 자객으로 참가했다. 나
르키소스는 황궁 욕실에서 목욕하고 있는 콤모두스의 목을 졸라 죽였
다. 제위에 오른 지 12년만이었고, 그의 나이 31세였다. 그가 죽자 세
사람은 흔적도 없이 사라졌다. 그들은 어디로 갔을까? 조용히 숨어서
잘 지냈을까? 아니면 근위대장 레토에게 죽음을 당했을까? 어쨌든 세

사람 모두 그 후의 역사에서 조용히 사라졌다. 암살 후의 그 뒷수습은 근위대장 레토가 맡아서 신속하게 처리했다.

콤모두스가 죽자 원로원은 만장일치로 황제 콤모두스를 '기록말살형Damnatio memoriae'에 처하기로 결정했다. 네로와 도미티아누스 황제에 이은 세 번째였다. 죽은 뒤 이 불명예스러운 형에 처해지면 초상이 파괴되고 공적비에서 이름이 지워진다. 하지만 콤모두스는 공공건물도 짓지 않았고, 수리도 하지 않았기 때문에 지워버려야 할 비문도 없었다.[11] 그의 죽음과 함께 혼란의 시대가 시작되었다. 마르쿠스 황제에게 콤모두스를 도와 로마를 잘 보위하겠다고 서약한 장군들이 드디어 그 굴레에서 해방되었고, 그들은 모두 황제 자리를 노리며 덤벼들었던 것이다. 이는 로마의 쇠퇴가 시작되는 첫걸음이었다.

내란과 군인 정권 시대

193년 1월 1일 원로원 회의에서 페르티낙스Pertinax 황제가 취임을 승인받았다. 하지만 그는 제위에 오른 지 87일 만인 3월 28일 근위병들에게 살해당하고 만다. 근위대장 레토는 페르티낙스를 황제에 올린 일등공신이었다. 그는 황제의 개인 영지였던 이집트의 장관이 되기를 원했다. 하지만 황제로서의 정통성과 기반이 취약했던 페르티낙스가 미적거리는 동안, 헛물을 켰다고 생각한 레토가 근위대를 선동한 것이다. 레토가 다음 황제로 점찍은 사람은 바로 그 무렵 북아프리카에서 수도로 돌아온 디디우스 율리아누스Didius Julianus였다.

하지만 율리아누스는 페르티낙스의 장인 플라비우스 술피키아누스라는 원로원 의원과 경쟁을 벌여야 했다. 두 명의 황제 후보는 근위대 병영을 둘러싸고 있는 방벽 밑에 서서, 방벽 위에 주렁주렁 매달려 내려다보는 병사들을 심판관으로 삼아 제위 경매를 시작했다고 한다. 이 경합은 술피키아누스가 근위병 1인당 5천 데나리우스, 율리아누스가 6천 250데나리우스를 불렀을 때 승패가 판가름났다. 원로원은 분개했지만 페르티낙스가 살해된 것과 같은 날인 3월 28일 결국 디디우스 율리아누스의 황제 취임을 승인했다.[12]

하지만 변경의 방위선을 지키는 병사들은 이를 승인하지 않았다. 페르티낙스가 황제에 올랐을 때는 동요하지 않던 군단이 디디우스 율리아누스가 제위에 오르자 비로소 움직이기 시작했다. 이것은 황제 쟁탈전이 우두머리만 교체하는 쿠데타 방식을 넘어서 내란 상태로 접어들었다는 것을 의미했다. 4월 9일, 판노니아 속주 총독 셉티미우스 세베루스Septimius Severus가 군단병들의 추대를 받아 황제를 자칭했다. 그리고 얼마 뒤에는 시리아 총독 페스켄니우스 니게르Pescennius Niger와 브리타니아 속주 총독 클로디우스 알비누스Clodius Albinus가 각각 휘하 군단병들의 추대를 받아 황제를 자칭하고 나섰다.

193년 봄부터 제위 쟁탈전이 본격적으로 시작되었다. 이 쟁탈전에서 가장 중요한 것은 일차적으로 군사력이었다. 가장 먼저 움직인 것은 세베루스였다. 그는 알비누스에게 '카이사르Caesar'칭호와 로마에 대한 공동 통치를 조건으로 제시했다. 이에 알비누스도 동의했다. 배후 걱정이 사라진 세베루스는 5월, 2개 군단 1만 명의 병력만 이끌고 남하를 시작했다. 그러자 6월 1일 고립된 율리아누스를 근위병 몇 명이 살해했다. 제위에 오른 지 64일 만에 일어난 일이었다. 세베루스는 싸움 한번 하지 않고 순조롭게 로마에 입성했다. 로마를 장악한 그는 근위대를 해체하고 병사들을 쫓아냈다.

초대 황제 아우구스투스가 처음 창설한 이래 로마군의 꽃이었던 영광의 근위대는 이렇게 해산되었다. 세베루스는 당장 수하의 군단병을 근위병으로 승격시켰다. 이렇게 해서 이탈리아 출신이 다수를 차지하고 있던 근위대도 게르만인의 피가 섞인 병사들이 다수를 차지하게 되었다. 그는 신속하게 로마를 장악했다. 그리고 니게르를 치기 위해 동방으로 원정을 떠났다. 193년 말 페린투스에서 벌어진 1차 전투에서는 니게르군이 승리했다. 하지만 194년 1월, 소아시아 니카이아Nicaea 근처에서 벌어진 전투에서는 세베루스 군대가 승리를 거두었다. 다시 그해 10월 이수스 평원에서 양군이 격돌했다. 이 전투에서 세베루스가 최종적인 승리를 거두었다. 니게르는 도망쳤으나 유프라테스강에 이르기 전 추격대에 따라잡혔다. 그는 스스로 적진 깊숙이 뛰어들어 싸우다 살해되었다.

3년이 지난 뒤, 니게르까지 물리치고 동방을 장악한 세베루스의 병력은 배로 늘어났다. 이제 마지막 남은 알비누스를 제거해야 할 시점이 되었다. 197년 2월 19일 갈리아 리옹Lyon 근처의 평원에서 벌어진 전투는 격전의 연속이었다. 로마의 주전력인 군단병끼리 정면으로 격돌한 전투였으니 당연했다. 이 전쟁에서 최종적인 승자가 된 것은 세베루스였다. 패배를 깨달은 알비누스는 자살을 택했다. 그러나 세베루스는 알비누스의 주검을 말발굽으로 짓밟게 했다고 한다. 세베루스는 유일한 승자가 되어 197년 6월 로마로 돌아왔다.[13]

섭티미으스 세베루스가 황제에 오른 것은 193년 6월이었지만, 그가 실제로 치세를 시작한 것은 내전이 끝난 197년 6월이라고 보는 것이 타당할 것이다. 내전을 평정한 뒤, 그는 원로원 연설에서 두 가지를 이야기했다. 하나는 자신이 마르쿠스 아우렐리우스의 후계자라는 점, 다른 하나는 콤모두스의 '기록말살형'을 철회하라는 것이었다. 그가 마르쿠스의 후계자를 자칭한 이상 철인 황제가 후계자로 삼은 콤모두스를 로마의 최고 불명예인 '기록말살형'의 낙인이 찍힌 상태로 방치할 수 없었던 것이다. 또한 그는 자신의 아들 카라칼라Caracalla에 대한 '황제 지명'을 승인해달라고 요구했다. 그의 아들은 아직 8세에 불과했다. 그리고 그는 알비누스와 가까웠던 26명의 원로원 의원들을 제거함으로써 자신의 힘을 보여주었다.

그러면서도 세베루스 황제는 자신이 로마의 전통에 충실한 로마인이라는 사실을 보여주려 했다. 그는 로마 시민과 함께 축하하기 위해 콜로세움원형경기장과 대경기장에서 검투 시합과 전차 경주를 개최하는 데 돈을 아끼지 않았다. 또한 그는 공공사업에도 열심이었다. 그의 치세 동안 로마의 외항 오스티아Ostia에서 해안을 따라 테라치나Terracina까지 연결되는 '세베리아나 가도' 건설 공사가 완공되었다. 그리하여 남쪽 모든 해안에 로마식으로 포장된 고속도로가 완비되었다. 세베루스는 포로 로마노에 개선문도 세웠고, 카라칼라 대목욕장* 건설도 시작했다.

세베루스가 한 일 가운데 가장 중요한 것은 군대의 개혁이었다. 그

＊ 카리칼라 시대에 완성되었기에 그러한 이름이 붙었으나 세베루스 시대에 건설이 시작되었다.

는 군사력을 강화하기 위한 방책으로 우선 주전력인 군단병 개개인의 처우를 개선했다. 두 번째는 군단병에게 사회적 지위를 나타내는 금반지를 낄 권리를 주었다. 세 번째는 졸병이라도 능력이나 실적에 따라 백인대장은 물론 기병으로도 승진할 수 있는 길을 열어주었다. 네 번째는 정식 결혼을 허락해주었다.

기원전 마리우스Marius의 개혁 이전까지 로마군은 징병제였다. 그러다가 마리우스의 군제 개혁 이후 징병제가 지원제로 바뀌었다. 지원제는 군사 전문직을 탄생시켰다. 군단에 들어가려면 17세 이상의 나이에 각종 시험에 합격해야 했다. 그리고 20년 만기를 채우고 제대할 때까지 결혼하지 않는다는 의무 조항도 지켜야 했다. 유아사망률 때문에 평균 수명이 낮아서 그렇지 37세로 퇴직하면 퇴직금을 받아 결혼도 하고 충분히 제2의 인생을 시작할 수 있었다. 군에 복무하는 동안 여자를 사귈 수도 있었다. 하지만 정식 결혼은 인정되지 않았다.

그런데 세베루스는 결혼을 인정했다. 그럼에도 실제로 달라진 것은 없었다. 군단병들은 처자식과의 동거가 인정되지 않았던 것이다. 일과를 끝낸 뒤 몇 시간 동안, 또는 축제일 같은 휴일에 처자식이 사는 집으로 돌아가서 함께 시간을 보내는 것이 가능했지만 실제로 달라진 것은 법률상의 문제뿐이었다. 하지만 그래도 병사들은 장교보다 나았다. 제정 시대에 군단장이나 총독은 임지로 처자식을 데려가는 것이 보통이었지만, 임지가 자주 바뀌는 대대장급은 대부분 가족과 헤어져 혼자 부임했기 때문이다. 그 때문에 군단병들은 세베루스의 개혁을 열렬히 환영했다.[14]

그런데 이러한 세베루스의 개혁은 뜻밖의 결과를 나았다. 이러한 조치로 군단 생활이 매우 편안해졌던 것이다. 봉급은 오르고, 출셋길은 열리고 사랑하는 여자에게 정식 아내의 자리도 줄 수 있었다. 만기 전역이 되지 않아도 오른 봉급을 받고 정식 결혼생활이 가능해졌다. 그러니 굳이 제대할 날을 기다릴 필요도 없었다. 이것은 로마 제국이 군사 정권화를 하는 시초가 되었다. 병사들은 군대생활에 전혀 불만을 갖지 않게 됨으로써 민간인이 되어 제2의 인생을 개척하려는 의욕이 줄어들었다. 그것은 사실상 로마 사회로부터 군사 관계자를 격리시키는 결과로 이어졌다. 이렇게 되면서 군사 관계자는 자신이 속한 조직을 더욱 강화하고 싶어 했고, 그것은 군사비 증액 요구로 나타났다. 이는 다시 국가 재정의 압박으로 이어졌다. 그 때문에 역사가들은 셉티미우스 세베루스 황제를 '비로마적인 전제군주, 로마 제국의 군사 정권화로 방향키를 돌린 통치자'로 평가했다.[15]

　세베루스 황제가 211년에 죽고 그의 장남 카라칼라가 제위에 올랐다. 세베루스 황제는 내란을 평정하고 로마를 일단 안정시켰다. 그러나 그의 아들 카라칼라는 제위에 오르기 전부터 문제를 보이기 시작했다. '황제 지명자'였던 카라칼라는 자신의 장인이자 근위대장이었던 플라우티아누스와 불화를 일으켰다. 플라우티아누스는 세베루스 황제의 최측근이기도 했다. 205년 1월 22일 카라칼라가 플라우티아누스의 말에 격분해 아버지의 면전에서 그를 칼로 찔러 죽이는 사건이 발생했다. 그러고는 근위대장이 황제 일가족을 죽이고 제위에 오르려 했다면서 그의 딸 플라우틸라와 아들을 귀양보내야 한다고 주장했다. 카라칼라의 아내와 처남은 유배되었다가 황제에 즉위한 뒤 카라칼라가 보낸 병사들에게 살해되었다.

그뿐만이 아니었다. 카라칼라는 세베루스가 죽은 1년 뒤인 212년 2월 12일, 황궁의 어머니 면전에서 동생 게타^{Geta}를 칼로 찔러 죽였다. 그리고 카라칼라는 로마에 있는 모든 '가족 초상화'에서 동생 얼굴만 지우라고 명령했다. 카라칼라가 즉위하면서부터 로마 제국은 역사가들이 말하는 '3세기의 위기'로 돌진한다. 생선이 머리에서 썩는 것처럼 로마 제국도 머리부터 썩기 시작했다.

3세기, 위기의 시대

211년 카라칼라가 제위에 오른 때로부터 카리누스^{Carinus}가 암살되는 284년까지 73년 동안 무려 황제가 22명이나 바뀐다. 평균 재임 기간이 3.5년 남짓하다. 오늘날 대통령의 임기도 4년 내지 5년이며 연임을 하게 되면 8~10년을 통치하게 된다. 오늘날에는 권력의 안정성을 뒷받침할 수 있는 법률적 장치와 제도가 충분히 갖추어져 있고, 정치적 지도자가 바뀌더라도 정책적 지속성을 보장하며 통치의 안정성을 확보해주는 직업공무원제도, 관료제도가 안정적으로 정착되어 있다. 그런데 이처럼 국가조직과 통치체계가 잘 갖추어진 지금보다도 황제의 통치기간이 짧았다는 것은 정치적 안정이 심각한 파탄지경에 이르렀다는 것을 단적으로 말해준다. 그 기간 동안의 황제들은 대부분 암살되거나 자살로 생애를 마감했다.

카라칼라는 콤모두스와 닮은 점이 있었다. 두 사람은 주변 인물들을 믿지 못해 형제간에 피를 흘렸다. 하지만 차이점도 분명히 있었다.

콤모두스는 너무나 소극적이었던 반면, 카라칼라는 모든 일에 너무나 적극적이었다. 그래서 그는 자신이 존경했던 알렉산드로스의 행적을 따라 동부 속주 지방에 대한 원정에 많은 공을 들였고, 거의 병적인 집착을 보였다. 결국 그는 계속되는 전쟁에 지친 병사들의 불만을 사게 되면서 근위병에게 살해되고 말았다. 그를 살해한 병사들은 근위대장 마크리누스Macrinus를 황제로 추대했다. 원로원도 별 군말 없이 그를 승인했다. 카라칼라에 불만이 많았다는 증거라고 할 수 있을 것이다.

마크리누스는 황제에 즉위한 뒤 파르티아와 굴욕적인 조건으로 강화조약을 체결했다. 마크리누스는 파르티아에 지불할 전쟁배상금을 확보하기 위해 병사들의 임금을 삭감했다. 당연히 군인들의 불만이 터져나왔다. 그때 카라칼라의 숙모 마이사Maesa는 자신의 손자인 엘라가발루스Elagabalus가 카라칼라의 정통 후계자라며 마크리누스 토벌에 나서라고 부추겼다. 군대의 신임을 잃은 마크리누스는 제대로 저항도 하지 못하고 암살되었다. 그러나 엘라가발루스 또한 황제로서의 자질을 갖추지 못하기는 마찬가지였다. 그는 정치에는 관심이 없었고, 기행만 일삼았다. 엘라가발루스 또한 근위대에 의해 암살되고 말았다.[16]

222년 알렉산더 세베루스Alexander Severus가 14세의 나이로 황제로 즉위했다. 세베루스는 법학자 울피아누스Ulpianus와 지혜로운 16인의 원로원 의원을 곁에 두고 국가재정과 경기부양책 등의 문제를 해결하기 위해 노력했다. 그는 콤모두스 이후 관계가 좋지 않았던 원로원과의 관계 개선을 위해서도 힘썼다. 그에 대한 평판은 좋았다. 하지만 자신의 영향력을 잃을 것을 염려한 할머니 마이사와 어머니 마마이아Mamaea가 울피아누스와 16인의 원로원 의원들을 제거하면서 세베루스는 수렁에 빠지기 시작했다. 그는 이빨 빠진 호랑이처럼 무기력해 졌고, 실정을 거듭했다. 갈리아를 침범한 게르만을 군사력이 아니라 돈으로써 무마시키는 과오를 범했으며, 병사들의 급여를 삭감함으로 써 병사들의 불만을 사게 되었다. 235년 병사들이 반란을 일으켜 세 베루스를 처형함으로써 로마는 걷잡을 수 없는 위기 속으로 빨려 들 어갔다.[17]

세베루스가 처형당한 뒤 판노니아Pannonia군의 총사령관이었던 막 시미아누스Maximianus가 황제로 추대되었다. 235년 막시미아누스가 취 임한 뒤부터 284년 디오클레티아누스Diocletianus가 등장하여 로마를 재 편하고 정비하기까지 50년간 무려 18명의 황제가 스쳐지나갔다. 로마 가 생겨난 이래 최대의 혼란기였고, 말 그대로 '3세기의 위기' 상황이 었다. 이 기간 로마를 지배한 18명의 황제들은 모두 군인들이었기에 이때를 '군인 황제 시대'라고도 부른다. 군인 황제들의 등장과 함께 로 마의 혼란이 극에 달하면서 로마의 쇠퇴가 본격적으로 진행되었다.

대권에 야심을 품은 장군들이 군대의 지지를 얻기 위해 관할 지역 의 재정을 고갈시켰다. "병사들은 부유하게, 그리고 나머지는 묵살하 라." 이것이 당시의 격언이었다. 군사 정권의 등장과 함께 군인 황제들 은 무절제한 화폐 발행으로 돈의 가치를 폭락시켰으며, 주민들에게는 무거운 세금을 부과함으로써 생활고를 가중시켰다. 지주, 소작인, 제 조업자 등 생산의 주역들은 모두 생산할 의욕을 잃어버렸다. 경제 상 황이 나빠지면 가장 큰 피해를 보는 것은 빈곤층이다. 전쟁과 기근에 뒤이어 전염병까지 창궐했다. 마르쿠스 아우렐리우스 치세에도 가공 할 전염병이 휩쓸어 로마의 군대와 인구를 크게 감소시킨 바 있었다.

그런데 3세기 중반 다시 페스트가 창궐하면서 무려 15년에 걸쳐 엄청난 인구를 죽음으로 몰아넣었다.[18] 로마의 기운이 쇠약해질 수밖에 없었다.

로마를 쇠퇴시킨 또 하나의 요인으로는 이민족인 고트Gots족의 침입을 빼놓을 수 없다. 고트족은 게르만계의 한 부족으로, 원래는 스칸디나비아 반도 남부에 살고 있었다. 그러다가 날씨가 갑자기 추워지면서 따뜻한 남쪽으로 밀려 내려왔다. 이들은 처음에는 지금의 우크라이나 지방을 차지했다. 이곳은 짐승과 물고기가 풍부하고 땅이 비옥해서 곡식도 잘 되었다. 고트족은 이곳을 거점으로 삼아 점차 세력을 넓혀갔다. 로다와 충돌이 벌어진 곳은 지금의 루마니아 주변인 다키아였다. 세베루스 황제 시대의 일이었고, 이때는 국경선 외곽에서 약간의 충돌이 있는 정도였다.

그러나 군인 황제 필립푸스 때부터 고트족은 본격적으로 로마 국경을 침입하기 시작했다. 이때 고트족의 군사력은 대단해서 로마를 능가했다. 게다가 고트족 병사들은 잔인하고 용맹해서 로마 군단은 제대로 대항하지도 못하고 도망가거나 투항하기 일쑤였다. 고트족은 마침내 모이시아Moesia 속주 수도인 마르키노폴리스까지 차지하며 로마를 위협했다. 2년 뒤에는 고트족이 로마를 향해 진격했다. 251년 아브리투스Abritus 전투에서 로마 황제 데키우스Decius가 고트족과의 전투에서 살해당하는 사건이 일어났다. 260년대 이후 고트족의 강력한 공격에 밀려 다키아 지역은 포기하지 않을 수 없었다. 다행히 그 후 고트족은 동서로 분열하여 힘이 약화되었다. 서고트족은 다키아 주변에, 동고트족은 흑해 주변에 정착했다.[19]

또한 로마는 그보다 더욱 굴욕적인 재난을 당해야 했다. 서아시아에서 강력하게 등장한 사산Sasan 왕조 페르시아와의 전쟁에서 260년 발레리아누스Valerianus 황제가 사로잡혀 무릎을 꿇고 페르시아 왕의 발판 노릇을 당해야 했던 것이다. 황제는 결국 처형되었고, 그의 시신은 박제된 채 전시되었다. 카이사르와 아우구스투스 시대는 저 멀리 사라져 버린 과거의 영광이 되고 있었다.[20] 로마의 위기와 쇠퇴가 시작되고 있었다.

12. 서로마 제국의 멸망

천 년의 제국이 무너지다

디오클레티아누스 황제

283년 여름, 로마 황제 카루스Carus가 페르시아와의 전쟁 중에 벼락에 맞아 죽었다. 같은 해 가을, 카루스의 아들인 누메리아누스Numerianus 황제도 메소포타미아 지방에서 군대를 이끌고 소아시아의 니코메디아오늘날 터키의 이즈미트까지 후퇴했을 때, 마차 안에서 변사체로 발견되었다. 그 직후 병사들은 디오클레티아누스를 황제로 옹립했다. 3세기 로마를 위기에 빠뜨린 50년간의 혼돈은 디오클레티아누스라는 군인 황제의 등장으로 종식된다. 그는 284년에 황제에 등극해서 305년까지 21년 동안 로마 제국을 통치했다. 그 사이 그는 탁월한 능력을 발휘하며 정력적인 활동으로 로마 제국을 다시 재편하여 위기에서 구원해냈다.

디오클레티아누스는 제국을 동방과 서방으로 나누어 두 명의 공동 황제를 두고 다시 그 밑에 부황제를 한 명씩 두어 네 명이 제국을 나누어 방위하는 체제를 안정적으로 구축했다. 제위 계승에 대한 명확한 규정이 없었기에 군부의 실력자들이 멋대로 선임 황제를 암살하고 제위를 찬탈하는 혼란 상황도 극복할 수 있었다. 그는 경제 분야에서도 적극적인 개혁 정책을 폈다. 우선 극도로 가치가 하락한 통화를 안정시키기 위해 힘썼다. 또한 새로운 조세제도를 도입하고 농업노동자와 도시 거주자들의 이직을 금지하는 법률을 공표하여 제국을 지탱하는 데서 필수적인 기본 업무가 계속 유지될 수 있도록 조치했다.

하지만 이러한 개혁 조치에도 물가 안정이 이루어지지 않자 가격 통제 정책을 시행했다. 그 때문에 경제 활동이 지하화하고, 노동의 질이 떨어지는 등 부작용이 나타나기도 했다. 또한 디오클레티아누스 황제는 사회의 기본적인 생산을 보장하기 위해 거의 모든 직업에 세습제를 시행하는 무리를 두었다. 병사들의 경우 사실상 아버지의 직업을 그대로 계승함으로써 사실상 징병제가 되어버렸다. 이 같은 강압적인 통치로써 그의 시대부터 아우구스투스 시대의 원수정에서 황제가 시민 위에 군림하는 절대군주정으로 바뀌었다. 그는 자신의 전제적인 통치체제를 위협할 수 있다고 여겨지는 기독교에 대해서도 조직적인 탄압을 했다.

그가 284년 황제가 되어 로마식으로 '디오클레티아누스Diocletianus'라고 이름을 바꾼 다음 그의 행적은 좀 알려져 있지만, 그 전에 '디오클레스'라는 이름으로 불리던 시절에 대해서는 거의 알려진 바가 없다. 변사한 누메리아누스 황제의 경호대장이었던 것은 확실하지만, 그 밖에는 245년 무렵 아드리아해 동쪽 연안에서 태어났다는 것 정도만 알려져 있을 뿐이다. 출생지는 오늘날의 크로아티아 영토인 스플리트 부근이라고 한다. 부모 이름도 알 수 없고, 해방노예의 아들이라는 설이 있을 만큼 하층계급 출신인 것은 분명하다. 17세가 되면서 군에 지원했다면 20년 동안 로마군 병사로 보낸 셈이다. 그런데도 그의 전공 기록은 나타나지 않기 때문에 많은 연구자들은 아마도 그가 군사적 재능을 타고 나지는 않았던 것 같다고 평가한다.[1]

그러나 그는 전선에서 싸우는 병사가 아니라 군단 관료로서의 경력을 쌓았을 수도 있다. 그가 황제가 된 뒤의 통치 방식으로 미루어보아 군단 관료시절에도 상당한 역량을 발휘했을 것으로 여겨진다. 그는 전쟁터에서 활약하는 사령관이나 지휘관이 아니었음에도 황제가 변사한 비상사태에서 다음 황제로 추대되었다. 그가 병사들 사이에서 수완을 널리 인정받고 있었다는 증거라고 할 수 있다. 그는 순간적인 땜장이 황제가 아니었다. 그는 충분히 젊었고, 많은 시간을 통치할 수 있는 조건을 갖추고 있었다. 그의 통치 방식은 말단 공무원 타입의 군단 관료에게서 나올 수 있는 것이 아니었다. 그는 필요한 업무를 과감히 떼어내 남에게 맡기는 통큰 스타일이었다.

디오클레티아누스의 사두정치

황제가 된 디오클레티아누스는 전임 황제들이 파멸로 이끌었던 몇몇 문제들을 의식하고 근본적인 정치·경제 개혁에 착수했다. 그때까지 국가 경영에서 군대의 비중이 지나치게 비대해졌다고 생각한 그는 군대의 명령체계를 행정 조직과 분리시켰다. 또한 그는 대내외적인 압력으로 말미암아 한 사람이 로마 제국 전체를 통치 관리하는 것이 어렵다고 판단했으며, 그에 따라 제국을 반으로 나눈 다음, 서반부를 자신이 신임한 동료 막시미아누스 Maximianus에게 양도했다.[2]

'양두정치兩頭政治, diarchy'의 시작이었다. 디오클레티아누스는 막시미아누스의 군사적 재능을 높이 평가했다. 두 사람은 여러 면에서 대조적이었지만, 막시미아누스는 디오클레티아누스를 진심으로 존경했으므로 그들 사이에는 권력 투쟁 문제가 발생하지 않았다. 두 사람은 286년부터 292년까지 7년 동안 각기 동방과 서방의 전쟁터를 누비며 변방의 안보를 다졌다. 그동안 두 사람은 한 번밖에 만나지 않았다. 289년에서 290년으로 넘어가는 겨울에 메디올라눔오늘날의 밀라노에서 며칠을 함께 보냈을 뿐이다.[3]

그러나 두 사람이 똑같은 지위에 있었던 것은 아니었다. 막시미아누스는 디오클레이누스를 상위의 지배자로 받들었다. 그들 두 사람은 똑같이 '아우구스투스황제'였지만, 디오클레티아누스는 거기에 '요비우스Iovious'라는 칭호를 덧붙였다. 요비우스는 최고신 유피테르주피터를 말한다. 막시미아누스에게 붙여진 칭호는 '헤라클레스Hercules'였다. 그리스 신화에 나오는 영웅 헤라클레스는 절반만 신이다. 그들은 고대인이라면 금방 차이를 알 수 있는 신과 반신의 이름을 붙여서 차이를 분명히 했다. 공동 황제가 된 막시미아누스는 자신에게 맡겨진 제국 서방의 질서 회복에 필요한 군사력 재편성을 지체 없이 해치움으로써 그의 능력을 보여주었다.

293년 5월 1일, 디오클레티아누스가 본거지로 삼고 있던 소아시아 서부의 니코메디아Nicomedia와 막시미아누스의 본거인 이탈리아 북부의 밀라노에서 동시에 새로운 조치가 발표되었다. 두 사람은 각기 '카이사르Caesar'라고 불리는 부황제를 한 명씩 선정해서 영토의 상당부분을 통치하도록 한 것이다. 역사에서 '사두정치四頭政治, tetrarchy'라고 불리는 4분四分 통치체제가 시작된 것이다. 로마 제국 서방의 아우구스투스정제인 막시미아누스가 임명한 카이사르는 콘스탄티우스 클로루스Constantius Chlorus였다. 로마 제국 동방의 아우구스투스정제인 디오클레티아누스가 임명한 카이사르는 갈레리우스Galerius였다. 이들 부제는 다음 황제 계승자일 뿐 아니라 현실에서 황제와 거의 대등한 역할을 하도록 했다.[4]

사두정치 후에도 디오크레티아누스의 우세한 지위는 변하지 않았다. 제국을 넷으로 분할한 것이 아니라 네 사람이 각자 담당 구역의 방위를 책임지는 것이니까, 네 사람의 지위는 평등하지 않았다. 디오클레티아누스가 '세니오르senior 아우구스투스'로 가장 높고, 그 밑에 '유니오르junior 아우구스투스'가 있고, 그 밑에 두 '부제카이사르'가 있는 형태가 된다. 군사면에서도 두 부제에게 정제와 동등한 권한을 주었으므로, 계급을 명확히 해두지 않으면 제국은 당장 넷으로 쪼개져버릴 것이기 때문이다.[5]

사두정치는 당시 로마 제국의 방위를 위해서 현실적으로 선택할 수 있는 방법의 하나였다. 사두정치는 정제와 부제의 차이는 있었지만 특히 군사 면에서는 네 황제가 각자 담당구역을 정해서 제국 전역을 공동으로 방위하는 체제였다. 이 제도는 제국의 방위에 효율적이었지만 제위 계승을 두고 문제를 일으킬 가능성이 있었다. 두 명의 부제

※　오늘날의 터키 이즈미트(izmit)로, 아나톨리아 지방 북서부에 위치하고 있다.

는 동로마 또는 서로마에서 각기 황제의 지위를 계승받게 되어 있었고, 일단 부제가 황제, 즉 정제로 즉위하면 곧바로 부제를 새로 임명하게 되어 있었다. 따라서 제위 계승과 관련하여 사전에 충분히 준비되어 있어서 계승을 둘러싼 암투가 벌어질 가능성이 줄어들 것처럼 보인다. 사두정치는 분명 그러한 점도 염두에 두고 만들어진 것이 분명하다. 그러나 문제는 부제로 임명되는 사람이었다.

305년 디오클레티아누스와 막시미아누스가 물러나면서 2차 사두정치가 시작된다. 동방과 서방의 부제가 정제로 승격했으며, 새로이 부제가 임명되었다. 동방 정제로는 갈레리우스가, 서방 정제로는 콘스탄티우스 클로루스가 승격되었다. 서방 부제로는 세베루스Severus, 동방 부제로는 막시미아누스 다이아Maximianus Daia가 선정되었다. 세베루스는 콘스탄티우스 클로루스가 부제였을 때, 그 밑에서 활약한 무장이고, 막시미아누스 다이아는 디오클레티아누스 황제 휘하의 장수로서 황제가 서방에 있는 동안 동방을 잘 지켜낸 공로자였다. 그런데 문제는 이때 서방 정제가 된 콘스탄티우스 클로루스의 친아들인 콘스탄티누스가 30세, 선제 막시미아누스의 친아들인 막센티우스가 27세에 이르렀지만 이들은 모두 제위 경쟁 과정에서 배제되었다는 점이다. 이들은 결국 훗날 문제를 일으키게 된다.

콘스탄티누스와 기독교의 승리

307년 7월, 브리타니아에서 군대를 이끌고 북방 이민족을 공격하고 있던 서방 정제 콘스탄티우스 클로루스가 사망했다. 전사도 암살도 아니었다. 병사도 아니었다. 원인은 분명치 않았지만 50대 후반이었음을 생각하면 뇌나 심장 관련 장애가 아니었을까 추측된다. 그가 죽자 아들인 콘스탄티누스가 7월 25일 정제에 취임한다고 선언했다. 콘스탄티누스는 그때 31세의 나이였지만 애매한 처지에 있었다. 그는 콘스탄티우스 클로루스의 친자식이었지만, 그의 생모인 헬레나는 선술집 딸로 사회적 지위가 낮았다. 그의 아버지는 그의 어머니와 이혼하고 막시미아누스 황제의 딸 테오도라와 결혼하여 부제가 되었으며, 그 뒤 그는 이혼당한 생모와 함께 오리엔트로 쫓겨났다.

하지만 콘스탄티누스는 니코메디아를 본거지로 삼고 있던 디오클레티아누스 밑에서 군복무를 하면서 군대 경험을 충실히 쌓았다. 게다가 그의 아버지가 정제가 된 뒤 콘스탄티누스는 그 슬하로 돌아와 있었다. 그의 아버지가 급사하자 병사들은 콘스탄티누스의 능력을 알아보고 그를 황제로 추대한 것이었다. 상황이 이렇게 되자 정제 갈레리우스는 타협책을 제시한다. 서방의 정제에는 세베루스가 승격하고 콘스탄티누스가 부제로 취임한다는 안이었다. 콘스탄티누스는 이 타협안을 받아들였다. 그는 기다릴 줄도 아는 인물이었다. 이렇게 해서 사두정치는 일단 유지되었다.[6]

그러나 그 뒤 306년 10월 28일, 로마에서 막센티우스Maxentius가 황제 취임을 선언하고 나서면서 정국이 급변했다. 막센티우스는 세베루스가 임명한 로마의 '수도 장관'과 부하 관료 몇 명을 간단히 죽이고 쿠데타를 성공시킨 뒤, 원로원에 즉위를 공식 승인해달라고 요청했다. 디오클레티아누스 시절 거의 유명무실해진 원로원은 그러한 요청이 반가운 나머지 즉각 28세의 새 황제를 만장일치로 공인해주었다. 이와 함께 막센티우스의 친아버지이자 서방의 정제였던 막시미아누스까지 다시 정계에 복귀했다. 그는 아들 막센티우스의 권고에 따라 황제를 상징하는 보라색 옷을 걸치고 나왔다고 한다. 이렇게 되면서 제2차 사두정치는 출범한 지 1년 만에 '육두六頭정치'가 되어버리고 말았다. 특히 서방에서는 황제가 두 명이어야 하는데 네 명이 되어버렸으니 큰 혼란이 일어나지 않을 수 없었다.[7]

내전이 불가피하게 되었다. 서방의 정제 세베루스가 막센티우스를 치기 위해 군대를 동원했다. 그러나 그는 막시미아누스가 지휘하는 군대에게 참패당해 사로잡힌 뒤 로마로 끌려가 자결을 강요당하는 형태로 살해되었다. 307년 2월의 일이었다. 이를 보고 동방의 정제 갈레리우스가 응징하러 나섰으나 실패했다. 308년 가을 동방 정제 갈레리우스는 선제 디오클레티아누스와 막시미아누스를 카르눈툼^{오늘날의 오스트리아 페트로넬} 군단기지로 초대해서 세베루스 사후 문제를 논의했다. 회담에서는 리키니우스^{Licinius}를 서방 정제로 앉히기로 합의했다. 이렇게 해서 제4차 사두정치가 출범했다.

310년 선제 막시미아누스는 서방 부제 콘스탄티누스가 라인강 동쪽의 이민족의 침입을 공략하기 위해 자리를 비운 틈을 타 권력을 찬탈하려다 실패해 자결하게 되었다. 막시미아누스는 혼란 상황을 빌미로 다시 황제에 복귀하려 했으나 디오클레티아누스의 설득으로 실패했고, 그 뒤 콘스탄티누스와 자기 딸을 결혼시켜 야망을 이뤄보려 했

※   일리리아(발칸 반도 북서부 지역)의 농부 집안 출신으로 군대에서 출세했으며, 동방정제 갈레리우스의 친구이기도 했다.

으나 실패하고 비참한 최후를 마치고 말았던 것이다.

311년 제국 동방의 정제 갈레리우스가 사망했다. 51세의 나이였지만 불치병으로 죽었다고 알려진다. 갈레리우스의 죽음으로 공석이 된 동방 정제 자리는 서방 정제였던 리키니우스가 수평 이동하는 방식으로 메웠다. 리키니우스는 서방 정제 자리에 콘스탄티누스를 승진시키지 않았다. 동방 부제 막시미아누스 다이아의 지위도 그대로 두었다. 그렇게 되면서 이제부터 네 명이 뒤엉켜 싸우는 형국으로 변했다. 리키니우스와 콘스탄티누스 사이에 동맹이 맺어졌고, 이를 바탕으로 콘스탄티누스가 막센티누스를 정벌하러 나섰다. 312년 10월 27일, 로마로 향하는 간선도로 플라마니아 가도에서 3킬로미터쯤 북상하여 테레베 강에 걸려 있는 '밀비우스 다리' 부근의 평지에서 양측 군대가 맞붙었다. '밀티우스 다리 전투'로 불리는 전투이다.

시오노 나나미는 이 전투가 '역사를 바꾼 전투' 또는 '역사를 창조한 전투'에 속한다고 말한다. 이 전투의 승패가 "그 후 1천 년 동안 계속된 중세로 가는 문을 열었기 때문이고, 중세 1천 년에 머물지 않고 오늘까지 계속되고 있는 기독교 세계를 향해 첫 발자국을 찍게 되었기 때문"이라고 했다.[8] 간단히 말해 이 전투에서 콘스탄티누스가 승리함으로써 로마 제국의 패권을 차지했고, 그가 그때까지 공인받지 못하고 있던 기독교를 공인함으로써 로마의 국교가 된 기독교는 그 후 서방 세계 종교가 되었다는 이야기이다.

밀비우스 다리 전투가 벌어지기 전날 밤, 막사 속에서 잠자고 있던 콘스탄티누스는 꿈을 꾸었는데, 꿈에 예수 그리스도가 나타나 유일신의 가르침에 따르면 내일 전투에서 승리할 것이라고 말했다. 게다가 그리스어로 기독교를 나타내는 문자 가운데 X와 P를 합친 '☧'라는 표시를 병사들이 가진 방패에 그리게 하라는 조언을 해주었다. 콘스탄티누스는 그 지시에 충실히 따랐고, 그래서 승리했다고 전해진다. 그러나 그것이 아니었어도 콘스탄티누스 근대는 승리했을 것이다. 평지 전투에서 밀린 막센티우스의 군대는 밀비우스의 좁은 다리로 몰려들면서 대혼란이 일어났던 것이다. 전투에서 승리한 콘스탄티누스 앞에 로마 시민과 원로원은 무릎을 꿇었다. 원로원은 콘스탄티누스를 정제로 승격시켰으며, 개선문을 세워 승리자 콘스탄티누스에게 바치기로 결의했다.[9]

서방정제가 된 콘스탄티누스는 온난한 로마에서 겨울을 나지 않고, 해야 할 일을 마친 뒤 동방정제 리키니우스를 만나기 위해 밀라노로 향했다. 이제 콘스탄티누스는 자신의 본거지인 밀라노로 리키니우스를 부를 만큼 힘이 있었다. 밀라노에서는 콘스탄티누스의 여동생 콘스탄티아와 리키니우스의 결혼식이 거행되었다. 결혼식이 끝난 뒤 리키니우스는 곧바로 밀라노를 떠났다. 그 사이 막시미아누스 다이아가 병력을 이끌고 리키니우스의 세력권인 소아시아로 쳐들어왔기 때문이다. 313년 3월 막시미아누스 다이아군은 리키니우스군에게 패배했다. 막시미아누스 다이아는 소아시아 남동쪽에 있는 타르수스로 도망쳤다가 그곳에서 죽었다. 자결했는지 부하에게 암살당했는지는 확실치 않다. 313년 8월의 일이었다.

밀라노 칙령과 기독교 공인

313년은 역사적 해였다. 로마 제국의 황제가 기독교를 공인한 해이기 때문이다. 하지만 사실상 이보다 2년 전 311년 동방 정제 갈레리우스가 이미 기독교를 공인했다. 그럼에도 로마 황제의 기독교 공인은 313년 6월에 공표된 '밀라노 칙령'을 통해서라고 되어 있다. 왜 그럴까?

311년 4월에 공표된 갈레리우스의 칙령은 그 내용이 애매하기 때문이다. 로마 사회에서는 여전히 로마의 전통적 신들이 우위에 있고, 신앙의 자유도 여전히 '국법에 위배되지 않는 한도 안에서'라는 조건이 붙었다.

> 나는 항상 제국과 거기에 사는 사람들의 이익을 생각하고 정책을 결정했지만, 그것을 실행에 옮길 때의 마음가짐은 로마의 오랜 전통과 규율을 회복하는 것이었다. 이 기본적인 생각에 입각하여, 조상의 신앙을 버린 기독교도에 대해서도 그들이 다시 우리에게 돌아오기를 바라고 모든 수단을 동원했다. …… 그래서 내가 바라는 것이 로마의 전통과 규율의 회복인 이상, 기독교도에게도 로마인의 관용 정신이 미쳐야 한다는 결론에 도달했다. 따라서 오늘부터는 기독교도들이 자신의 공동체를 재건하는 것을 인정한다즉 기독교 신앙을 갖는 것도 허용한다. 다만 제국의 법률에 위배되지 않는 한도 안에서 허용한다는 점을 명기한다.[10]

반면, 313년 6월에 공표된 콘스탄티누스와 리키니우스의 '밀라노 칙령'은 신앙의 자유를 허용하고 있다.

전부터 우리 콘스탄티누스와 리키니우스 두 사람은 신앙의 자유를 방해해서는 안 된다고 생각해왔다. …… 따라서 우리 두 사람이 통치하는 제국 서방에서는 이미 기독교도에 대해서도 신앙을 인정하고 신앙을 깊게 하는 데 필요한 제의를 거행하는 자유도 인정했다. 하지만 이 묵인 상태가 실제로 법률을 집행하는 자들 사이에 혼란을 불러일으켰고, 따라서 우리의 이런 생각도 실제로는 사문화되었다는 것을 인정하지 않을 수 없다. …… 오늘부터 기독교든 다른 어떤 종교든 관계없이 각자 원하는 종교를 믿고 거기에 수반되는 제의에 참가할 자유를 완전히 인정받는다. 그것이 어떤 신이든, 그 지고의 존재가 은혜와 자애로써 제국에 사는 모든 사람을 융화로 이끌어 주기를 바라면서. …… 우리 두 사람이 이렇게 결단을 내린 이상, 지금까지 발령된 기독교 관계 법령은 오늘부터 모두 무효가 된다. 앞으로 기독교 신앙을 관철하고 싶은 자는 아무 조건 없이 신앙을 완전히 인정받는다는 뜻이다.[11]

여기서 알 수 있듯이 두 황제 가운데 한 사람인 콘스탄티누스가 기독교도로 개종하겠다는 뜻을 밝힌 것은 결코 아니다. 또한 이 칙령으로 기독교가 다른 종교에 비해 우대받게 된 것도 아니다. 로마 제국의 모든 사람들에게 완전한 종교적 자유를 인정하고 그것을 공표한 칙령이었을 뿐이다. 하지만 그럼에도 '밀라노 칙령'이 역사에서 한 획을 긋는 중대한 사건으로 여길 이유는 충분하다. 로마인이 1천 년 이상 간직해온 전통적인 종교관을 이 칙령을 통해 잘라버렸기 때문이다. 이 '밀라노 칙령'을 현대에 이르기까지의 역사의 흐름 속에서 파악하면, 신앙의 자유는 인권 존중의 한 기둥이라는 점에서 18세기 유럽에 널

리 퍼진 계몽주의의 선구로 볼 수도 있을 것이다.[12]

콘스탄티누스는 밀라노 칙령으로 기독교를 공인했을 뿐만 아니라 그 뒤 기독교가 내부적으로 교리 싸움으로 수렁에 빠지는 것을 막았으며, 기독교의 부흥에 결정적인 기여를 했다. 그 때문에 기독교는 그를 '대제'로서 높이 평가한다. 그래서 어떤 연구자는 "콘스탄티누스가 존재하지 않았다면, 기독교회는 교리 해석을 둘러싸고 거듭되는 논쟁과 그 결과물인 분열로 다른 수많은 고대 종교와 마찬가지로 사라져버렸을 것이다."라고 말할 정도다.[13] 그가 기독교의 부흥에 공헌한 것은 아무리 말해도 지나치지 않을 것이다.

콘스탄티누스의 제국 재편

콘스탄티누스와 리키니우스는 '밀라노 칙령'에 함께 서명했지만, 그 직후에 막시미누스 다이아가 싸움에서 패하고 죽은 뒤, 두 황제의 동맹관계는 당장 위기에 직면했다. 두 사람은 한 사람이 우위에 서는 것을 인정하고 '양두정치'를 펼 생각이 없었다. 그러한 밀접한 관계도 갖지 못했다. 결국 패권을 두고 결판을 낼 수밖에.

315년 초가을 첫 번째 전투가 도나우강과 가까운 판노니아 지방의 키발라에라는 도시에서 벌어졌다. 이 싸움에서 콘스탄티누스가 승리를 거두었다. 두 번째 전투는 트라키아와 그 남쪽 마케도니아를 가르는 산악지대에서 벌어졌다. 이 전투에서도 콘스탄티누스가 승리했다. 그해 12월 두 황제 사이에 강화가 성립되었다. 리키니우스와 결혼한

성모 마리아에게 콘스탄티노플을 봉헌하는 콘스탄티노스 1세, 하기아 소피아 성당의 모자이크

콘스탄티아가 오빠와 남편을 화해시키려고 애를 썼는데, 그 보람이 있었는지는 모를 일이다. 하지만 콘스탄티누스로서는 이를 받아들일 이유가 있었다. 강화가 성립된 뒤 리키니우스는 소아시아 동쪽으로 물러났던 것이다. 이제 로마군 전체에서 가장 강한 도나우 방위군까지 콘

스탄티누스의 휘하에 들어왔다. 이렇게 되면 리키니우스는 그의 경쟁자가 되지 못한다.

316부터 322년까지 7년 동안 콘스탄티누스는 북방 이민족을 물리치는 데 보냈으며, 그 뒤에 리키니우스를 공략하러 나섰다. 324년 7월 3일 양군은 터키의 주요 도시인 에디르네Edirne 근처에서 맞섰다. 싸움의 승자는 당연히 콘스탄티누스였다. 해상 전투에서도 패배한 리키니우스는 제우의 상징인 보라색 망토를 벗고 콘스탄티누스 앞에 무릎을 꿇었다. 리키니우스는 공식적으로 퇴위하여 야인으로 은퇴하는 조건으로 목숨을 살려주기로 했다.

그러나 1년 뒤 리키니우스는 테살로니키Thessaloniki 은거지에서 느닷없이 들이닥친 병사들에게 살해되었다. 리키니우스가 고트족과 몰래 연락을 취하여 콘스탄티누스에게 반란 음모를 꾸몄다는 이유에서였다. 아직 소년이었던 아들도 살해되었다. 그러나 아내인 콘스탄티아는 그 후에도 오빠와 좋은 관계를 유지했다. 그녀는 얼마 후 기독교도로 개종했다. 그녀의 어머니 헬레나도 그 전에 기독교도로 개종했으므로 황제 가족 중에서 두 번째 개종자였다.[14]

324년은 18년에 걸친 권력 투쟁에서 살아남은 유일한 승리자 콘스탄티누스가 13년에 걸친 전제정치를 시작한 첫해였다. 284년 디오클레티아누스가 즉위한 해로부터 무려 40년 만에 로마 제국은 단독 황제가 통치하는 상태로 돌아갔다. 그 뒤 콘스탄티누스가 한 일은 크게 세 가지였다.

하나는 콘스탄티노플Constantinople을 건설하고 이곳을 수도로 삼았다는 점이다. 새 수도의 건설 공사는 324년에 시작되어 330년에 완공

되었다. 불과 6년 만에 수도를 새로 지은 것이다.

둘째는 원로원 정책이다. 디오클레티아누스 황제 시대 원로원의 의결을 거치지 않고 칙령을 발표해서 국가 정책을 추진했다. 콘스탄티누스도 그걸 그대로 답습했다. 로마에 원로원을 두었지만 그건 아무 실권이 없었다. 또한 새 수도 콘스탄티노플에도 원로원이란 명칭의 기구가 존재했지만 그건 황제가 임명하는 실권 없는 명예직일 뿐이었다. 그래서 역사가들 중에는 콘스탄티누스 때부터는 더 이상 로마가 아니라고 말하는 사람들도 많다.[15]

셋째는 군대의 변모다. 국경을 지키는 군사력과 황제 직속의 군사력의 비율이 완전히 역전되었다. 이전까지는 국경에 로마군단의 주력이 배치되었다. 그러나 콘스탄티누스 황제가 군제 개혁을 실시하면서 황제 직속 군단의 유격대가 대규모로 확대된 반면, 변경에는 농사와 병역을 겸하는 병력이 배치되었다.＊ 군사 담당자를 전문화했듯이 행정 담당자도 전문화했다. 이제 로마 제국은 관료 제국이 되었다.[16]

로마는 다시 살아났다. 디오클레이티아누스와 콘스탄티누스를 통해서 로마 제국은 위기에서 벗어나 다시 되살아났다. 그러나 이들이 살린 로마는 그 이전의 로마와는 상당히 다른 모습이었다. 어쨌든 두 사람은 로마 제국을 다른 제국으로 변모시킴으로써 로마를 일으켜 세우는 데 성공했다. 만일 두 사람이 없었다면 로마는 3세기 말에 종말을 고했을지도 모른다. 하지만 그들이 로마 제국을 일으켜 세운 뒤 살아남은 기간은 1백 년도 채 안되었다. 그 1백 년은 과거의 1백 년과는

＊   이는 동양에서 실시한 둔전병(屯田兵)과 같은 형태다.

너무도 다른 모습이었다. 그래서 많은 역사가들은 "이렇게까지 해서 로마제국은 목숨을 부지해야 했는가."라는 의문을 제기하기도 한다.

제국의 분열과 서로마 제국의 멸망

콘스탄티누스 1세 사후 콘스탄티누스 2세, 콘스탄스, 콘스탄티우스 2세 등 세 아들이 제국을 3등분해서 다스렸으나 최종적으로 승리해 살아남은 것은 콘스탄티우스Constantius 2세였다. 밀라노 칙령 이후, 그리고 콘스탄티누스의 지원 덕분에 기독교는 큰 위기 없이 교세를 확장했다. 하지만 콘스탄티우스 2세의 뒤를 이어 율리아누스Julianus 황제가 즉위하면서 기독교에 위기가 닥쳤다. 율리아누스는 원래 기독교도였으나 즉위 후 개종하여 로마 신을 부활시키려 했다. 하지만 그는 제위에 오른 지 2년 만에 페르시아와의 전투에서 사망하고 말았다. 그 뒤 로마 제국의 황제들은 다시 기독교를 지지했으며, 이교도를 박해하기 시작했다.

379년 제위에 오른 테오도시우스Theodosius 1세는 기독교를 적극 옹호하면서 로마의 전통 종교를 억누르는 정책을 폈다. 그는 '니케아 신경*'을 신봉해야 한다는 칙령을 발표한다. 이때부터 성부, 성자, 성령의 삼위일체설을 믿는 사람들만 보편적 기독교인가톨릭으로 인정되었다. 이듬해 열린 제1차 콘스탄티노폴리스 공의회에서 주교 150명이 모여

---

* 니케아 신경(信經, Symbolum Nicaenum)은 325년 제1차 니케아 공의회에서 아리우스파를 비롯한 이단을 단죄하고 정통 기독교 신앙을 수호하기 위해 채택한 신앙 고백문이다.

아리우스파와 그 종파를 이단으로 단죄했으며 콘스탄티노플 교구는 향후 로마 교구와 버금가는 명예와 위신을 가진다고 발표했다. 아리우스파 기독교도들은 모든 도시에서 집회를 금지당했다.

테오도시우스는 385년부터 동물을 제물로 바치는 제사를 더욱 엄격히 금지했다. 또한 388년 반란군을 제압하고 주모자 막시무스를 처형한 뒤 로마를 방문한 테오도시우스 황제는 원로원에서 의원들 앞에서 질문 형식으로 선택을 강요했다. "로마인의 종교로서 그대들은 유피테르가 좋다고 보는가, 아니면 그리스도가 좋다고 보는가."

로마 원로원은 유피테르 대신에 그리스도를 선택했다. 이것은 기독교가 앞으로 로마 제국의 국교가 된다는 선언이었다. 391년 마침내 로마와 이집트에서 일체의 비기독교 의식을 금지하고 이듬해에는 공적이든 사적이든 모든 형태의 이교 숭배를 제국의 전역에서 불법으로 규정했다.

390년에는 주교가 황제에게 힘을 과시하는 사건도 일어났다. 그리스의 테살로니카에서 로마군 수비대장 한 명이 주민들과의 사소한 다툼 끝에 집단 폭행을 당하여 살해당한 사건이 일어났다. 테오도시우스는 이 소식을 듣고 격분하여 철저히 보복할 것을 명령했다. 이에 밀라노의 대주교 암브로시우스Ambrosius는 테오도시우스의 명령에 반대하며 선처를 호소했지만 테오도시우스는 이를 무시하고 그대로 명령을 밀어붙임으로써 많은 주민들이 학살당했다. 암브로시우스는 이러한 보복 행위를 비난하며 황제에 대한 성체 배령 집전을 거부했다. 황제는 결국 자신의 명령이 잘못되었음을 시인하고 맨머리에 베옷을 입고 밀라노 대성당으로 가서 용서를 구했다. 부활절에서부터 성탄절까지 황제는 성당으로의 출입이 허가되지 않았고 성탄절이 되어서야 겨우 암브로시우스의 용서를 받고 성체 성사에 참여할 수 있었다.

이 사건은 현실의 최고 권력자인 황제가 일개 교회의 성직자에게 굴복한 사건이었다. 기독교 내에서 교권과 속권과의 첫 대립으로서, 이후 종교와 권력의 관계를 암시하는 사건이었다. 이것은 '카노사의 굴욕'의 전조를 보여주는 것이었다. 1077년 1월, 신성 로마 제국의 하인리히 4세가 자신을 파문한 교황 그레고리오 7세의 용서를 빌기 위해 이탈리아 북부의 카노사 성으로 가서 사흘 밤낮을 꼬박 눈 속에 서 있어야 했다. 교회 성직자의 임명권을 둘러싸고 분쟁하던 신성 로마 제국 황제와 로마 교황의 대립이 정점에 이른 사건이다. 이 사건은 교회 권력에 세속 권력이 굴복한 대표적인 사건으로 지칭되고 있다.

기독교를 로마 제국의 국교로 만든 테오도시우스는 기독교도들에게 '대제'로 불린다. 그러나 그는 395년 죽으면서 두 아들에게 제국을 양분하여 나누어줌으로써 로마 분열과 멸망의 길을 열었다. 동로마 제국은 18세가 된 맏아들 아르카디우스Arcadius에게, 서로마 제국은 아직 10세밖에 안 된 둘째아들 호노리우스Honorius에게 주어졌다. 이 제국의 분할은 결정적이었다. 그 이전의 분열은 통치의 분담이었고 제국은 여전히 하나였다. 하지만 이후에 동로마 제국과 서로마 제국은 아무 관계도 없는 두 나라가 되었다.

서로마는 처음부터 농업 기반, 인구, 인재 등 거의 모든 분야에서 동로마에 비해 열등했다. 특히 가장 큰 문제는 군인이 부족했다는 점이다. 서로마는 부족한 군인을 보충하기 위해 용병들을 고용했다. 용병을 고용하기 위해서는 재원이 필요했고, 그 때문에 시민들에게 무거운 세금을 투과하지 않을 수 없었다. 그 결과 많은 사람들이 서로마 제국을 이탈하여 유민이나 유목민이 되었다. 이렇게 해서 경제가 악화되고 인구가 줄어드는 악순환이 반복되었다. 서로마는 점차 동로마의 속국처럼 변해갔다.

서로마는 게르만족의 침입을 견디지 못하고 동서 분열 7년 만인 402년 수도를 밀라노에서 라벤나로 옮겨야 했다. 그로부터 11년 뒤인 413년 게르만족이 갈리아를 차지했고, 417년에는 서고트족까지 갈리아로 몰려들었다. 그리고 429년에는 서로마의 식량 창고 역할을 하던 아프리카 땅마저 게르만족이 점령하게 된다. 455년 서로마 제국의 황제 발렌티아누스Valentianus가 암살당하면서 테오도시우스 황제의 승계가 단절되었다. 서로마 제국의 쇠망이 눈앞에 다가오고 있었다. 이제 서로마 황제는 동로마나 게르만에서 조종하는 인물이 앉게 되었다. 476년 드디어 게르만 출신의 용병대장 오도아케르Odoacer에게 서로마 제국은 멸망당하고 역사 속으로 사라진다.[17]

동로마 제국은 서로마 제국이 멸망한 뒤에도 약 천 년의 세월을 더 견뎠다. 동로마 제국은 후에 흔히 '비잔틴 제국'이라고 불린다. 언제부터 비잔틴 제국이라고 불러야 할지에 대해서는 학자들에 따라 견해가 다르지만 중세의 비잔틴 제국은 테오도시우스 황제에 의해 동서 로마가 공식적으로 분리된 후부터로 보는 것이 타당할 것이다. 비잔틴 제국의 역사는 중세의 서양 역사를 보면서 살펴보게 될 것이다.

로마는 건국에서부터 서로마 제국까지의 기간만 해도 천 년의 역사를 자랑한다. 로마가 세계 제국으로 군림한 기간만 해도 수백 년이다. 그처럼 강성했던 로마도 결국 이민족의 침략에 속수무책으로 맥없이 무너지고 말았다. 콘스탄티누스 황제가 로마의 재건을 위해 새롭게 정비한 뒤 결국 1백 년을 못 견디고 무너졌다. 역사는 이렇게 순식간에 쇠망으로 갈 수도 있다. 흥망성쇠는 인간사와 자연사, 세상사의 일반적 원리지만 그래도 천년의 제국 로마의 멸망은 허망하기 짝이 없다. 힘 한번 제대로 써보지도 못하고 무너졌으니 말이다. 모든 것의 마지막은 항상 허망하기만 할까?

13. 로마 문명

근대 유럽 문명의 토대가 되다

모든 길은 로마로 통한다

한국에서 베스트 셀러가 된 시오노 나나미의 『로마인 이야기』제 10권의 부제는 "모든 길은 로마로 통한다."였다. 그녀는 도로망을 중심으로 로마의 인프라에 대해 온전히 책 한 권을 다 바쳐 정리하고 있다. 그녀는 머리말에서 로마인은, 인프라의 중요성을 공유하고 있는 현대인으로부터 '인프라의 아버지'로 불리는 민족이라고 했다. 인프라스트럭처infrastructure라는 영어 자체가 로마인의 언어인 라틴어에서 '하부' 내지는 '기반'을 뜻하는 '인프라infra'와 '구조'나 '건조물'을 뜻하는 '스트룩트라structura'를 현대에 와서 합성하여 만든 말이라고 한다. 영어가 아닌 다른 언어에서도 발음이 조금 달라질 뿐이다. 라틴어의 맏이라고 할 수 있는 이탈리아어에서는 '인프라스트루투라infrastruttura'라고 한다. 그녀는 오늘날 영어 인프라스트럭처의 어원이 라틴어라는 것 자체가 로마인이 '인프라의 아버지'였다는 증거이고 그래서 이 주제에만 따로 한 권을 바칠 이유가 충분히 있다고 생각했다는 것이다.[1]

우리는 종종 '모든 길은 로마로 통한다'는 말을 원용하여 쓴다. '현대 세계는 미국으로 통한다'라든지 '향후 세계는 중국으로 통할 것이다'라는 말이 그러한 예다. 이때 로마나 미국, 또는 중국은 세계의 중심으로서 세계 문명을 좌우하고 있다는 의미를 담고 있다. 우리가 '모든 길이 로마로 통한다'고 할 때도 동일한 의미를 내포하고 있다. 시오노 나나미의 책을 읽어보면 당시 로마 제국은 로마 시를 중심으로 로마 연합과 식민 도시, 속주, 변방 국가에 이르는 모든 길이 잘 연결되어 있었다는 것을 알 수 있다.

그러나 로마로 통하는 '길'은 도로만이 아니었다. 그것은 앞에서 말한 인프라 전체였다. 로마인이 생각한 인프라는 도로, 항만, 교량, 신전, 공회당, 광장, 극장, 원형투기장, 경기장, 공중 목욕장, 수도 등의 하드웨어를 비롯하여 국방, 치안, 조세, 의료, 교육, 우편, 통화 등의 소프트웨어까지를 포함한다. 달리 말하면 문명과 문화라고 할 수 있다. 논란이 없는 것은 아니지만 문화를 포함하는 것이 문명의 개념이라고 할 때 로마의 문명 전체라고 말할 수도 있을 것이다.

로마가 세계 제국으로서의 면모를 보여주는 것은 군사력을 바탕으로 주변 지역을 하나씩 복속시켜 속국으로 만들었다는 사실을 넘어, 자신의 소포트웨어와 하드웨어를 전파함으로써 정치, 군사적인 지배와 통치를 넘어 문화적인 통합을 이루었다는 점이다. 로마는 초기부터 가도를 가설했다. 물론 많은 나라에서 물자나 마차가 움직일 수 있도록 도로를 닦았다. 중국을 통일한 시황제도 진 제국을 하나로 연결하는 도로망을 만들고 심지어 차륜의 바퀴까지 통일시켜 전체적인 물자와 군대의 이동을 원활하게 만들고자 했다. 페르시아 제국 또한 이미

아피아 가도(Via Appia) | 수도 로마에서 이탈리아 남부까지 연결된 도로로 오늘날에도 잘 보존되어 있다.

기원전 5세기에 페르시아만에서 지중해에 이르는 가도를 정비한 것을 보고 역사가 헤로도토스는 놀라워했다.

그러나 로마는 일반적인 가도의 이용과는 다른 사고를 했다. 그러 니까 로마인들은 가도를 단순한 물자나 사람을 수송하는 것만이 아니 라 좀 더 유기적으로 이용하려는 생각을 했으며, 나아가 가도를 네트 워크화하여 비약적인 효과를 올리려 했다. 로마의 가도 부설은 기원전 312년 산악민족인 삼니움족과의 전쟁이 한창일 때 시작된다. 최초로 착공한 것은 지금의 이탈리아에 남아 있는 '아피아 가도'였는데, 이 가 도의 가장 큰 목적은 로마 연합을 강화하고 보완하는 것이었다. 그때 까지 지구상에 존재한 가도와는 목적이 전혀 달랐던 것이다.

로마는 동맹을 관계를 맺기 전까지는 전쟁을 하지만, 동맹이 맺어진 다음부터는 힘으로 억압하는 것이 아니라 동화를 통하여 동맹국과 관계를 강화하는 방법을 선택했다. 그래서 로마는 자신들이 제패한 땅에 일부러 병력을 주둔시키지 않았다. 군대를 배치하는 것은 그 땅이 지배당하고 있다는 것을 어제까지의 적에게 확인시켜주는 것과 같았다. 그러한 감정을 갖게 되면 동맹관계에서 마이너스 효과를 미칠 것이라고 본 것이다. 그렇게 되면 전쟁이나 분쟁이 일어났을 때 기지에서 급파할 수 있는 방법이 마련되어야 한다는 결론에 이르게 된다. 그런데 당시 로마군 주둔지는 수도 로마 이외에는 없었다. 따라서 어떻게 하면 1분 1초라도 빨리 목적지에 도달할 수 있을지가 관건이었다. 그래서 나온 것이 로마 가도라는 아이디어였다. 역사상 유명한 로마 가도의 첫 번째 목적은 군용 가도였다.[2]

로마는 로마의 길로써 성공했다

그러나 가도의 목적은 그것만이 아니었다. 만일 군사적인 기능만을 생각한다던 로마를 기점으로 해서 일직선에 가까운 코스를 택하는 것이 가장 합리적이다. 그러나 로마 가도가 실제로 부설된 경로를 보면 반드시 그렇지는 않다. 정략적, 전략적으로 중요한 땅에는 반드시 가도가 그 마을 중앙을 통과하게 되어 있다. 또한 군대 이동이 가능하도록 로마의 가도는 돌로 포장을 했고, 길 양쪽에 배수로를 설치해 물이 잘 빠지게 만들었다. 이렇게 만든 것은 군사적인 이유가 있었지만 그렇게 만들 경우 물자 이동이나 여행자의 왕래에도 최적이었다. 그렇게 해서 물자 이동과 사람의 왕래가 늘어나면 가도를 지나는 주변은 당연히 경제가 활성화될 것이다.

승자가 패자에게 불만을 느끼지 않으려면 자치와 경제 발전이 필요하다. 로마는 이미 초기부터 지방자치체인 무니키피아^{Municipia}와 동맹국에 대해 내부 자치권을 인정하는 방향으로 대책을 세웠으며, 이곳에 불만이 쌓일 위험을 최소한으로 억제했다. 또한 경제적인 궁핍을 느끼지 않도록 하기 위해서는 로마와 동맹국 사이에 물자 교류를 증대시키는 것이 무엇보다 중요했다. 로마의 가도 부설은 이러한 경제적 불만을 해결하기 위한 방책이라고도 볼 수 있었다. 로마인의 입장에서 보면 다소 우회하더라고 마을의 중심부를 관통하는 형태로 가도를 부설한 이유가 여기에 있었다고 여겨지는 것이다.

또한 가도를 통해 운반되는 것은 물자만이 아니었다. 로마인의 문화와 풍습도 다른 지방으로 흘러가게 되는 것이다. 이것도 동맹의 강화를 위해서 꼭 필요했다. 승자가 승자로서 계속 존재하려면 단순히 무력뿐만 아니라 지도자로서 존경받는 것도 중요했던 것이다. 무력만으로 승자로서의 지위를 유지할 수 있다면 단연코 그리스의 스파르타가 최강자를 유지해야 했을 것이다. 하지만 스파르타는 모든 시민이 전사인 군사 국가였음에도 그 위세를 유지하지 못했다. 다른 나라들이 스파르타의 생활 방식을 배우고 동경하지 않았기 때문이다. 결국 로마가 승자로서 그 지위를 유지하기 위해서는 로마와 동맹국 사이에 운명 공동체를 형성해야 했다. 그러기 위해서는 물심양면의 교류가 필요했다. 이런 사실을 깨달은 로마인의 지혜가 로마를 세계 제국으로 발전시켰다고 말할 수 있을 것이다.[3]

기원전 312년에 시작한 로마 가도의 부설은 기원전 1세기의 공화정 시대에 본국 이탈리아를 총망라하여 완성되었고, 제정 시대에 접어들어서는 유럽, 중근동, 북아프리카에 걸친 제국 전역을 망라했다. 그 결과 로마 제국 전역에 둘러쳐진 가도의 주요 간선도로만도 375갈래, 그 전체 길이는 8만 킬로미터를 넘었고, 자갈 포장을 한 간선도로나 가도까지 합하면 총연장 길이는 30만 킬로미터에 이르렀다. 이처럼 광범위한 르마의 가도 건설에 힘을 쏟게 만든 원동력 가운데 하나는 건국 이래로 오랫동안 이어져온 '패자도 동화시킨다'는 로마인의 사고방식이었다.

그러나 달리 보면 이러한 로마 가도는 양날의 검이기도 했다. 왜냐하면 로마 가도 덕분에 로마 군단은 모든 벽지로 빠르게 이동할 수 있었다. 하지만 로마 군대가 빠른 속도로 이동할 수 있었던 만큼 적 또한 그만큼 빠른 속도로 로마를 위협할 수 있다는 이야기이다. 라퐁텐 LaFontaine의 말처럼 '모든 길은 로마로 통하기' 때문에 수도 로마는 모든 방향에서 오는 적을 경계해야 하는 처지이기도 했다. 로마인들도 이러한 위험을 알고 있었다. 그럼에도 그들은 도로망을 충실하게 부설하는 쪽을 선택했다.[4]

고대 중국의 진 제국이나 한 제국에도 도로망이 있었다. 그러나 그들은 북방 흉노와의 전쟁에서 그들의 침략을 저지하기 위해 도로를 뚫는 것이 아니라 만리장성을 쌓아 방벽을 만드는 길을 선택했다. 로마의 도로망은 '팍스 로마나로마의 평화'로 연결되었으나 만리장성은 중국에 '팍스평화'를 가져다주지는 못했다. 과연 왜 그랬을까? 로마의 선택이 현명했을까? 아니면 중국의 선택이 현명했을까? 또는 두 나라가 처한 지리적, 문화적 환경이 달랐기 때문에 같은 방식으로 비교하는 것은 의미가 없을까? '로마는 로마식으로, 중국은 중국식으로'라고 보아야 할 것인가?

어쨌든 로마는 개방의 방식을 선택했고, 패자를 동화시키는 방법으로 제국의 길을 걸었다. 중국의 진 제국은 물리적인 통합은 이루었으나 결국 내부의 화학적인 통일을 이루지 못해 곧 무너졌고, 다시 중국은 분열되었다. 초한 쟁패에서 승리한 뒤 유방이 건설한 한 제국은 오늘날 중국적 특징이라고 하는 내용을 정착시키는 데 결정적인 역할을 했다. 하지만 외부의 적들, 특히 북방의 흉노를 굴복시키기 위해 수없는 전쟁을 해야 했다. 물리적인 방식으로 일시적인 승리를 거두기는 했으나 완전히 복속시키지는 못했다. 두 나라를 동일한 선상에서 같은 방식으로 비교할 수는 없지만 로마는 로마의 길을 걸었고, 그것이 대단한 성공을 거두었다. 그렇다면 중국의 길은 실패한 것인가? 당연히 중국인들은 그렇게 생각하지 않을 것이다. 그런 점에서 역사는 상대적인 면도 있다.

황제 철학자 마르쿠스 아우렐리우스

우리들은 로마의 철학에 대해서는 잘 알지 못하지만 그래도 한 사람 기억나는 사람이 있을 것이다. "인간의 내적 평정이야말로 인간이 추구해야 할 궁극적 목표이며, 참다운 행복은 우주의 자애로운 질서에 복종함으로써 찾을 수 있다."고 이야기하는 『명상록』의 주인공 마르쿠스 아우렐리우스Marcus Aurelius, 121~180년 황제다. 그는 황제 재위 기간 동안 많은 시간을 숙적 파르티아를 비롯하여 게르만족 등 변방의 이민족과의 전쟁터에서 보냈음에도 이 같은 철학서를 남겼다. 게다가 전쟁과는 전혀 거리가 멀 것 같은 이야기를 계속하고 있다. 어쩌면 황제로 재위하는 대부분의 기간을 전쟁터에서 보냈기 때문에 이러한 명상록을 남겼는지도 모를 일이다. 그러나 그건 그 혼자서 생각해낸 독창적이 사유의 결과물이 아니었다. 로마 시대를 지배한 스토아Stoa 철학자들의 사유의 결과물들이 자기 식으로 체화된 것이었다.

로마에서 스토아 철학이 유행하게 된 것은 이유가 있었다. 의무와 절제를 강조하고 자연적 질서에 대한 복종을 강조한 스토아 철학이 오랫동안 숭상해왔던 로마인의 미덕과 맞아떨어졌기 때문이다. 그것은 로마인의 보수적인 성향에도 잘 어울렸다. 스토아 철학이 내세운 시민적 의무의 강조, 그리고 나아가 스토아 철학이 가진 세계주의적 성격은 로마인의 정치지향적 성격과 그들의 세계 제국에 대한 자부심과도 부합했다. 원수정 시대의 스토아 철학은 그리스의 제논이나 제논 학파의 스토아 철학과는 다소 차이가 있었다. 이 시기에는 헤라클레이토스에게서 빌어온 기존의 물리학 이론은 배제되었고, 그 대신 정치와 윤리에 대한 폭넓은 관심이 자리를 잡았다. 이와 함께 로마의 스토아 철학에는 본래의 스토아 철학과는 달리 종교적 색채가 뚜렷하게 나타났다.[5]

아우구스투스 치세 이래 2세기 동안 저명한 스토아 철학자들이 나타났다. 거부로서 얼마 동안 네로 황제의 자문관이었던 세네카Seneca, 기원전 4~기원후 65년, 노예 출신의 에픽테토스Epiktetos, 60?~120년, 그리고 황제 마르쿠스 아우렐리우스가 그들이다. 그들은 인간의 본성이 갖고 있는 죄악성을 개탄했으며, 미덕 그 자치를 목적으로 삼았다. 또한 그들은 의무를 알려주는 인간의 양심에 구를 기울일 것을 강조했다. 세네카와 에픽테토스는 그들의 철학을 깊은 신비적 갈망과 혼합시킴으로써 스토아 철학을 종교와 유사하게 만들었다. 그들은 우주를, 그리고 모든 일을 궁극적인 선이 되도록 명령하는 전능한 신에 의해 지배되는 신성한 존재로서 숭배했다.

로마의 마지막 스토아 철학자인 마르쿠스 아우렐리우스는 한층 더 운명적이고 비관적이었다. 그는 질서 있고 이성적인 우주의 개념을 거부하지는 않지만, 그렇다고 해서 초기 스토아 철학의 믿음이나 신조를 받아들이지도 않았다. 그는 현세에서의 고통을 상쇄하는 축복받는 영생은 없다고 확신했다. 그는 인간을, 먼 미래의 우주적 완성에 의해서도 완전히 씻어낼 수 없는 사악한 운명에 의해 시달리는 존재로 생각했다. 그럼에도 그는 인간이라면 마땅히 고귀한 삶을 살아야 한다고 당부했다. 천박한 탐욕에 자신을 내던지거나 분노의 저항으로 파산되어서는 안 된다고 설파했다. 그는 또 고통을 위엄 있게 인종忍從하고 죽음에 평안히 순종하는 가운데 자신이 찾을 수 있는 만족을 얻어내야 한다고 주장했다.[6]

로마의 문학적 성과는 철학과 깊은 관련 갖고 있다. 아우구스투스 시대의 호라티우스기원전 65~8년는 그의 『송시』에서 에피쿠로스 학자들과 스토아 철학자들의 가르침을 크게 원용했다. 그러나 그의 관심은 철학자들의 인생론에만 국한되었다. 그는 에피쿠로스 학파의 쾌락과 스토아 철학의 고통 앞에서의 의연함을 결합시켜 또 하나의 철학을 발전시켰다. 그는 쾌락을 고통 없는 상태로 간주하지도 않았고, 최고의 즐거움이 이성적 자제를 통해서만 얻어질 수 있다는 사실도 알았던 인물이다.

베르길리우스Vergilus, 기원전 70~19년 또한 그 시대의 철학적 사조를 상당부분 반영하고 있다. 그의 『전원시』는 잔잔한 기쁨이라는 에피쿠로스적 이상을 어느 정도는 보여주지만, 기본적으로 그는 스토아적 시인이었다. 평화로운 시대에 대한 유토피아적 전망, 인간 운명의 비극성에 대한 깊은 통찰, 그리고 자연과 조화되는 삶을 이상화한 점 등은 그가 세네카나 에픽테토스와 비슷한 지적 유산을 물려받았음을 보여준다. 베르길리우스의 가장 유명한 작품 『아에네이드』는 호라티우스가 쓴 여러 편의 『송시』와 더불어 로마의 제국주의를 찬양하는 작품이다. 그것은 실로 로마 건설의 노력과 승리, 로마의 위대한 전통, 그리고 로마의 장대한 운명을 서술한 제국 찬양의 서사시였다.

아우구스투스 시대에는 그밖에도 오비디우스Ovidius, 기원전 43~기원후 17년, 리비우스Livius, 기원전 59~기원후 17년 같은 작가들이 있었다. 오비디우스는 그 시대의 냉소적이고 개인주의적인 경향을 대표하는 작가였다. 그의 현란하고 재치 있는 저술은 종종 그 시대의 무절제한 취향을 반영하곤 했다. 그의 명성은 주로 뛰어난 산문 문체 덕분에 얻어진 것이었다. 그는 역사가로서는 중대한 결함을 갖고 있었다. 그의 주요 저작인 『로마사』는 극적이고 생생한 묘사들로 가득 차 있지만, 사건의 정확한 기록보다는 애국적 감정에 호소하고 있다.

아우구스투스 사후의 문학은 상반되는 사회적 · 지적 경향들을 보여주었다. 페트로니우스Petronius와 아풀레이우스Apuleius의 작품들, 그리고 마르티알리스Martialis의 풍자시는 로마인의 생활 가운데에서 이국적이면서도, 때로는 탐욕스러운 고습들을 묘사하고 있다. 이들의 목적은 가르침이나 정신의 고양이 아니라 주로 흥미로운 이야기를 들려주거나 재치 있는 문장을 표현하는 것이었다. 한편 이와는 전혀 다른 작가들도 있었다. 풍자가 유베날리스Juvenalis, 60?~140년와 역사가 타키투스Tacitus, 55?~117년?가 바로 그들이다. 유베날리스는 스토아 철학의 영향을 받았으나 그의 글은 전망이 제한되어 있었다. 그는 국민의 고통이 타락에서 기인한다고 확신하고 복음 전도자의 열정으로 국민의 악덕을 질타했다. 그와 동시대인이었던 타키투스 또한 비슷한 태도를 보였다.

　로마 역사가 중에서 가장 널리 알려진 타키투스는 자기 시대의 사건들을 냉철한 분석적 입장에서 기록하는 것이 아니라 대체로 도덕적 규탄을 앞세워 서술했다. 그의 『게르마니아』에 나오는 고대 게르만인의 관습에 관한 묘사는 "훼손되지 않는 한 민족의 남성적인 미덕과 퇴폐적인 로마인의 악덕 사이의 차이점"을 극명하게 대조시켜 보여주고 있다. 역사가로서는 약점이 있었지만 그는 아이러니한 기지와 현란한 금언의 대가였다. 그는 자신의 저작에서 로마인들이 뽐내던 로마의 평화를 한 야만족 추장으로 하여금 이렇게 빗대 말하도록 했다. "그들은 황야를 만들어놓고 그것을 평화라고 부른다."[7]

로마법, 근대법의 기초를 닦다

로마가 후대에 남긴 최대의 유산 가운데 하나로 로마법체계를 꼽는 다는 데는 누구나 동의할 것이다. 로마법은 기원전 450년경 12표법에 서부터 시작해서 완만히 발전했다. 12표법은 공화정 시대를 거치면서 판례와 원칙이 덧붙여지고, 수정과 대체를 통해 발전을 거듭했다. 이 때의 선례와 원칙은 달라진 관습과 스토아 철학의 가르침, 그리고 재 판관의 판결 등 다양한 근거들로부터 이끌어낸 것으로 특히 법무관 praetors의 포고령이 그 중요한 근거가 되었다. 로마의 법무관은 특정 소송에서 법률을 규정하고 해석하며 사건 판결을 위해 배심원들에게 지시를 내릴 권한을 갖고 있었다. 배심원은 단지 사실 여부만 결정할 뿐이었다. 모든 법률상의 쟁점은 법무관에 의해 처리되었고, 대체로 법무관의 해석은 차후에 발생하는 유사한 사건의 판결을 위한 판례가 되었다.[8]

로마법의 발달이 절정에 이른 것은 원수정 시대였다. 원수정 시대 는 법적인 차원에서 매우 진보적인 방향으로 발전이 있었다. 그것은 사법 관할권이 이탈리아 시민뿐만 아니라 외국인의 생명과 재산에 대 해서까지 확대되었기 때문이다. 그러나 그보다도 더 중요한 요인은 아 우구스투스 이래의 황제들이 가장 권위 있는 법학자들에게 법정에서 심리 중인 사건의 법률 문제에 대해서 그들의 의견을 개진할 수 있도 록 했기 대문이다. 이러한 방침에 따라 선정된 법학자들로 가이우스 Gaius, 울피아누스Ulpianus, 파피니아누스Papinianus, 파울루스Paulus 등이 있었다. 그들은 대부분 고위 법관직을 지냈지만, 그들이 명성을 얻은 것은 주로 법학자로서의 활동이나 저술가로서의 작업 때문이었다. 그들 법학자들은 법학과 법철학을 구체화했고, 그것은 바로 로마법의 근간으로 수용되었다. 법학자들의 영향 아래서 발전을 거듭한 로마법은 시민법, 만민법, 자연법의 세 갈래로 구분되었다.[9]

　시민법이란 로마와 그 시민들에 대한 법이었다. 그것은 성문법과 불문법의 두 가지 형태로 존재했다. 여기에는 원로원의 제정법, 프린켑스<small>제1시민, 아우구스투스에게 부여된 칭호, 사실상의 황제</small> 칙령, 법무관의 포고령, 그리고 법적 효력을 갖는 오랜 관습도 포함되었다. 만민법은 민족에 관계 없이 누구에게나 통용되는 법률이었다. 이 법은 노예제와 사유재산을 정당화하며, 상거래, 동업, 계약의 원칙을 규정했다. 그것은 시민법보다 우월하지는 않았지만 각별히 제국의 외래 거주자들에게 적용됨으로써 시민법을 보완했다.

　로마법에서 가장 흥미롭고 중요한 갈래는 자연법이다. 그것은 법적 관행의 소산이 아니라 철학의 소산이었다. 스토아 철학자들은 자연의 이성적 질서라는 관념을 발전시켰는데, 그 이성적 질서란 정의와 권리를 구체화한 것이었다. 그들은 모든 인간이 자연적으로 평등하며, 정부도 침범할 수 없는 일정한 기본 권리를 가지고 있다고 주장했다. 그러나 법적 원리로서 자연법을 처음 주장한 사람은 헬레니즘 세계의 스토아 철학자들이 아니라 키케로였다. 그는 이렇게 선언했다.

　　진정한 법은 자연과 일치하는 올바른 이성이며, 올바른 이성은 모든 인간이 공유하고 있는 것으로 영원 불변하다. 이 법을 침해하는 규정을 만드는 것을 종교는 금지한다. 또한 우리는 그것을 일부분일지라도 철회

할 수 없으며, 원로원이나 인민을 통해 우리 자신을 자연법으로부터 자유롭도록 할 권한을 가지고 있지도 않다.[10]

이 같은 자연법은 국가 그 자체보다도 우위에 있으며, 그것을 위배하는 모든 지배자는 폭군이 되고 만다. 대부분의 위대한 법학자들은 스토아 철학자들이 설파한 자연법 개념에 동의를 표했다. 법학자들은 이 자연법이 시민법을 규제한다고 생각하지는 않았다. 하지만 그럼에도 그들은 자연법이야말로 인간의 법령과 명령이 마땅히 따라야 할 위대한 이상이라고 생각했다. 법률적 원리의 하나로서 정의라는 추상적인 개념을 발달시킨 것은 로마 문명이 이룩한 가장 고귀한 업적 가운데 하나라고 할 수 있을 것이다.

로마법을 일차적으로 집대성한 것은 테오도시우스 2세로 그는 429년 『테오도시우스 법전』을 편찬했다. 여기서 한 걸음 더 나아가 로마법을 완전히 새로이 체계화한 것은 유스티니아누스 황제다. 그는 529년 트리보니아누스를 법무관으로 임명하고, 그의 지휘하에 특별 위원회를 만들어 『유스티니아누스 법전』을 편찬했다. 유스티니아누스 법전은 세 가지*로 구성되었으며, 그 이후의 각각의 칙령들과 합쳐서 16세기 이래로 '로마법대전大典'이라고 불렀다.

---

*   세 가지는 시민법(Ius Civile), 만민법(Ius Gentium), 자연법(Ius Naturale)이다.

토목과 건축, 도시계획 그리고 검투경기

　로마인들이 법과 더불어 가장 큰 업적을 남긴 것은 토목공학과 건축 분야다. 로마인들은 토목공학을 건축과 분리시켜 생각하지 않았다. 이 분야는 로마인들의 자부심의 원천이었다. 그들은 이 분야에서 그리스인을 능가했다고 확신했다. 토목공학의 업적은 값싼 노동력을 통해 이룰 수 있었다. 로마에서는 노예들과 속주의 변방 수비를 맡고 있던 군인들이 댐, 교각, 도로 등 대규모의 토목공사에 동원되었다. 그러나 로마의 토목공학 분야가 비약적으로 발전하게 된 데는 그런 요인 외에 또 다른 이유가 있었다.

　로마인들은 구체적인 도시 계획을 세워 도시를 건설했으며, 콘크리트*와 아치형 돔을 사용하여 건물들의 형태를 획기적으로 발전시켰다. 또한 외부 장식에만 치중하던 그리스의 건축과는 달리, 로마인들은 건물 내부의 장식을 중시했다. 로마 건축에 있어서 용적률**과 조명은 건축의 아주 중요한 요소가 되었다. 후기에 건축된 바실리카basilica 양식***의 기독교 교회당 건물들은 내부 공간에 대한 그들의 관심을 확실하게 보여주는 최초의 건축물이라 할 수 있다.

　로마의 토목공학이 남긴 위대한 업적은 동쪽 흑해에서부터 북쪽의 하두리아누스 장벽, 그리고 남쪽으로는 아틀라스 산맥에 이르기까지

---

*　화산회로 만든 강력한 시멘트로 기원전 3세기 후반에 발명된 후 대리석을 밀어내고 주요한 건축자재가 되었다. (위키 백과 참고)
**　땅 면적에 대한 지하층을 제외한 건물 전체 면적의 비율을 말한다.
***　고대 그리스 신전을 로마식으로 발전시킨 건축양식이다. 고대 로마공화정 시대에 공공의 목적으로 사용된 대부분의 건물을 말하기도 한다.

18세기의 판테온의 실내. 조반니 파올로 파니니의 그림

광활한 지역에 펼쳐져 있다. 물론 가장 뛰어난 유적들은 수도인 로마에서 찾아볼 수 있다. 다른 어떤 곳에서도 찾아볼 수 없는 이처럼 화려하고 풍부한 장식들은 로마 제국의 부강함을 단적으로 보여준다. 그들은 로마를 화려하게 치장하기 위해 제국의 부를 쏟아부었다. 그들은 대리석 표면을 화려하게 단장하고 다양한 재료를 사용해 밋밋한 돌덩이에 다채로운 변화를 주었다. 여기서 로마인들이 그 이전 바빌론의 건축양식에서 어느 정도 영향을 받았음을 분명히 알 수 있다.[11]

로마 문명은 가장 위대한 건축물들에서도 다양하고 물질적 가치를 추구하는 특성이 드러난다. 로마의 건축은 일차적으로 실용적인 목적을 띠고 세워진 것이 대부분이었다. 가장 두드러진 예로 정부 청사, 원형 경기장, 목욕탕, 경주로, 개인 주택 등이 있었다. 대부분의 건축물들은 거대한 규모에 단단한 구조를 가지고 있었다. 규모가 가장 크고 유명한 것으로는 그 돔의 직경이 43.28미터에 달하는 판테온Pantheon, 그리고 6만 5천 명의 관객이 검투 경기를 구경할 수 있는 콜로세움Coloseum 등이 있다. 로마의 조각은 주로 개선 아치와 원주, 릴리프relief와 제단, 그리고 인물의 흉상과 조각상 등이다. 조각의 뚜렷한 특징은 개성과 자연주의다. 로마의 조각상과 흉상은 때로는 귀족계급의 허영심을 드러내는 데 그쳤다는 평가를 받는다. 그러나 우수한 인물 조각상은 스토아 철학이 제시하는 소박한 인간적 존엄성과 특성을 표현하고 있다고 평가되기도 한다.[12]

건축의 업적과 긴밀한 연관을 갖는 것은 로마인의 우수한 기술과 공공시설이다. 로마인들은 제국의 모든 영역에 훌륭한 도로와 교량을 건

콜로세움 | 로마 황제 베스파시아누스가 72년에 기공하고, 그 아들 티투스제(帝)가 80년에 완성한 타원형의 대투기장(大鬪技場)으로서 장경(長徑) 188미터, 단경(短徑) 156미터, 높이 48.5미터, 외관 4층의 대건축이다.

설했으며, 그 대부분이 지금도 남아 있다. 트라야누스 시대에는 11개의 수로가 설치되어 인근 언덕으로부터 로마 시내로 물을 공급했다. 이 수로들은 매일 3억 갤론에 달하는 물을 로마에 공급했으며, 이 물은 식수와 목욕용으로, 그리고 잘 설계된 수세식 하수 처리 시설용으로 사용되었다. 물은 교묘한 경로를 통해 부호들의 주택으로 흘러들어가서 그들의 정원과 연못과 풀장으로 공급되었다. 또한 로마인들은 서유럽에서 처음으로 병원을 건립했고, 빈민의 복리를 위한 국가 의료제도도 최초로 수립했다.[13]

로마의 생활양식은 속주의 도시들에도 그대로 전파되었다. 속주의 도시들은 로마의 도시 구조를 모방하기 위해 필요한 건물들을 빠짐없이 갖추었다. 그 결과 어느 도시나 거의 비슷한 구조의 획일적인 모습이 되었다. 각 도시들에는 광장, 신전, 극장, 목욕탕 등이 반드시 존재했다. 그리고 도시의 기본 구조는 바둑판 모양처럼 규칙적으로 건설되었다. 속주의 도시들은 시의 유력자들인 쿠리알레스^{Curiales} 계층* 이 자체적으로 운영하고 있었다. 적어도 속주 도시들은 자유롭게 자치권을 행사할 수 있었던 트라야누스 시대 이전까지는 그랬다. 그러나 트라야누스 시대가 되면서 속주의 도시들어 대한 엄중한 감시가 가해졌다. 속주 도시 가운데 알렉산드리아, 안티오키아, 그리고 로마인들이 재건한 카르타고 같은 곳들은 매우 큰 규모로 성장했다. 하지만 모든 도시 중 가장 큰 도시는 역시 로마였다. 로마의 인구는 전성기에 백만 명이 넘었다.[14]

로마인들에 대해 가해지는 가장 큰 비판의 하나는 검투 경기다. 그 것은 잔인성의 도가 지나쳤다고 평가되면서 낮은 여성의 지위와 더불어 가장 비판적인 평가를 받는 부분이다. 그리스인들이 연극을 즐겼던데 비해, 로마인들은 열성적으로 원형 경기장을 찾았다. 사실 거기서 벌어지는 검투 경기란 결국 '인간 도살극'에 지나지 않았다. 원수정 시대에는 그 전보다 한층 잔인한 경기가 벌어졌다. 이제 로마인들은 운동 경기 관람만으로는 더 이상 흥미를 느끼지 못했다. 권투 선수들도 이제는 쇠나 납이 박힌 가죽끈을 주먹에 감고 경기를 벌였다. 그러나 무엇보다 가장 인기 있었던 종목은 역시 수천 명이 넘는 관중이 운집한 원형 경기장에서 벌어지는 검투 경기였다.

---

*   로마에서 지방의 도시참사회라는 기관을 구성했던 회원을 말한다. 원로원이 관직에 오른 사람 중에서 5년마다 엄격한 자격심사를 통해 임명했다. 임기는 평생 지속되었고, 도시 규모에 따라 인원이 달랐다.

카라칼라 욕장 추측도
카라칼라 황제의 명령으로 212년부터 216년까지 지어졌다. 이 공중 목욕탕은 6세기까지 남아서 그대로 사용되다가, 고트 전쟁 중에 동고트족 군대가 공격하여 파괴되었다.

　검투사들의 싸움은 결코 새로운 것은 아니었다. 하지만 제정 시대 이후에는 경기가 전보다 훨씬 정교하게 운영되었다. 관람객 가운데는 평민뿐만 아니라 부유한 귀족도 있었고, 황제도 종종 경기를 즐겼다. 검투 경기에는 관중의 야만적인 울부짖음과 저주가 뒤따르기 마련이다. 한쪽이 부상을 입고 쓰러질 경우, 그의 목숨을 살려줄 것인지의 여부는 어디까지나 관중의 특권이었다. 대부분의 검투사들은 노예나 죄수였지만 때로는 지원자도 있었다. 그 지원자 가운데는 신분이 높은 사람도 있었다. 목숨을 건 검투 경기를 보면서 야유하고 환호하는 것, 이것이 로마의 휴일의 한 단면이었다.

　로마는 많은 것을 이루었다. 그 결과 모든 길은 로마로 통하는 제국을 건설했으며 로마의 평화를 만들었다. 그 길은 단순히 도로만을 의미하지 않았다. 도로와 건축, 토목과 도시 건설 등 하드웨어뿐만 아니라 정치, 군사, 법률, 문화, 종교 등 모든 것을 의미했다. 로마 제국이 만든 그 모든 것은 그 이후 서유럽 문명의 중요한 근간이 되었다. 그런 점에서 로마 문명은 근대 유럽 문명의 토대라 할 수 있다. 그리고 로마의 공헌 가운데 빼놓을 수 없는 부분은 그리스 문명의 전달자로서의 역할이다. 기원전 2세기 이후 로마에서 그리스적 이상이 충만한 문화가 로마에서 발달했으며, 이러한 그리스 문명의 요소들은 로마가 개척한 서유럽 각지에 침투할 수 있게 되었다.

그러나 그렇게 대단한 로마도 결국은 쇠퇴하지 않을 수 없었다. 로마의 쇠퇴와 멸망은 여러 가지 요인이 있겠지만, 검투 경기에서 볼 수 있는 것처럼 극단적인 자극의 탐닉, 사치와 부패 등 내부적인 생활의 타락도 한 원인으로 작용했다.

주석

고대 그리스의 민주정치

1) 앙드레 보나르 지음/ 김희균 옮김, 『그리스인 이야기 1』, 책과함께, 25쪽

2) 앙드레 보나르, 위의 책, 27~28쪽

3) 앙드레 보나르, 위의 책, 28쪽

4) E. M. 번즈 외 지음/ 박상익 옮김, 『서양문명의 역사 (상)』, 소나무, 130쪽

5) E. M. 번즈 외, 위의 책, 131쪽

6) E. M. 번즈 외, 위의 책, 134쪽

7) 앙드레 보나르, 위의 책, 45쪽

8) 배영수 편, 『서양사강의』, 한울, 26쪽

9) 배영수 편, 위의 책, 27쪽

10) E. M. 번즈 외, 위의 책, 135쪽

11) 배영수 편, 위의 책, 28쪽

12) 앙드레 보나르, 위의 책, 186~187쪽

13) 배영수 편, 위의 책, 29쪽

14) 앙드레 보나르, 위의 책, 197쪽

15) E. M. 번즈 외, 위의 책, 142~143쪽

16) E. M. 번즈 외, 위의 책, 143쪽

17) 앙드레 보나르, 위의 책, 323쪽

페르시아 전쟁과 펠로폰네소스 전쟁

1) 앙드레 보나르 지음/ 김희균 옮김, 『그리스인 이야기 1』, 책과함께, 28쪽

2) 톰 홀랜드 지음/ 이순호 옮김, 『페르시아 전쟁』, 책과함께, 33~34쪽

3) E. M. 번즈 외 지음/ 박상익 옮김, 『서양문명의 역사 (상)』, 소나무, 146쪽

4) 필립 드 수자 외 지음/ 오태경 옮김, 『전쟁』, 플래닛미디어, 65쪽

5) 헤로도토스 지음/ 박광순 옮김, 『역사 (하)』, 범우사, 138~139쪽

6) 톰 홀랜드, 위의 책, 331~335쪽

7) 톰 홀랜드, 위의 책, 335쪽

8) 헤로도토스, 위의 책, 158쪽

9) 필립 드 수자 외, 위의 책, 80쪽

10) 헤로도토스, 위의 책, 197쪽 및 207쪽

11) 필립 드 수자 외, 위의 책, 81쪽; 톰 홀랜드, 위의 책, 615쪽

12) 필립 드 수자 외, 위의 책, 108쪽

13) J. M. 로버츠 지음/ 김기협 옮김, 『HISTORICA 히스토리카 세계사 2』, 이끌리오, 122쪽

14) E. M. 번즈 외, 위의 책, 138~139쪽

15) E. M. 번즈 외, 위의 책, 139~140쪽

16) E. M. 번즈 외, 위의 책, 140쪽

17) J. M. 로버츠, 위의 책, 123쪽

18) 남경태 지음, 『종횡무진 서양사』, 그린비, 112쪽

19) E. M. 번즈 외, 위의 책, 146쪽

그리스 철학

1) 앙드레 보나르 지음/ 양영란 옮김, 『그리스인 이야기 2』, 469쪽

2) 앙드레 보나르, 위의 책, 470~471쪽

3) 앙드레 보나르, 위의 책, 472쪽

4) 앙드레 보나르, 위의 책, 473쪽

5) 남경태 지음, 『철학』, 들녘, 50쪽

6) E. M. 번즈 외 지음/ 박상익 옮김, 『서양문명의 역사 (상)』, 소나무, 149쪽

7) 남경태, 위의 책, 33쪽

8) E. M. 번즈 외, 위의 책, 150쪽

9) 남경태, 위의 책, 30쪽

10) 남경태, 위의 책, 44쪽

11) E. M. 번즈 외, 위의 책, 152쪽

12) 남경태, 위의 책, 50~51쪽

13) 남경태, 위의 책, 52~53쪽

14) E. M. 번즈 외, 위의 책, 154쪽

15) 남경태, 위의 책, 64쪽

16) E. M. 번즈 외, 위의 책, 154쪽

17) 남경태, 위의 책, 58~59쪽

18) 남경태, 위의 책, 67~68쪽

19) E. M. 번즈 외, 위의 책, 156쪽

20) 남경태, 위의 책, 70쪽

21) 남경태, 위의 책, 73~74쪽

22) 남경태, 위의 책, 74쪽

23) 남경태, 위의 책, 78~79쪽

24) E. M. 번즈 외, 위의 책, 157쪽

그리스 문학과 예술

1) 앙드레 보나르 지음/ 김희균 옮김, 『그리스인 이야기 1』, 155~156쪽

2) E. M. 번즈 외 지음/ 박상익 옮김, 『서양문명의 역사 (상)』, 소나무, 160쪽

3) E. M. 번즈 외, 위의 책, 161쪽

4) 앙드레 보나르, 위의 책, 273쪽

5) 앙드레 보나르, 위의 책, 273~274쪽

6) E. M. 번즈 외, 위의 책, 161쪽

7) 앙드레 보나르 지음/ 양영란 옮김, 『그리스인 이야기 2』, 285~286쪽

8) 앙드레 보나르, 위의 책, 54~55쪽

9) 앙드레 보나르, 위의 책, 152~153쪽

10) 앙드레 보나르, 위의 책, 184쪽

11) 앙드레 보나르, 위의 책, 206쪽

12) E. M. 번즈 외, 위의 책, 162쪽

13) 앙드레 보나르 지음/ 양영란 옮김, 『그리스인 이야기 3』, 17쪽

14) 앙드레 보나르 지음/ 양영란 옮김, 『그리스인 이야기 2』, 351쪽

15) 헤로도토스 지음, 『역사 (하)』, 범우사, 196~198쪽

16) 헤로도토스 지음, 『역사 (상)』, 범우사, 16쪽

17) 김정락 외 지음, 『미술의 이해와 감상』, 한국방송통신대학교출판부, 34~35쪽

18) E. M. 번즈 외, 위의 책, 165쪽

19) E. M. 번즈 외, 위의 책, 166쪽

20) 김정락 외 지음, 위의 책, 34쪽

알렉산드로스와 헬레니즘 문명

1) 앙드레 보나르 지음/ 양영란 옮김, 『그리스인 이야기 3』, 276쪽

2) 앙드레 보나르, 위의 책, 277쪽

3) 앙드레 보나르, 위의 책, 278쪽

4) 앙드레 보나르, 위의 책, 281쪽

5) 앙드레 보나르, 위의 책, 285쪽

6) 앙드레 보나르, 위의 책, 289쪽

7) 앙드레 보나르, 위의 책, 294~295쪽

8) 앙드레 보나르, 위의 책, 302쪽

9) 앙드레 보나르, 위의 책, 303쪽

10) 앙드레 보나르, 위의 책, 310쪽

11) 앙드레 보나르, 위의 책, 321~322쪽

12) 브리태니커 백과사전, 다음 사전 참고

13) E. M. 번즈 외 지음/ 박상익 옮김, 『서양문명의 역사 (상)』, 소나무, 177쪽

14) 앙드레 보나르, 위의 책, 325쪽

15) E. M. 번즈 외, 위의 책, 178쪽

16) E. M. 번즈 외, 위의 책, 182쪽

17) 남경태 지음, 『철학』, 들녘, 95쪽

18) E. M. 번즈 외, 위의 책, 183쪽

19) 남경태, 위의 책, 90쪽

20) E. M. 번즈 외, 위의 책, 184쪽

21) E. M. 번즈 외, 위의 책, 187쪽

22) E. M. 번즈 외, 위의 책, 192쪽

23) E. M. 번즈 외, 위의 책, 193쪽

24) E. M. 번즈 외, 위의 책, 195쪽

로마 공화정

1) E. M. 번즈 외 지음/ 박상익 옮김, 『서양문명의 역사 (상)』, 소나무, 197쪽

2) 시오노 나나미 지음/ 김석희 옮김, 『로마인 이야기 1』, 한길사, 11쪽

3) 사이먼 베이커 지음/ 김병화 옮김, 『처음 읽는 로마의 역사』, 웅진지식하우스, 31쪽

4) J. M. 로버츠 지음/ 윤미연 옮김, 『HISTORICA 히스토리카 세계사 3』, 이끌리오, 14쪽

5) 사이먼 베이커, 위의 책, 37쪽

6) 사이먼 베이커, 위의 책, 39~40쪽

7) 사이먼 베이커, 위의 책, 40쪽

8) 사이먼 베이커, 위의 책, 43쪽

9) 사이먼 베이커, 위의 책, 44쪽

10) 사이먼 베이커, 위의 책, 47~49쪽

11) E. M. 번즈 외, 위의 책, 209쪽

12) 시오노 나나미 지음/ 김석희 옮김, 『로마인 이야기 2』, 한길사, 131쪽

13) E. M. 번즈 외, 위의 책, 209~210쪽

14) E. M. 번즈 외, 위의 책, 210쪽

15) E. M. 번즈 외, 위의 책, 211쪽

16) E. M. 번즈 외, 위의 책, 211쪽

스파르타쿠스

1) 김덕수 지음, 「로마의 노예제도와 노예반란 스파르타쿠스」, 한국방송통신대학교 문화교
   양학과 편, 『인물로 본 문화』, 한국방송통신대학교출판부, 22쪽에서 재인용

2) E. M. 번즈 외 지음/ 박상익 옮김, 『서양문명의 역사 (상)』, 소나무, 218쪽

3) 김덕수, 위의 글, 8쪽

4) M. J. 트로우 지음/ 진성록 옮김, 『신화가 된 노예 스파르타쿠스』, 부글북스, 12쪽

5) M. J. 트로우, 위의 책, 34쪽

6) 김덕수, 위의 글, 10쪽

7) 김덕수, 위의 글, 11쪽 재인용

8) 김덕수, 위의 글, 14쪽

9) 김덕수, 위의 글, 15~16쪽

10) 김덕수, 위의 글, 16~17쪽

11) 김덕수, 위의 글, 17쪽

12) M. J. 트로우, 위의 책, 24~25쪽

율리우스 카이사르

1) 시오노 나나미 지음/ 김석희 옮김, 『로마인 이야기 4』, 한길사, 508쪽

2) 사이먼 베이커 지음/ 김병화 옮김, 『처음 읽는 로마의 역사』, 웅진지식하우스, 156~157쪽

3) 사이먼 베이커, 위의 책, 158쪽

4) 게이트 길리버, 에이드리언 골즈워디, 마이클 휘트비 지음/ 김홍래 옮김, 『로마 전쟁』, 플
   래닛미디어, 223~226쪽

5) 시오노 나나미 지음/ 김석희 옮김, 『로마인 이야기 3』, 한길사, 29~35쪽

6) E. M. 번즈 외 지음/ 박상익 옮김, 『서양문명의 역사 (상)』, 소나무, 212쪽

7) 시오노 나나미, 위의 책, 50쪽

8) 시오노 나나미, 위의 책, 73~75쪽; E. M. 번즈 외, 위의 책, 213쪽

9) 시오노 나나미, 위의 책, 99~103쪽

10) 시오노 나나미, 위의 책, 174~176쪽

11) 김진경 외, 『서양고대사강의』, 한울아카데미, 319쪽

12) 김진경 외, 위의 책, 321쪽

13) 시오노 나나미 지음/ 김석희 옮김, 『로마인 이야기 4』, 한길사, 171쪽

14) 시오노 나나미, 위의 책, 192쪽

15) 사이먼 베이커, 위의 책, 139~140쪽

16) 사이먼 베이커, 위의 책, 140~145쪽

17) 사이먼 베이커, 위의 책, 161~162쪽

18) 사이먼 베이커, 위의 책, 168~169쪽

19) E. M. 번즈 외, 위의 책, 214쪽

20) 사이먼 베이커, 위의 책, 170쪽

21) 시오노 나나미 지음/ 김석희 옮김, 『로마인 이야기 4』, 한길사, 370~371쪽

아우구스투스

1) 시오노 나나미 지음/ 김석희 옮김, 『로마인 이야기 5』, 한길사, 514~515쪽

2) E. M. 번즈 외 지음/ 박상익 옮김, 『서양문명의 역사 (상)』, 소나무, 223쪽

3) 시오노 나나미, 위의 책, 388쪽

4) 시오노 나나미, 위의 책, 390~391쪽

6) 시오노 나나미, 위의 책, 510~514쪽

6) 시오노 나나미 지음/ 김석희 옮김, 『로마인 이야기 6』, 한길사, 15~16쪽

7) 시오노 나나미, 위의 책, 27쪽

8) E. M. 번즈 외, 위의 책, 222쪽

9) 시오노 나나미, 위의 책, 39쪽

10) J. M. 로버츠 지음/ 윤미연 옮김, 『HISTORICA 히스토리카 세계사 3』, 이끌리오, 42쪽

11) E. M. 번즈 외, 위의 책, 222쪽

12) 시오노 나나미, 위의 책, 377쪽

13) 시오노 나나미, 위의 책, 378쪽

14) J. M. 로버츠, 위의 책, 44쪽

15) E. M. 번즈 외, 위의 책, 223쪽

16) E. M. 번즈 외, 위의 책, 223쪽

예수 그리스도

1) 박태식 지음, 『넘치는 매력의 사나이 예수』, 들녘, 49쪽

2) 홍익희 지음, 『유대인 이야기』, 행성:B잎새, 155쪽

3) 홍익희, 위의 책, 160~163쪽

4) 홍익희, 위의 책, 167~169쪽

5) 홍익희, 위의 책, 167~171쪽

6) 홍익희, 위의 책, 198~199쪽

7) 홍익희, 위의 책, 203쪽

8) 홍익희, 위의 책, 203쪽

9) J. M. 로버츠 지음/ 윤미연 옮김, 『HISTORICA 히스토리카 세계사 3』, 이끌리오, 85쪽

10) 『신약성서』 「마태복음」 32:34~40; 홍익희, 의의 책, 177쪽에서 재인용

11) 홍익희, 위의 책, 178~179쪽

12) 헨드릭 빌렘 반 룬 지음/ 박성규 옮김, 『인류이야기 1』, 아이필드, 2005, 143~146쪽

13) E. M. 번즈 외 지음/ 박상익 옮김, 『서양문명의 역사 (상)』, 소나무, 254쪽 참고

14) 『신약성서』 「로마서」 9:21, 9:18; E. M. 번즈 외, 위의 책, 255쪽

15) E. M. 번즈 외, 위의 책, 255쪽

16) J. M. 로버츠, 위의 책, 93쪽

17) E. M. 번즈 외, 위의 책, 255쪽

18) 시오노 나나미 지음/ 김석희 옮김, 『로마인 이야기 12』, 한길사, 400~401쪽

19) 시오노 나나미, 위의 책, 406~407쪽

20) E. M. 번즈 외, 위의 책, 256쪽

21) E. M. 번즈 외, 위의 책, 258쪽

제국의 쇠퇴와 위기

1) E. M. 번즈 외 지음/ 박상익 옮김, 『서양문명의 역사 (상)』, 소나무, 236쪽

2) 시오노 나나미 지음/ 김석희 옮김, 『로마인 이야기 11』, 한길사, 253~269쪽

3) 시오노 나나미, 위의 책, 254~257쪽

4) 시오노 나나미˙, 위의 책, 254쪽

5) 테오도르 몸젠의 『로마사』는 1902년 노벨문학상의 영광을 안겨준 뛰어난 명작이지만, 애
석하게도 한국에서는 겨우 2권(『몸젠의 로마사 1, 2』, 푸른역사)이 번역되었을 뿐이다.
그의 로마사는 총 10권으로 번역될 예정이다.

6) 시오노 나나미, 위의 책, 282쪽

7) 시오노 나나미, 위의 책, 290~294쪽

8) 시오노 나나미, 위의 책, 308쪽

9) 시오노 나나기, 위의 책, 315쪽

10) 시오노 나나미, 위의 책, 317~318쪽

11) 시오노 나나미, 위의 책, 322쪽

12) 시오노 나나미, 위의 책, 339쪽

13) 시오노 나나미, 위의 책, 276~377쪽

14) 시오노 나나미, 위의 책, 391~392쪽

15) 시오노 나나미, 위의 책, 393~394쪽

16) 이경윤 지음, 『로마 제국의 역사』, 삼양미디어, 344~347쪽

17) 이경윤, 위의 책, 348쪽

18) E. M. 번즈 외, 위의 책, 237쪽

19) 이경윤, 뒤의 책, 351~352쪽

20) E. M. 번즈 외, 위의 책, 237쪽

로마 제국의 멸망

1) 시오노 나나미 지음/ 김석희 옮김, 『로마인 이야기 13』, 한길사, 21~22쪽

2) E. M. 번즈 외 지음/ 박상익 옮김, 『서양문명의 역사 (상)』, 소나무, 247쪽

3) 시오노 나나미, 위의 책, 27~40쪽

4) 시오노 나나미, 위의 책, 40~43쪽

5) 시오노 나나미, 위의 책, 44쪽

6) 시오노 나나미, 위의 책, 165~168쪽

7) 시오노 나나미, 위의 책, 169~174쪽

8) 시오노 나나미, 위의 책, 207쪽

9) 시오노 나나미, 위의 책, 216~217쪽

10) 시오노 나나미, 위의 책, 243~244쪽

11) 시오노 나나미, 위의 책, 245~246쪽

12) 시오노 나나미, 위의 책, 248쪽

13) 시오노 나나미, 위의 책, 354쪽

14) 시오노 나나미, 위의 책, 264~265쪽

15) 시오노 나나미, 위의 책, 276~283쪽

16) 시오노 나나미, 위의 책, 283~287쪽

17) 이경윤 지음, 『로마 제국의 역사』, 삼양미디어, 371~372쪽

로마 문명

1) 시오노 나나미 지음/ 김석희 옮김, 『로마인 이야기 10』, 한길사, 5~6쪽

2) 시오노 나나미 지음/ 한성례 옮김, 『또 하나의 로마인 이야기』, 부엔리브로, 125~126쪽

3) 시오노 나나미, 위의 책, 128~130쪽

4) 시오노 나나미, 위의 책, 131쪽

5) E. M. 번즈 외 지음/ 박상익 옮김, 『서양문명의 역사 (상)』, 소나무, 224쪽

6) E. M. 번즈 외, 위의 책, 225쪽

7) E. M. 번즈 외, 위의 책, 227쪽

8) E. M. 번즈 외, 위의 책, 234쪽

9) E. M. 번즈 외, 위의 책, 235쪽

10) E. M. 번즈 외, 위의 책, 235쪽에서 재인용

11) J. M. 로버츠 지음/ 윤미연 옮김, 『HISTORICA 히스토리카 세계사 3』, 이끌리오, 60쪽

12) E. M. 번즈 외, 위의 책, 229쪽

13) E. M. 번즈 외, 위의 책, 229쪽

14) J. M. 로버츠, 위의 책, 63쪽

KI신서 5644

스토리 세계사 • 2

1판 1쇄 인쇄 2014년 8월 12일
1판 1쇄 발행 2014년 8월 25일

지은이 임영태
펴낸이 김영곤 **펴낸곳** (주)북이십일 21세기북스
부사장 임병주
출판사업본부장 주명석
책임편집 정지은 장보라 양으녕
마케팅 민안기 최혜령 이영인 강서영
영업본부장 안형태 **영업팀** 권장규 정병철
출판등록 2000년 5월 6일 제10-1965호
주소 (우 413-120) 경기도 파주시 회동길 201 (문발동)
대표전화 031-955-2100 **팩스** 031-955-2151
이메일 book21@book21.co.kr **홈페이지** www.book21.com
트위터 @21cbook **블로그** b.book21.com

ⓒ 임영태, 2014

ISBN 978-89-509-5586-1 13900
         978-89-509-5595-3 13900 (SET)